UNSER USEDOM

Tierische Geschichten zum Schmunzeln

vom Strandkorb bis zum Mauerfall.

© 2023 Veronika Zühlke

Herstellung und Verlag:BoD – Books on Demand, Norderstedt.
ISBN: 978-3-7578-1713-8

Fotos: Veronika Zühlke

UNSER USEDOM

Tierische Geschichten zum Schmunzeln –

Vom Strandkorb bis zum Mauerfall.

Veronika Zühlke

Die Autorin

Veronika Zühlke

– geboren 1961 in der Feldberger Seenlandschaft.

Eine Region geprägt von kristallklaren Seen, Kanälen und Wasserläufen, die auch heute noch zu meinen absoluten Favoriten gehört. Meine Kindheit und auch meine Jugendjahre habe ich in der DDR verbracht. Doch trotz der politischen Umstände und Einschränkungen, die das Leben in der DDR mit sich brachte, hatte ich eine glückliche Zeit.

Ich erinnere mich noch gut an unsere Sommerurlaube am Lichtenberger See und die vielen Ausflüge mit meinen Eltern. Nach dem Mauerfall begann für mich ein neues Kapitel im Leben auf der Insel Usedom. Hier konnte ich eine kleine Pension übernehmen und erlebte hautnah den Aufbau der Kaiserbäder.

Ich war fasziniert von der Geschichte und Architektur der alten Villen und Hotels, die nach dem Krieg verfallen waren. Es war ein langer Prozess, aber langsam wurden sie restauriert und wieder zum Leben erweckt.

Heute ist Usedom eine beliebte Urlaubsdestination mit kilometerlangen Sandstränden, malerischen Dörfern und historischen Sehenswürdigkeiten.

Doch trotz des Tourismus hat sich die Insel ihren Charme bewahrt. Für mich wird Usedom immer ein besonderer

Ort bleiben - nicht nur wegen meiner persönlichen Erinnerungen, sondern auch wegen seiner Schönheit und Vielfalt.

Die Autorin begibt sich heute als begeisterte Freizeitfotografin auf die wunderschöne Insel Usedom. Mit Leidenschaft und Kreativität hält sie die atemberaubende Schönheit der Ostsee und ihrer Strände fest.

Jeden Tag und jeden Morgen könnt ihr auf der Facebook-Seite **UNSER USEDOM** ein neues Meisterwerk bewundern, einen atemberaubenden Sonnenaufgang am Ostseestrand. Lasst euch von dieser einzigartigen Naturschönheit verzaubern und erlebt die Magie von Usedom hautnah! Noch mehr Usedom findet ihr im Netz unter: unser-usedom-shop.myspreadshop.de

Prolog

Ein Buch zu schreiben ist wie eine Reise zu machen. Man weiß nie, was einen erwartet, wie lange es dauert oder wo man ankommt. Aber man kann sich immer auf eines verlassen: Es wird spannend, lehrreich und manchmal auch urkomisch. Denn ein Buch ist mehr als nur Worte auf Papier. Es ist ein Spiegel der Seele, ein Fenster zur Welt und ein Freund fürs Leben. Also pack deine Koffer, schnappe dir das Buch und lass dich überraschen, wohin diese Reise geht.

Als ich mit diesem Buch begann, waren bereits zwanzig Jahre nach der Wende vergangen. Zu dem Zeitpunkt ist mir aufgefallen, dass viele Geschichten aus DDR-Zeiten, sowie auch viele Begriffe, welche damals wie selbstverständlich zu unserem Leben gehörten, bereits in Vergessenheit geraten sind. Eine neue Generation war geboren und nahm all diese Geschichten bestenfalls wie wundersame Erzählungen wahr. Es war an der Zeit, Erinnerungen in einem Buch, einen kleinen Roman festzuhalten und für die nächsten Generationen aufzuschreiben. Da ich das Ganze als Hobby betrachtete, ahnte ich noch nicht, dass noch weitere zehn Jahre vergehen würden bis zur Veröffentlichung des Romans.

Viele der Geschichten sind authentisch, jedoch immer mit viel Fantasie verpackt. Die meisten Mitspieler hat es auch wirklich gegeben. Einige aber, so wie das Schatzilein, sind frei erfunden. Nachdem ich sie an Bord bekommen hatte, machte es auf einmal richtig Spaß, sie in die Geschichte einfließen zu lassen.

Jetzt ist endlich mein erster Roman fertig. Witzig, frech und gleichzeitig mit viel Spannung geschrieben.

Ich bin stolz darauf, dass ich es geschafft habe, meine Ideen und Gedanken auf Papier zu bringen. Es war eine Herausforderung für mich, aber auch ein unglaubliches Erlebnis. Ich hoffe sehr, dass mein Buch den Lesern genauso viel Freude bereiten wird wie mir beim Schreiben. Jetzt freue ich mich erst einmal darauf, meinen Roman der Welt zu präsentieren und gespannt auf das Feedback der Leserinnen und Leser zu warten.

Vielleicht werde ich ja noch weitere Geschichten aus meiner Feder veröffentlichen – wer weiß?

Inhalt

Prolog

Kapitel 01   Es war Sommer auf Usedom

Kapitel 02   Der 09. November 1989

Kapitel 03   Das Telefon

Kapitel 04   Früher, ja früher war alles besser

Kapitel 05   Das Jahr Fünf nach dem Mauerfall.

Kapitel 06   Der Chef in unserem Haus

Kapitel 07   Der Westbesuch

Kapitel 08   Montag früh, 12. September 1977

Kapitel 09   Montag früh, 12. September 1994

Kapitel 10   Vorwärts immer, rückwärts nimmer

Kapitel 11   Abendbrot

Kapitel 12   Das Abenteuer Wende beginnt

Kapitel 13   An der Abendbar

Kapitel 14   Anfang mit Hindernissen

Kapitel 15   Der ganz normale Wahnsinn

Kapitel 16   Schatzilein

Kapitel 17 Eine Ratte kommt selten allein

Kapitel 18 Das Festzelt

Kapitel 19 Tag eins meiner Rache

Kapitel 20 03.Oktober 1990 am Vormittag

Kapitel 21 03. Oktober 1990 am späten Nachmittag

Kapitel 22 Tag fünf meiner Rache

Kapitel 23 Tag sieben meiner Rache

Kapitel 24 Die Party steigt

Kapitel 25 Herberts Rache

Kapitel 26 Liebe kennt keine Grenzen

Epilog

Danksagung

Buchempfehlung

Sei du selbst, denn alle anderen sind schon vergeben.

01

Es war Sommer auf Usedom

Anfangs war es nur ein Schrei aus weiter Ferne, völlig unerwartet, er klang schrill und auch sehr laut.

Mit einem Riesenschreck erwachte ich und sprang aus meinem Bett. Meine Augen waren weit aufgerissen, das Herz schien bis in den Hals zu klopfen.

Ehe ich begriffen hatte, was geschah, ertönte ein weiterer fürchterlicher Schrei, welcher grell durch die Lüfte eilte. Hatte ich nur geträumt? Nein. Ich konnte den Schrei zuordnen. Den Schrei, den ich kannte, oft schon hörte, den Schrei einer Möwe. Wahrscheinlich der einer Super Möwe, die dafür verantwortlich war, so schrill und laut wie möglich, so grell und durchdringend wie es nur geht, den Möwen Himmel in Alarmbereitschaft zu versetzen.

Noch im selben Moment setzte, wie zur Antwort, ein ganzer Chor dieser schreienden Strandhühner ein. Was für ein Alarm am frühen Morgen. Das konnten nur unsere Möwen sein. Eigentlich sollte ich vor Erleichterung froh sein, dass nur meine Fantasie mit mir durchdrehte, doch das ging gar nicht.

Nein, das ging in jenen Sommer überhaupt nicht. Seit einigen Tagen nun mussten wir diese schrille und schroffe morgendliche Begrüßung über uns ergehen lassen.

Hatten diese Biester doch tatsächlich auf dem Nachbarhaus ein Nest gebaut und ein Junges ausgebrütet. Die gesamte Sippschaft schien es zu bewachen.

Es schienen große Schwärme unterwegs zu sein, die mit viel Alarm und Gekreische versuchten, alle Gefahren für das Jungtier zu verbannen. Oder nur um auf sich aufmerksam zu machen? Keine Ahnung. Es war einfach fürchterlich.

Sie machten einen Alarm, als würde dort jeden Moment ein Fuchs mit seinem Gefolge auf das Dach springen. Und das liebe Leser, natürlich immer in den frühen Morgenstunden, sofern die Morgensonne über den Horizont der Ostsee blickte und den ersten Sonnenstrahl des Tages hinüber an den noch menschenleeren Strand schickte, setzte ein Schwadron von Möwen ein, als ginge es um Leben und Tod.

Für alle, die hier nicht im Urlaub waren, sondern arbeiten mussten und sich damit um das Wohl unserer Gäste kümmerten, wurde es zu einer ganz besonderen Zumutung, denn irgendwann müssen auch wir schlafen. So ein Sommer fordert von uns immer vollen Einsatz.

Unsere Gäste hatten immer noch die Möglichkeit, am Tag den Schlaf nachzuholen. Wir hatten das nicht. Denn wenn der Tag erwacht, graute meistens nicht nur der Morgen, sondern eine Vielzahl von Aufgaben. Langsam entfernte ich mich vom Fenster, zog die Gardinen wieder zurecht und setzte mich dann doch etwas erleichtert auf den Rand meines Bettes.

Mein Herzschlag schien sich zu beruhigen, als plötzlich das schrille Läuten des Weckers einsetzte.

Das war jetzt zu viel. Mehr als ich ertragen konnte am frühen Morgen. Wütend und echt mies drauf hätte ich jetzt am liebsten diesen blöden Wecker, den schreienden Möwen hinterher geschmissen. Doch das hätte ja nicht genutzt, dachte ich so bei mir und stellte das laute Ungetüm auf seinen Platz zurück!

Doch eines war mir klar geworden: Ich war jetzt vollends wach. Noch mal zurück ins Bettchen schien für mich unmöglich.

Die Geräusche unserer fliegenden Freunde hatten sich etwas verzogen und waren nur noch aus der Ferne zu hören. Jetzt nerven sie unsere Nachbarn. Sollen sie doch, dachte ich so bei mir. So sind wir dann wenigstens alle wach. Der gesamte Ort, mit all seinen Bewohnern, Einheimischen und vielen Gästen. Das war zwar ein schwacher Trost, aber immerhin ein Trost.

Obwohl es noch sehr früh war, dachte ich darüber nach, heute an den Strand zu gehen. Schon jetzt prahlte die Sonne mit ihrer Kraft. Der Schweiß, den ich mir von der Stirn wischte, hatte nichts mehr mit den Möwen zu tun.

Es war Sommer auf Usedom und jeder, der hier wohnte, hier seinen Urlaub verbrachte oder nur zum Baden oder einem Spaziergang am Meer hier herkam, jeder, der hier kellnerte, als Koch in der Küche bei Sauna ähnlichen Temperaturen sein Bestes gab, jeder, der hier Strandkörbe oder Gästezimmer vermietete, als Taxifahrer im Stau steht, als Kassierer stundenlang an der Kasse sitzt oder Ferienwohnungen ohne Ende putzt, bekam es mit ganzer Kraft zu spüren. Wir hatten einen Jahrhundertsommer. Es war schon der dritte in Folge. In diesem Jahr schien es der Echte zu sein und übertrumpfte schon jetzt alles Dagewesene der Vorjahre.

Mein Gefühl sagte mir, die Kontinente haben sich verschoben und uns die Hitze von Afrika geschickt. Jeder spürte diese Affenhitze. Die Butter schmolz im Kühlschrank und die Getränkeindustrie rieb sich die Hände. Sämtliche Kühlgeräte, Lüfter und Ventilatoren liefen auf Hochtouren und kurbelten die Stromrechnung gewaltig an. Da blieb eigentlich nur noch der Strand, sollte man meinen.

Doch wenn ich daran dachte, wie überlaufen es da unten war, dann sollte ich vielleicht doch die Dusche zu Hause nutzen. Nein, der Strand machte zurzeit keinen erfrischenden Eindruck, denn er war wie unsere Straßen völlig überfüllt. Eine ruhige Ecke finden, das war so gut wie unmöglich - eine Abkühlung im Wasser der Ostsee, schon lange nicht mehr denkbar. Denn auch hier hat die Sonne ganze Arbeit geleistet und aus der Ostsee eine riesige Badewanne gemacht. Dabei waren wir erst gestern zum Strand hinunter und haben eine Stippvisite vorgenommen.

Geplant war das allerdings nicht, denn ein Strandbesuch im Sommer ist schon eher ein glücklicher Zufall als Alltagsgeschehen. Doch gestern Nachmittag waren alle Anreisen schon sehr zeitig angekommen. Unser Kofferservice hatte die Gepäckstücke unserer geschätzten Gäste bereits zur Verfügung gestellt - eine erfreuliche Seltenheit während der belebten Hauptsaison. Zudem war der Einkauf für den nächsten Tag bereits sorgfältig in der Speisekammer und im Kühlschrank verstaut. Es war einer von ganz seltenen Tagen. Das grenzte schon an ein kleines Wunder. Ein freier Nachmittag mitten in der Hochsaison.

Heinrich stand in seiner kleinen Werkstatt und hoffte dort wohl auf eine kleine Abkühlung, vielleicht auch auf ein Nickerchen in seiner privaten Abgeschiedenheit. Doch der Gast von Zimmer 11 hatte ihn noch erwischt und befragte ihn bereits seit einer dreiviertel Stunde nach den Gewohnheiten in der damaligen DDR.

Von Weitem konnte ich schon erahnen, wie Heinrich seine Augen verdrehte und höchstwahrscheinlich mit seinen Paraden Antworten das Gespräch führte. Jetzt konnte ich erkennen, wie der Gast ein Foto aus seiner Jackentasche zauberte und Heinrich präsentierte. Das auch noch, dachte ich so bei mir.

Es war Zeit zum Handeln, um dem Ganzen ein Ende zu setzen. Es war Alarmstufe Rot angesagt, denn ich wusste, wie Heinrich es nervte, wenn jemand einfach nicht aufhören wollte zu erzählen. Ich rief laut nach Heinrich. Dabei tat ich dann so, als wenn jeden Moment die Küche brennt oder die Fritteuse explodieren würde. Der Hilferuf war nicht zu überhören. Sogar unser Gast aus Zimmer elf, der bereits seine gesamten Familienfotos auf Heinrichs Werkbank ausgebreitet hatte, wurde aufmerksam. Heinrich wusste meinen Hilferuf sofort zu deuten und stürzte wie von der Tarantel gestochen aus seiner Werkstatt.

Dabei kam er mit Riesenschritten, quer über den Hof, auf mich zugerannt, wobei ich schon ein leichtes Grinsen auf seinem Gesicht ausmachen konnte.

Schnell öffnete ich die Haustür, um sie im selben Moment, als Heinrich diese durchschritt, wieder fest zu verschließen. Das hatten wir nicht das erste Mal geübt, freuten uns jedoch immer wieder wie kleine Kinder.

Verschanzt im Schutz der Veranda, konnten wir erkennen, wie unser Gast seine Fotos wieder von der Werkbank nahm und, wenn auch zögernd, das Grundstück verließ. Grinsend schauten wir uns an und beschlossen dann, über den Hintereingang zur Küchentür, an den Strand zu flüchten. Dabei waren wir zwar gezwungen, einige kleine Umwege zu gehen, damit wir keinen weiteren Gast treffen würden, der uns mit Fragen löchern würde. Wir wollten jetzt einfach unsere Ruhe.

Die steile Treppe am Kulm zum Strand war stets eine Herausforderung, denn die riesigen Stufen waren nicht sehr besucherfreundlich angebracht. Man benötigt immer einen halben Schritt mehr als gewohnt, um die nächste Stufe zu erklimmen oder hinabzusteigen.

Doch heute nahmen wir die Stufen mit großen Schritten und hüpften dabei mit übermütigen Sprüngen die Treppe hinab, welche direkt an der Promenade endete. Eine Art Wettrennen war entstanden und es ließ uns glauben, noch wie die Teenager albern zu können.

Doch angesichts der fragwürdigen Treppenkonstruktion dauerte es auch nicht lange, bis eine Baumwurzel unser kurzes Intermezzo beendete.

Auf der letzten Treppenstufe kam Heinrich ins Stolpern, konnte sich nicht mehr halten, verlor das Gleichgewicht und segelte dabei, wie konnte es anders sein, in einen Brennesselstrauch. Da hatten wir den Salat.

Grinsend lief ich auf Heinrich zu, doch er war bereits dabei, seine Sachen, die mehr für die Werkstatt als für den Strand bestimmt waren, von Steinen, Brennnesseln und kleinen Disteln zu befreien. Außer einigen kleinen Schürfwunden und einem entsetzliches Jucken an seinen Händen war nichts weiter passiert und wir konnten jetzt, mit größerer Vorsicht, unseren kleinen Ausflug fortsetzen.

Zum Strand war es nun nicht mehr weit und schon sehr bald standen wir barfuß im heißen Sand am Ostseestrand. Der Sand war in diesem Sommer außerordentlich heiß geworden. Deshalb liefen wir schnell ins Wasser, wo wir uns sofort der Länge nach und in voller Montur fielen ließen und die kleine Abkühlung genossen. Mit kräftigen Schwimmbewegungen ging es auf die Ostsee hinaus. Bald standen wir auf einer Sandbank und genossen diesen wunderschönen Moment, weit weg vom ganzen Trubel. Ich schmiegte mich an Heinrich und wünschte, dass dieser Moment lange anhalten würde.

Weiter draußen schien die Ostsee glatt wie ein Spiegel. Wir sahen kleine Segelboote, getrieben von ihren weißen Segeln. Das Meer schimmerte dabei wunderschön im Tageslicht. Dabei war sein Spiegelbild bis an den Strand zu sehen. Einfach zauberhaft.

Die Sonne stand hoch am Himmel und ihre Strahlen wärmten mein Gesicht angenehm auf. Ich schloss für einen Moment die Augen und lauschte dem sanften Rauschen der Wellen an Land. Plötzlich sah ich etwas Dunkles im Wasser schwimmen. War es etwa eine Robbe? Neugierig beobachtete ich das Tier, während es langsam näher kam. Als es schließlich direkt vor uns auftauchte, erkannte ich erleichtert:

Es war nur ein großer Fisch! Aber was für einer! Seine silbrigen Schuppen glänzten im Sonnenlicht wie Diamanten. Wir verfolgten ihn mit unseren Blicken, bis er wieder in den Tiefen der Ostsee verschwand - aber dieser Anblick würde uns noch lange in Erinnerung bleiben.

Auf dem Rücken liegend, ließen wir uns langsam treiben und beobachteten dabei eine klitzekleine Wolke am Himmel, die irgendwo den Eindruck machte, als wenn sie immer genau über uns stand. Vielleicht war es ja auch so, wer weiß das schon? Für uns war es gefühlt „unsere" Wolke.

Eine kurze Auszeit, mehr war es leider nicht, denn das Abendgeschäft stand vor der Tür und musste noch vorbereitet werden. Nur zögernd traten wir den Rückweg an, wobei wir den Rest des Weges mehr krabbelnd als schwimmend fortsetzen, bis wir das Ufer erreichten, genau an der Stelle, wo wir vor Kurzem noch unsere Schuhe achtlos in den feinen Sand am Strand geschmissen hatten.

Halb sitzend im Wasser, halb liegend, beobachteten wir nun das Geschehen am Ostseestrand. Ein buntes Durcheinander von Strandkörben zierte den Strand. Ein bestimmtes System war hier nicht auszumachen. Rote, gelb gestreifte, grün karierte oder auch in der Farbe Blau oder einfach nur in Weiß, standen sie wie in einem Dschungel, in einem kreuz und quer, einem Zick und Zack über den gesamten Strandbereich verteilt.

Jeden Tag aufs Neue verteilen unsere Gäste die am Vorabend ausgerichteten Strandkörbe über den gesamten Strandbereich. Es war nicht immer nachzuvollziehen, wozu das gut sein sollte. Einige standen dicht an der Wasserkante und die nächsten waren schon fast im Dünenbereich zu finden.

Einige ganz Eifrige hatten sich ihre Strandkörbe ganz dicht zusammengestellt, um gemeinsam den Tag zu verbringen oder mit der Nachbarin zu flirten. Andere Ostseeurlauber suchten einfach das Weite mit ihrem Strandkorb.

Na, ja, des Menschen Wille können wir ohnehin nicht ändern, genauso wenig wie die Tatsache, dass sich dieses Schauspiel von Jahr zu Jahr immer wiederholt. Sinn und Zweck der Angelegenheit waren sicherlich, an einem sonnigen Urlaubstag ein lauschiges und windgeschütztes Plätzchen zu finden.

Doch die Sommersonne knallte in diesem Jahr so heiß auf uns herab, dass es eigentlich nur noch lauschige Plätze gab. Unsere Strandkörbe waren zu reinsten Schwitz- und Schweißstuben mutiert und machten jeder Sauna Konkurrenz. Ein längerer Aufenthalt dort drinnen könnte in dieser heißen Sommerzeit zu gefährlichen Hitzeschäden führen. So zog man es vor, diesen als Ablage für alle möglichen unentbehrlichen Strandutensilien, wie Handtücher, Sonnencreme, Schwimmringe, Treckerreifen, Schlauchboote, kleine Jachten und Surfbretter oder auch Kurschatten zu nutzen.

Klugerweise haben die meisten Gäste ihre Strandkörbe einfach in den Schatten gedreht. Hier streckte man sich aus, hier wurde ein Nickerchen gemacht, in einem Buch geschmökert, aufs Meer geschaut oder auch der hoffnungslose Versuch gestartet, die Sandkörner in der Hand zu zählen.

Ein fröhliches Kinderlachen hallte durch die Luft und mischte sich mit dem leisen Plätschern der Wellen. Einige der Kinder hatten sich dort zu einer Wasserschlacht getroffen. Es schien ihnen sehr viel Spaß zu machen, immer wieder tauchen sie auf und wieder unter, um sich an ihre Mitspieler heran zu pirschen.

Eine Luftmatratze, ein kleines Schlauchboot, einige Schwimmringe im Quitescheentenlook dienten zur Verteidigung. Rasch gingen die Kinder damit um, tauchten gekonnt auf und spritzten mit allen Kräften wieder auf die anderen ein.

Das löste ein allgemeines Gelächter auch bei den umstehenden Eltern aus. Doch die konnten oder wollten sich nicht dazu durchringen, sich von ihren Strandkörben zu erheben.

Sie blieben einfach so liegen, so wie sie das seit Stunden machten. Eine Art Sommerstarre schien sie befallen zu haben. Für die Kinder war das eine ausgezeichnete Gelegenheit, ihren Eltern einen Streich zu spielen. Sie schlichen sich im großen Bogen an ihre Lieben heran. Dabei schien Ihnen die Hitze an den Füßen nichts auszumachen. Es herrschte eine große Spannung. In Ihren Händen hielten die meisten Kinder allesamt irgendwelche Buddeleimer und anderes Spielzeug für den Strand. Alle gut gefüllt mit dem Wasser der Ostsee.

Bis ein Schrei die Ruhe durchdrang und aufgescheuchte Eltern und auch unbescholtene Strandgäste damit so richtig erschreckt wurden. Fluchtartig, lachend und kreischend verlassen die Kinder den Ort des Geschehens und eilten wieder in Richtung Ostsee. Dabei zerstörten sie zwei frisch gebaute große Sandburgen, stolperten über eine Strandmuschel. Eine Möwe flog lauthals und kreischend in die Luft. Von da an war es erst einmal vorbei mit der Ruhe am Strand. Ein kleiner Junge, mit einem T-Shirt, auf dem groß und breit PAUL steht, war quiekend den anderen hinterhergelaufen.

Doch Paul war noch zu klein, um mit den großen Jungen und Mädchen Schritt zu halten. Ein bärtiger Mann, wahrscheinlich der Papa, hatte ihn bereits am Wickel und schimpfte drauf los.

Kaum hatte er sich umgedreht, lief Paul wie ein Blitz zu den anderen, die sich schon wieder mit Sand und Wasser bespritzten. Ich stand mit Heinrich im seichten Wasser und beobachtete das Treiben am Strand. Dabei spielten kleine Wellen um unsere Fußgelenke und ließen uns kaum spüren, wie unsere Füße doch Stück für Stück und Welle für Welle immer ein kleines bisschen tiefer einsinken.

Bei dem Versuch, mich wieder gerade aufzurichten, stütze ich mich auf Heinrich, der noch dabei war, seine Latschen im seichten Wasser zu spülen.

„Achtung, Achtung" dröhnt es plötzlich über den Strand, „hier eine Durchsage der Wasserwacht." Das Baden in der Nähe der Buhnen ist verboten. Es besteht Verletzungsgefahr. Das Baden in der Nähe der Buhnen ist verboten. Es besteht Verletzungsgefahr. „Wir wünschen Ihnen einen schönen Tag!"

Ein kleines Mädchen, das mit seinen Großeltern in einem Strandkorb saß, schaute ihren Opa an und fragte: „Opa, warum dürfen wir nicht an die Bojen?" Der Opa schaut zum Kind und sagt: „Die meinen die Dünen dort hinten und zeigt in Richtung Landseite." Ich hörte das und konnte mir ein Grinsen nicht verkneifen. Heinrich schmunzelte ebenfalls und sagte dann: „Na toll, die Durchsage ist wohl bestens angekommen."

Schon wollten wir los, als wir einige ganz aufgeregte Stimmen und Musik aus der Ferne vernahmen. Wir blickten auf und sahen schon von Weitem, dass eine ganze Mannschaft von Urlaubern und Einheimischen in ihren Badesachen auf das Volleyballfeld stürmte.

Ich werde das nie verstehen, wie man bei den Temperaturen auch noch Volleyball spielen kann. Doch unsere Gäste machten das. Einige von ihnen hatten den ganzen Tag darauf gewartet, um die Mannschaft voll zu bekommen. Jetzt war es endlich so weit, dass mit dem ersten Aufschlag begonnen werden konnte.

Bei dem Spiel war immer voller Körpereinsatz gefragt und das war auch zu beobachten. Ich glaube, das macht das Spiel auch für alle Zuschauer, die sich als Zaungäste in großer Zahl einfanden, immer so interessant.

Es ist immer wieder erstaunlich, mit welchen eigenwilligen, meist recht blitz haften Attacken versucht wird, den Ball auf das gegnerische Feld schlagen zu lassen. Zwanzig Minuten später erfolgt ein Seitenwechsel.

Alle Mitspieler waren bereits total verschwitzt und von oben bis unten mit Ostseesand beklebt. Auch in den Gesichtern und an den Haaren klebt zumeist der Ostseesand und lässt unsere Mitspieler recht komisch wirken. Nur die weißen Zähne blitzen hin und wieder hervor. Die Sonne knallte dabei erbarmungslos auf die bereits braun gebrannten Körper der nimmermüden Sonnenanbeter.

Nach einer Weile merkten wir, dass die Hobby-Sportler nicht mehr so flott unterwegs waren und die Gegner immer öfter punkten. Es wurde höchste Zeit, das Spiel zu beenden und uns aus der Gluthitze zu quälen. Nach weiteren zehn quälend langen Minuten war das Spiel endlich vorbei. Oft kam es vor, dass man bei der Hitze das Zählen der Punkte durcheinander gebracht hatte und keiner wusste mehr, wer denn nun gewonnen hatte. Aber hey, das war auch total egal, Hauptsache alle hatten ihren Spaß gehabt.

Noch während der letzte seinen Wurf machte, stürmten die meisten, wie die Geier gleich, wieder in die Fluten, schwammen schnell weit hinaus zu den Stellen, wo das Wasser der Ostsee doch noch etwas angenehmer war. Tauchten und verschwanden dann für kurze Zeit im kühlen Nass der Ostsee.

Glücklich und zufrieden sahen wir die Volleyball-Akrobaten, die nach einem erfrischenden Bade aus dem Wasser stiegen.

Das Wasser perlte von ihren größtenteils sportlichen Körpern ab. Mit schnellen Schritten kamen sie an den

Strand zurück. Es ist immer ein Anblick für die Götter und einfach schön zu sehen. Das Wasser, das sich um ihren Körper schmiegt, die Sonne, die auf ihrer Haut glitzert und ihr Lachen, das durch die Luft schallt, erzeugen eine Atmosphäre, die uns unwillkürlich lächeln lässt.

Ich gab mir einen Ruck und stupse Heinrich vorsichtig an. Doch der schien mit seinen Gedanken weit weg zu sein. Sein Blick galt nicht dem Meer oder dem Horizont, oder gar den flotten Sportlerinnen. Sein Blick galt die ganze Zeit der Riesenbaustelle, nur wenige Meter von uns entfernt. Ein Meisterwerk war dort zu bestaunen. Die Seebrücke Heringsdorf war fast fertiggestellt. Doch noch immer waren große Teilabschnitte vom Strand für unsere Gäste gesperrt, damit die mächtigen Schwimmkräne, die Pontons und andere Schwimmplattformen genügend Platz zum Wenden und Manövrieren für diverse Bauarbeiten hatten. Der Steg, der mit seinen 509 Metern ins Meer ragt, war gigantisch anzusehen. Hier waren noch einige kleine Restarbeiten zu erledigen.

Auch die Plattform für das neue Restaurant, ganz am Ende, sozusagen am See Brückenkopf nahm schon Form an und ließ auf eine gar einzigartige Form der Erlebnisgastronomie mitten in der Ostsee schließen. Obwohl es in der Nähe nicht möglich war, am Strand auch nur ein Auge zu schließen, da die Bauarbeiten reichlich Lärm verursachten, war es höchst interessant, dieses kolossale Riesenbauwerk zu beobachten.

Auf der Riesenbaustelle der Seebrücke Heringsdorf wimmelte es nur so von Bauarbeitern. Von Weitem betrachtet hat es mich immer an ein Ameisenvolk erinnert, das emsig jeden Tag kleine und große Wunder vollbrachte. Und wir fanden es toll, was da alles so vor unserer Haustür passierte.

Immerhin noch drei Wochen und dann sollte Pfingsten 1995 die Seebrücke Heringsdorf feierlich mit Pauken und Trompeten, mit Konfetti und Freibier und selbstverständlich einem Riesenfeuerwerk und Bumsfallera eingeweiht werden. Na klar, wurde es wie immer knapp. Wie auf jeder Baustelle. Doch der Erfolg konnte sich sehen lassen und wir konnten gemeinsam mit unseren Gästen auf Usedom ein gigantisches und historisches Seebrückenfest erleben. Und weil das alles so toll war, feiern wir dieses Fest jedes Jahr aufs Neue. Die längste interkontinentale Seebrücke Europas haben wir jetzt vor unserer Tür. Und wer das nicht glaubt, der soll selber kommen und nachmessen.

Die Kaiserbäder glichen in den ersten Jahren nach der Wende schon einer großen Baustelle. Die Baukräne waren nicht zu übersehen und so manch ein Gast hatte statt eines Meerblicks einen Baukran Blick. Doch Stück für Stück konnten wir die Seebäder gestalten, und wir konnten alle sehen, wie die Orte wuchsen und schön wurden. Ein Haus putzte sich nach dem anderen heraus.

Mitunter erschien zum Erstaunen der verdutzten Bewohner eine Villa nach der anderen in strahlendem Glanz und neuem Farbanstrich.

Und wie immer, fragte man sich: „Stand die Villa schon vorher da?" Klar, da stand sie bereits seit über 100 Jahren. Vor über 100 Jahren hatte sie wahrscheinlich auch Ihren letzten Farbanstrich erhalten. Zu DDR-Zeiten hat sich keiner mehr die Mühe gemacht, diese prachtvolle Villa zu sanieren, geschweige denn, ihr einen neuen Außenputz zu verpassen.

Bäume und anderes Gebüsch haben dann auch noch dafür gesorgt, dass sie nahezu unsichtbar wurden und aus dem Blickfeld verschwanden. Doch jetzt erhoben sie sich alle wie Phönix aus der Asche und gleich einem kleinen Wunder entstanden zauberhafte, malerische Häuser und Villen, als wären sie aus einem 100-jährigen Schlaf erwacht.

Völlig in Gedanken versunken, war es jetzt Heinrich, der mir einen Schubs gab, damit ich aus meinen Tagträumen erwachte. Oh je, dachte ich nach einem Blick auf meine Uhr. „War es wirklich schon so spät." Überrascht richtete ich mich auf und zog meine Sachen, die nun vollständig am Körper getrocknet waren, etwas glatt, um dann auf den schnellstmöglichen Weg nach Hause zu kommen.

Zu Hause angekommen, erblickte ich die kleine weiße Wolke, die immer noch im Zenit am Himmel zu sehen war. Ich schenkte ihr ein Lächeln und begann mit den Vorbereitungen für das Abendgeschäft.

Das war er, der Sommer 95, als die Möwen lauter schrien, die Sonne höher stand und unsere Herzen schneller schlugen.

Lust auf mehr? Dann lesen sie weiter.

02

Der 09. November 1989

Das neue RFT-Radio mit Stereo-Effekt, unser ganzer Stolz seit einigen Wochen, dudelte den ganzen Tag in der Küche so vor sich hin.

Ganz neu gab es einen automatischen Suchlauf. Was für eine Faszination der Technik und so ließen wir das gute Stück, solange automatisch suchen bis er sich beim SFB, beim RIAS oder gar beim Radio Luxemburg eingepegelt hatte, was meistens auch gelang. Der Empfang war nicht immer der beste und die kleine Antenne am Stern Radio musste immer wieder neu ausgerichtet werden, als wir plötzlich eine kurze aber unglaubliche Nachricht vernahmen, welche immer wieder durch ein Rauschen unterbrochen wurde.

Obwohl wir den Satz nicht zu Ende hören konnten, glaubten wir etwas von einem Aufstand am Brandenburger Tor in Berlin vernommen zu haben. Plötzlich herrschte eine unerwartete Stille im Raum. Selbst Oskar, der zuvor noch mit seinem Spielzeug-Panzer wild durch das Wohnzimmer tobte und dabei lautstark prustete, verstummte für einen Augenblick.

Es schien, als ob jeder in diesem Moment erfasste, dass hier etwas Besonderes vor sich ging. Es war, als ob die Zeit für einen Moment stillstand und jeder einzelne Augenblick in seiner Bedeutung aufgeladen war.

Auch Oskar, der sonst so ungestüm und laut war, schien zu ahnen, dass hier etwas Außergewöhnliches passierte.

Neugierig geworden, versuchten wir mit allen möglichen Tricks den Dudelkasten zum Laufen zu bringen. Egal, was wir taten, das Radio verweigerte weitere Nachrichten und zog es vor, zu streiken. Da blieb uns doch die gute alte Flimmerkiste. Im Laufschritt pirschten wir an den Fernseher heran, wobei wir uns fast umgerannt hätten, bei so viel Schwung. Dieser funktionierte nur mit einem Schlag auf die linke Seite. Dann lieferte er aber das Fernsehprogramm. Heinrich hieb mit einem gut gezielten und oft geübten Fausthieb auf den Fernseher ein, welcher dann nach einem kurzen Flimmern und Knacken auch sein Programm startete.

Was wir dann sahen, verschlug uns die Sprache. Mit staunenden Augen klebten wir am Fernsehbild und konnten das Gesehene nicht wirklich einordnen. Tausende Menschen feierten bereits am Brandenburger Tor. Ein Freudenfest der Menschen. Trabis in allen Farben schlängelten sich entlang, wo einst die Mauer stand. Die Menschen lachten, weinten, umarmten sich und mein Heinrich und mir fehlten die Worte. Die Menschen lagen sich glücklich und jubelnd in den Armen. Die Menschenmenge, die sich vor dem Brandenburger Tor versammelt hatte, war in ekstatischer Freude vereint.

Sie lagen sich in den Armen, tanzten und jubelten. Die Mauer, die einst die Stadt und ihre Bewohner teilte, war nun Geschichte.

Und doch waren sie hier, auf der Mauer, die einst so unüberwindbar schien. Einige hielten Mauerstücke in den Händen, als ob sie ein Stück der Vergangenheit in ihren Händen hielten und konnten es kaum fassen. Das war der blanke Wahnsinn, aber auch ein Moment der Freude und des Triumphs. Die Stadt war wieder vereint und die Menschen feierten dieses historische Ereignis. Es war ein Augenblick, den niemand jemals vergessen würde. Ost-Berlin feierte gemeinsam mit West-Berlin den Fall der Mauer. Das hatte die Welt noch nicht gesehen.

Fassungslos starrten wir nun schon seit einer ganzen Weile auf unseren „Raduga", der uns vor Kurzem noch ein Vermögen gekostet hat und jetzt diese fantastischen Bilder lieferte. Oskar, mit seinen zwei Jahren staunte nicht schlecht über das Geschehen und vor allen Dingen über unsere verwunderten Ausrufe. So stand das Kind ebenfalls mit offenem Mund vor dem Fernseher und hoffte ganz stark, dass seine Eltern bald wieder normale Reaktionen aufweisen würden.

Das taten sie aber nicht, im Gegenteil, jetzt hopsten sie schon im Wohnzimmer auf und ab, machten merkwürdige Geräusche und umarmten sich immer wieder. Sicherheitshalber klopften wir nochmals auf die linke Seite des Fernsehers und wechselten die Sender. Doch es blieb dabei, alle Sender berichteten das Gleiche. Es war wirklich wahr: Die Mauer war gefallen! Immer noch staunend starrten wir auf den Fernseher.

Immer wieder verkündet Herr Schabowski die Reisefreiheit. Irgendwie konnte auch er den Satz nicht wirklich zu Ende sprechen, da seine Worte im allgemeinen Jubel der Menschen untergingen. Etwas abgehackt waren da noch die Worte: Es tritt nach meiner Erkenntnis …..ist sofort unverzüglich ….zu hören.

Danach folgte ein großer Freudenschrei der Massen. Ein Aufschrei der Massen, der sich sofort auf uns übertrug und sich unverzüglich als Gänsehaut auf meinen Armen breit machte.

Zitat: "Wann?"SCHABOWSKI: „Nach meiner Kenntnis, sofort, unverzüglich."

Frage: „Sie haben auch BRD gesagt."

SCHABOWSKI nach flüchtigen Überfliegen seines Zettels: „...hat der Ministerrat beschlossen, dass bis zum Inkrafttreten einer entsprechenden gesetzlichen Regelung durch die Volkskammer diese Übergangsregelung in Kraft gesetzt ..."

Frage: „Gilt das auch für Berlin-West?"

SCHABOWSKI: „Ja, alle Grenzübergangsstellen der DDR zur BRD und zu Berlin West..."

Die Freude und die Euphorie der Menschen, hatte auch uns erreicht und ließ uns um den Tisch tanzen. Plötzlich sah uns Oskar ganz komisch an. Auch ihm schien die Freude angesteckt zu haben, so dass er uns seine kleinen Händchen reichte, um dann noch schneller durch die kleine Wohnung hüpfen zu können.

Dabei strahlte nicht nur sein Gesicht, sondern das aller Menschen im ganzen Land.

Was folgte, war eine unglaubliche Nacht. Die Menschen trafen sich auf den Straßen, von Fenster zu Fenster wurden die Ereignisse besprochen, mit den Fahrrädern zu Freunden und mit dem Trabi nach Berlin. Aus allen Ecken und Enden, aus jedem Haus, jeder Gartenanlage, jeder kleinen Datsche, von jedem Balkon und jeder Gartenbank, egal ob vor dem Konsum oder aus den Wirtshäusern, überall ertönten Hurrarufe und Freudengesänge. Die Party fand nicht nur in Berlin statt. Ein ganzes Land feierte seine Wiedervereinigung.

An jenem Abend bekam ich Angst meine Augen zu schließen und glaubte schon, ich könnte das Ganze nur geträumt haben. Es hätte ja sein können, dass der Fernseher nur kaputt war und uns schon morgen der Karl Eduard und die "aktuelle Kamera" wieder begrüßen würde. Das taten sie aber nicht. Nein, nie wieder !!!

Am nächsten Morgen, noch bevor uns der Wecker aus dem Schlaf klingeln konnte, saßen wir wach und putzmunter und völlig aufgeregt bei einer Tasse Kaffee am Frühstückstisch, wobei wir mit unseren Ohren den Stimmen im Radio Beifall spendeten.

Noch in derselben Nacht eilten tausende von Menschen nach Berlin, um in den Westteil der Stadt zu gelangen. Eine endlose Schlange von Trabis in allen möglichen Farben, bunt geschmückt, zierten die Zufahrt und den Vorplatz am Brandenburger Tor.

Der Radiosprecher vom SFB überschlug sich fast, als er gestern noch spät am Abend verkünden konnte, dass die Grenzen offen sind. Diese Nachricht habe ich heute immer wieder gehört, doch jedes Mal schlug mein Herz bis zum Hals vor lauter Freude.

Dabei bekam ich einen Heißhunger auf Bananen, sodass mir schwor, so schnell wie möglich ein Bananenlager zu verschaffen. Gleich neben dem Nutella-Lager.

Heinrich hatte immer noch etwas vom Rasierschaum im Gesicht, strahlte dabei aber über das ganze Gesicht, griff zum Kaffeepott, wobei er seinen Kaffeekonsum schon bei Weitem überschritten hatte. Doch das war heute unwichtig. So wie Heinrich strahlte, träumte er sicher schon von einem neuen Trecker, doch im Moment waren wir beide noch sehr pessimistisch.

Auch vierzehn Tage später noch, als die Euphorie sich etwas gelegt hatte, glaubten wir immer noch, dass die Panzer in Leipzig, Berlin und anderen Bezirksstädten doch noch schießen könnten und dann Gorbatschow oder Kohl ganz schnell die Mauer in eine noch größere Festung verwandeln könnte.

Alles war möglich. Doch nichts dergleichen passierte. Die Mauer fiel und fiel und fiel und wurde nicht wieder hoch sicherheitsmäßig aufgebaut oder von Eliteeinheiten bewacht. Nein! Es wurden auch keine Sondereinheiten stationiert. Es wurde wirklich wahr, so wahr, dass auch wir daran glauben konnten, dass diese Mauer, die für unseren Jahrgang einfach zur Welt gehörte, nicht mehr existierte.

Nur allein die Möglichkeit zu haben, in den Westen fahren zu können, in diese bunte Welt zu tauchen, war für uns grenzenlos und irgendwie immer noch nicht wirklich begreiflich.

Ab sofort liefen Geschichten in unserem Lande ab, die so schnelllebig, so ereignisreich, erlebnisreich und abenteuerlich waren, dass der normale Alltag nicht mehr ausreichte, um alles fassen zu können.

Genau von da an hat uns der Kapitalismus einige Stunden vom Tag geklaut. Seitdem rennt uns jeden Tag die Zeit weg. Zu Ostzeiten war ein Jahr noch ein Jahr. Wenn wir sagten, wir sehen uns in einem Jahr, dann war das noch eine Ewigkeit. Es kam uns noch unendlich lang vor und so war es dann auch. Heute erscheint uns ein Jahr wie ein Katzensprung. Ehe man sich versieht, ist das Jahr schon wieder vorbei. Es entsteht der Eindruck, als würde das Ereignis vor einem Jahr gerade erst geschehen sein. Also gerade erst neulich. Somit bekam der Begriff „Neulich" eine völlig neue Bedeutung. Dieses Rätsel beschäftigt mich heute noch. Wie haben die das nur gemacht?

Unter den Verursachern zählten bestimmt auch die zahlreichen Presseartikel. Der Spiegel, die Super-Illu, die Bild-Zeitung und viele andere bunte Zeitungen des westlichen Auslandes mit ihren Berichten, Kommentaren und Enthüllungen. Sie haben uns alle noch verrückter gemacht. Na, heute sehe ich das nicht mehr ganz so wild, aber damals empfand ich das alles richtig heftig. Haben wir doch damals noch alles geglaubt, was in den Zeitungen stand, kaum vorzustellen, aber so war es halt.

So waren wir DDR-Bürger und das ganz einfach, weil wir nicht anders sein konnten. Weil wir so waren, wie wir waren.

Vieles änderte sich. Die Schulsamstage wurden abgeschafft. Halb Ostdeutschland fuhr in den Westen, holte sich seine hundert D-Mark Begrüßungsgeld und schwebte dabei vor lauter Begeisterung in Euphorie.

Könnt ihr euch noch erinnern? Wisst Ihr noch, wie die Großeltern oder entfernte Verwandte und Bekannte hinaus gezottelt worden sind, obwohl sie in ihrem Leben das Dorf noch nie verlassen hatten?

Jetzt standen sie plötzlich am Funkturm und mussten sich Reklame von Beate Uhse ansehen, anstatt vor dem Dorfkonsum die neuesten Rezepte und Strickmuster auszutauschen. Statt die Laken zu stärken oder den Sonntagskuchen zu backen, haben sie in rasender Geschwindigkeit mit dem hellblauen Trabant den Kudamm in Berlin erstürmt. Und das alles wegen der Mäuschen! Wegen der Begrüßung Mäuschen!

Alle wollten sie haben, auch unser Genosse, der Erich. Doch wie sollte er unerkannt nach West-Berlin kommen? Ein Problem, das ihn nicht schlafen ließ. Doch Erich war ein Ossi und kannte die Kunst des Improvisierens. Mit einem Blick in den Kleiderschrank hatte er schnell eine Lösung gefunden: Er verkleidete sich kurzerhand als Oma. Zitternd und mit flauem Gefühl im Bauch fuhr er mit der S-Bahn nach West-Berlin. Doch es war leichter als gedacht und Erich erhielt sein Begrüßungsgeld.

Zwar bereitete ihm das Kopftuch reichlich Probleme, aber er blieb unerkannt. Stolz steckte er die hundert Westmark ein und fuhr mit der nächsten S-Bahn auf dem schnellsten Weg nach Hause.

Doch in der S-Bahn wartete bereits eine weitere Oma auf ihn. Sie kam direkt auf ihn zu, setzte sich dann ganz dicht zu unserem Erich und fragte flüsternd: „Na, Oma Honecker hat alles geklappt?" Erschrocken schaute er auf, kontrollierte mit beiden Händen den Sitz seines Kopftuchs und fragte dann zögernd: "Wie konnten Sie mich erkennen?" Grinsend schaute ihn die andere Oma an und sagte dann: „Na, kieck doch mal jenauer hin, ich bin doch die Mielke Oma!".

Trotz allem fanden wir einige Dinge recht eigenartig. War es zu verstehen oder war es einfach nur peinlich, dass die Leute reihenweise in Ohnmacht gefallen sind, weil sie 100 Mark West in der Hand hielten? Heute fällt keiner mehr um wegen hundert Mark West. Auch nicht wegen hundert Euro. Tja, so ändern sich die Zeiten. Wie auch immer. Uns war es zu unangenehm, in die Hysterie mit aufzugehen. Wir brauchten etwas Ruhe. Die Dinge, die jetzt geschahen, die Neuigkeiten, welche jeden Tag auf uns eindrangen, die tausend Veränderungen um uns herum waren so massiv, dass wir beschlossen eine Auszeit zu nehmen.

Es wurde nicht nur der Rucksack von Oskar gepackt, sondern unser gesamtes Gepäck und so ging es am nächsten Wochenende ins Freundesland nach Polen. Der Grenzübergang war leer und wir hatten unsere Ruhe.

Wir konnten Abstand nehmen von den Dingen, hatten Zeit zum Nachdenken und fanden überall Platz in jeder Gaststätte, in jedem Hotel, auf jedem Parkplatz. Das war ja auch einfach, denn der Rest der Bevölkerung war im Westen. Sicher waren wir danach auch nicht viel schlauer als vorher, doch sicher ausgeruhter als alle anderen reisenden Ostbürger.

Am 01. Juli 1990 war es dann endlich so weit. Die ostdeutsche Mark wurde in die heiß begehrte und seit Jahren hoch gepriesene Westmark getauscht. Eine Westmark für eine Ostmark, bis zu einem Wert von viertausend Mark pro Person. Dieser Betrag war je nach Alter gestaffelt. Der größte Teil der Bevölkerung betraf diese Regelung, nämlich DDR-Bürger im Alter von 15 bis 59 Jahren.

Zitat: Bevor sich die ersten Geldtransporte der Bundesbank aus Frankfurt am Main auf den Weg gen Osten machen, erkundeten Bedienstete des Geldinstituts die Tresor-Situation in der DDR. Immerhin galt es, ca. 460 Tonnen Geldscheine im Wert von 27,5 Milliarden D-Mark so auf die DDR zu verteilen, dass die neue Währung mit dem Stichtag 1. Juli in allen Bezirken vorrätig ist.

Zu ihrem Erstaunen finden die Bundesbanker in den Tresoren und Bunkern der DDR tonnenweise Altgeld. Hastig werden die Geldsäcke verladen und in einen leeren Sandstein Stollen in der Nähe von Halberstadt gebracht. Das DDR-Münzgeld wird größtenteils eingeschmolzen. Aus den oft belächelten "Alu-Chips" werden Aluminiumbarren für die Autoindustrie.

Erst als genügend Platz in den Tresoren ist, rollen die Transporte mit der begehrten D-Mark gen Osten. Mal ganz offen in einem Geldtransporter unter Polizeischutz, mal – wie etwa in Chemnitz – in Lieferwagen, die als Biertransporter getarnt sind. Quelle: [Der Preis der D-Mark: Unmut über Wechselkurs | MDR.DE](#)

Bei dem, der mehr als viertausend Mark auf seinem Konto hatte, sollte sich die Differenz halbieren. Halbieren wollte aber keiner. Ne, so nicht. Das ging auch anders, dachten sich unsere Leute und hatten sofort eine Idee parat.

Es fanden sich dann doch genügend Bürger und Konten, die nicht über viertausend Mark verfügten. Es gab sogar genügend Bürger, die nicht über vierhundert Mark verfügten. Es soll sogar solche gegeben haben, die über keine vier Mark verfügt haben. Einige sogar, die nicht mal ein Konto haben. Das sollte sich dann aber schnell ändern.

Schließlich kam der Moment, auf den alle gewartet hatten. Wie durch Zauberhand hatten plötzlich alle im Land ein prall gefülltes Konto - es schien schon wie ein Wunder. Zahlungen wurden abgeholt und wieder eingezahlt, bis alles perfekt war. Organisieren, ja, das konnten wir.

Ich selbst hatte noch nie im Leben so viel Geld besessen. Der ostdeutsche Volksmund behauptet ja, dass jeder Bürger siebentausend Mark erspartes Geld hatte. Das war mir damals schon ein Rätsel, ein ziemlich großes sogar.

Lange habe ich darüber nachgedacht, bis es mir klar wurde. Irgendwo musste es jemanden im Land geben, der vierzehntausend Mark gespart hatte.

03

Das Telefon

Eine tolle Errungenschaft oder zunehmender Wahnsinn? Es schrillte ohne Unterbrechung, doch ich konnte nicht rangehen, da mich der Gast aus Zimmer 11 an der Abendbar in ein Gespräch verwickelt hatte.

Weit hat er ausgeholt, um seine Familiengeschichte möglichst dramatisch, mit vollem Körpereinsatz und seinem vierten Glas Bier in der Hand vor mir lautstark auszubreiten. Von der bösen Schwiegertochter, seinen zwölf Enkeln, einem Schwip Schwap Schwager und seinem durchgeknallten Opa ist alles dabei. Ich stehe wie begossen da und muss mich beherrschen, um nicht laut loszuschreien. Das waren Geschichten, die auf keinen Fall an eine Abendbar gehörten, an denen es vor gut gelaunten Gästen nur so wimmelte, die eigentlich nur einen schönen Sommerabend genießen wollten.

Ich wollte das nicht hören und würde den Gast am liebsten ignorieren. Doch das ging leider nicht, denn er erzählte so lautstark und theatralisch, dass auch alle anderen Anwesenden gezwungen waren, sich seine angeblich dramatische Familiengeschichte mit anzuhören. Das Telefon schrillte einfach weiter. Es kam mir aber jetzt noch viel lauter und schriller vor.

Ich zeigte auf das Telefon, doch mein Gesprächspartner erzählte einfach weiter. Was war das doch für ein unangenehmer Gast.

Ich beschloss, ihn einfach stehenzulassen, um ans Telefon zu gehen, als ich die vertraute Stimme von Heinrich vernahm. Sicher hatte auch er das Klingeln vernommen und nahm dann etwas genervt das Telefonat an.

Mein Gast an der Abendbar verlangte nach einem weiteren Bierchen. Ich nahm eines von den Biertulpen, die kopfüber am Tresen angebracht waren, und begab mich zum Zapfhahn, um das „Sieben- Minuten-Bierchen" für ihn zu zapfen. Er wollte die Zeit stoppen. Ha, Ha! Ich glaubte das alles nicht! Tatsächlich holte er eine Stoppuhr aus seiner Jackentasche und legte diese demonstrativ auf den Tresen. Das konnte ja wohl nicht wahr sein! Ich musste mich wirklich beherrschen, um ihn nicht vom Barhocker zu schubsen und ihm noch einen guten Tag zu wünschen. Lieber nicht bei uns, sondern auf einer anderen Insel.

Über den Zapfhähnen war ein Schild angebracht. Darauf war zu lesen: „Wer die Wirtin kränkt, wird aufgehängt!" Das war ein Geschenk meiner Gäste zur Neueröffnung der Abendbar. Meine neuen Gäste, die soeben lachend und gut gelaunt den Raum betreten hatten, sahen dies und fingen an zu lachen, kamen näher, um den Spruch noch einmal genauer zu lesen.

Ich musste unwillkürlich zurücklächeln und frage gleichzeitig nach ihren Getränkewünschen, wobei ich das frisch gezapfte Bier ganz dicht neben diese tickende Stoppuhr stelle, sodass der Bierschaum darauf tropfen würde, wenn mein Gegenüber nicht schnell genug reagieren würde.

Kurz bevor der Schaum auf seine Uhr tropfen konnte, schaute er auf und meinte dann: Das Zapfen hat aber nur dreieinhalb Minuten gedauert und trinkt schlürfend an seinem Bier. Ich versuchte den Spruch zu ignorieren, merkte aber, wie ich immer wütender wurde.

Wenig später kam Heinrich auf mich zu und baute sich mit seinem breiten Kreuz direkt vor unserem nörgelnden Gast auf. Dankbar schaute ich Heinrich an. Unser Gast mit der Stoppuhr versuchte auch jetzt noch seine komischen Sprüche loszuwerden. Doch diese prallten jetzt alle, quasi wie an einer Schallmauer ab.

Nach einer ganzen Weile hatte er es endlich kapiert, bezahlte seine Rechnung und verließ schmollend und schimpfend das Lokal. Im Saal und an der Bar konnte man förmlich ein Aufatmen hören, als die Tür lautstark ins Schloss fiel.

Ich schaute mich um in meinem kleinen neuen Reich. Es war alles großartig geworden. Die Zimmereinrichtung war abgeschlossen und elf neu eingerichtete Gästezimmer konnten wir nun in die Vermietung geben. Das erfüllte uns mit Stolz. Im Hauptgebäude befanden sich noch 5 weitere Zimmer, bei denen die Finanzierung noch nicht ausreichend war, um auch diese Zimmer zu modernisieren. Doch erstaunlicherweise konnten wir diese auch zum kleinen Preis vermieten, womit wir nicht rechnen konnten. Doch es ging auf und funktionierte. Die Gäste freuten sich und wir freuten uns ebenfalls.

Mit dem Frühstücksraum, gleichzeitig Rezeption und Abendbar haben wir uns jedoch besonders viel Mühe gegeben. Eingebettet in eine alte, ehrwürdige Villa aus dem Jahre 1851, erhielt dieser Raum einen ganz besonderen Charakter. Farblich wurde alles perfekt abgestimmt. Ein prachtvoller Tresen war das Schmuckstück in diesem Raum. Durch die zwei großen Sonnenveranden war der Raum stets lichtdurchflutet. Zahlreiche Grünpflanzen sorgten für ein tropisches Ambiente. Es war ein angenehmer Ort, an dem man gerne verweilte.

Die Haupteingangstür führte direkt auf einen großen Hof, auf dem nicht nur die Kinder spielen konnten. Er diente auch als Parkplatz, Kräutergarten und selbstverständlich auch als Grillplatz für unsere Gäste.

Dabei waren es nur wenige Meter bis zum Strand. Auch wenn wir nicht einen direkten Blick auf die Ostsee hatten, so konnten wir doch bei etwas Wellengang ganz deutlich das Rauschen des Meeres hören. Ja, so nah waren wir dem Meer!

Und Heinrich? Er stand hinter der Bar und bediente unsere Gäste. Auch auf Gespräche mit den zahlreichen Gästen ließ er sich sehr gerne ein. Ja, das klappte perfekt: Small-Talk mit Heinrich! Gemeinsam hatten wir einen Barkeeper Lehrgang absolviert und konnten nun voller Stolz auch mit einem Shaker arbeiten. War das cool! Die Arbeit am Tresen schien Heinrich sichtlich zu gefallen, als hätte er in den letzten Jahren nichts anderes getan.

Es spielte keine Rolle, ob ein neues Fass Bier angeschlossen werden musste, Gläser poliert werden mussten oder ob die zahlreichen Sorten der Getränke nachgefüllt werden mussten. Wie selbstverständlich packte er auch bei der Zimmerreinigung mit an. Mit seinem weißen Hemd und seiner schwarzen Lederweste sah er aus wie ein echter Kellner und keiner hätte gedacht, dass er noch vor kurzem Schweine gezüchtet hat und alte Traktoren reparierte.

Einzig die ständig wechselnden regionalen Begriffe, welche unsere Gäste aus ihrer Heimat mitbrachten, machten uns immer wieder Schwierigkeiten. Da gab es nicht nur Begriffe wie Radler oder Alster, nein auch Astra, Potsdamer, Diesel, Gespritzter, Ententümpel, Gurkenradler, Krefelder, Laternchen, Bico, Schwipp Schwapp, Tango und noch ganz viele andere regionale und exotische Getränke Gewohnheiten unserer Gäste.

Damit wir nicht ständig nachfragen mussten, haben wir an der Bar die Innenseite mit kleinen gelben Zettelchen beklebt, die noch lange Zeit eine große Hilfe sein sollten. Die Reihe der Zettel wurde im Laufe der Jahre jedoch immer länger, sodass wir dann irgendwann auch hier den Überblick verloren. Doch bis dahin hatten wir bereits so viel gelernt, dass wir nur noch selten beim Gast nachfragen mussten.

Das ging mir so durch den Kopf, als ich ihn ansah und ans Telefon ging. Ein spontaner Gast hat das letzte freie Zimmer in der kommenden Woche gebucht. Hurra! Das war doch Klasse: zum ersten Mal hundert Prozent Auslastung. Darüber freute ich mich riesig.

Und das Telefon? Es klingelte schon wieder! Dieses Mal war es Christiane, meine Freundin aus der alten Heimat. Ach, war das schön, wieder eine vertraute Stimme zu hören. Einfach nur die Seele baumeln lassen und miteinander reden und lachen.

Es war endlich einmal ein erfreulicher Anruf. Keiner fragte, wie das Wetter wird, ob man fließend Wasser im Zimmer hat, Strom aus der Decke, Gardinen an den Fenstern oder rosarote Bettwäsche. Ich konnte so bleiben, wie ich bin, und war nicht eigenartigen Fragen oder Wünschen, wie bei so manchen Gästen ausgesetzt.

Etwas später schaute ich aus dem Fenster und konnte den unzufriedenen Gast von vorhin beobachten, wie er schnurstracks über den Hof und das Grundstück in Richtung Zentrum verließ. Wahrscheinlich wollte er in den anderen Lokalen ebenfalls die Zeit beim Bierzapfen stoppen, dachte ich so bei mir und war froh, dass er weit weg war.

Christiane erzählte noch eine ganze Weile und schon erfasste mich wieder das Fieber von damals und wie in alten Zeiten vertieften wir uns im Gespräch über Gott und die Welt und den vielen kleinen Alltagsepisoden. Von „ganz wichtig" bis hin zu „das braucht kein Mensch " war alles dabei. Kam es zu einer Erzähl-Pause, begann der Nächste im Schwelgen der Erinnerungen und setzte das Gespräch fort.

Das ging so lange, bis Heinrich um die Ecke schaute und mich fragend ansah. Oh, ja, ich war ja im Dienst und hatte bei unserem Redeschwall den Alltag vergessen. Ich versuchte nun möglichst schnell das Gespräch zu beenden. Wir versprachen uns, wie jedes Mal, endlich mal wieder zu treffen. Die Kinder sollte ich grüßen. Na klar, mache ich doch gerne, aber welche Kinder eigentlich? Ich habe doch nur eines und das schläft tief und fest und träumt wahrscheinlich von der größten Ratte der Welt.

In seinen Träumen kann die Ratte sprechen, trägt einen Hut wie Robin Hood und ist ein Freund aller Katzen. In meinen Träumen gibt es Hunderte von Ratten ohne Hut, die können nur fauchen, haben lange gelbe Zähne und es gibt nur einen dicken, fetten Kater mit nur einem Auge und der hat leider keine Zähne mehr. Trotz allem war es ein schöner und erfolgreicher Tag, dachte ich spät am Abend, lag in meinem Bett und hörte ein Rascheln aus der Zwischendecke. Doch ich hörte auch Heinrich.

Der lag neben mir und pustete mich an. Ja, ständig musste er mich anpusten. Nein, es war kein Schnarchen. Es war ein ständiges Pusten. Es war fürchterlich und bei Vollmond knirschte er auch noch mit den Zähnen.

Und das, liebe Leser, konnte die Wende auch nicht ändern: Mein Heinrich pustet heute noch vor sich hin. Na gut, er hat sich seinen Schlaf redlich verdient. Heute nun musste auch er zugeben, dass wir die Ratten im Haus haben. Bis dahin erschien mir nur eine Ratte persönlich. Als ich Heinrich davon erzählte, glaubten wir noch fest daran, es habe sich ein Tier verlaufen und sucht den Ausgang. Die nächsten untrüglichen Anzeichen waren dann die angeknabberten Brötchen in der Speisekammer. Die Idee, diese dann so hoch wie möglich zu lagern, erwies sich ziemlich schnell als ziemlich blöde Idee.

Fünf Tage später schien unsere Ratte noch immer keinen Ausgang gefunden zu haben, denn die Brötchen waren weiterhin angenagt. Die Anzahl der angeknabberten Lebensmittel häufte sich genauso bedrohlich wie die Anzahl der gefundenen Rattenköttel.

Ganz sicher waren das keine Mäuschen. Oh mein Gott, wir hatten wirklich Ratten in unserem Haus.

04

Früher, ja früher war alles besser

Da gab es noch diese unbeschwerte Leichtigkeit des Seins, die uns heute oft verloren geht. Besonders das alltägliche Ritual, die Post aus dem Kasten zu holen, war ein kleines Highlight am Tag. Man freute sich auf die bunten Briefumschläge, die liebevoll gestalteten Karten und die persönlichen Zeilen von Freunden und Familie. Doch heute? Heute ist das alles anders. Die Post besteht größtenteils aus Werbung und Rechnungen, die uns an unsere Verpflichtungen erinnern. Der Briefkasten ist damit zur lästigen Pflicht geworden.

Es war eine Zeit, in der das Leben noch einfach und unbeschwert erschien. Eine Zeit, in der man für zehn Mark noch richtig einkaufen konnte. Das Brötchen für 5 Pfennig, das Mischbrot für eine knappe Mark und das Schwarzbrot für nur 49 Pfennig. In einer Zeit, als die Welt noch anders war, als das Leben noch einfacher schien, gab es eine Sicherheit, die heute kaum noch vorstellbar ist.

Trat man mitten in der Nacht, nach einem Besuch in der Diskothek, den Heimweg an, hatte man kaum etwas zu befürchten. Es war auch eine gängige Praxis, sich per Anhalter durch das Land zu bewegen, ohne große Bedenken zu haben. Allerdings gab es auch in unserem Land einige Gauner und Ganoven, vor den man sich in Acht nehmen musste.

Es gab aber eine Gemeinschaft, die sich gegenseitig half und unterstützte. Man konnte an jede Tür klopfen und war jederzeit herzlich willkommen. Nachbars Kinder zu Besuch oder auch über Nacht gehörte schon zur Selbstverständlichkeit.

Es war eine Zeit, in der das Miteinander noch im Vordergrund stand und nicht das Gegeneinander. Eine Zeit, in der man noch füreinander da war und sich nicht nur um sich selbst kümmerte. Die besten Ideen entstanden damals am Stammtisch, an dem man abends zusammensaß und noch miteinander herzlich lachen konnte. Oh, wie ich diese Zeit vermisse! Es geht doch nichts über die guten alten Zeiten.

Damals, als der Himmel noch blauer und die Natur noch grüner war als heute, war alles noch in Ordnung. Das glaubten wir jedenfalls, auch wenn die Wahrheit trügerisch war.

Doch wenn ich an früher denke, dann denke ich auch an Heinrich und den Karneval und kann mir ein Lächeln nicht verkneifen. Ja, ich gestehe, ein wenig Nostalgie schwingt da mit. Es war Karnevalszeit, als wir uns das erste Mal über den Weg liefen. Oh, der Karneval, der Karneval. Das Ereignis des Jahres. Das große, berauschende Fest. Jeder fieberte nach diesem Termin. Alle wollten dabei sein. Es waren dann auch alle dabei. Der ganze Ort war dann in Feierlaune. Es fehlte niemand, sogar der Bürgermeister mit seiner Frau und seiner Sekretärin feierten kräftig mit, auf der größten und schönsten Veranstaltung des Jahres. Es war das Fest der Feste. Das Beste vom Besten.

Da wir so heiß darauf versessen waren, wurde diese Veranstaltung dann auch von Rosenmontag bis Mitte März gefeiert. Kein Saal, kein Partyraum, keine Tenne auf dem Dorf und in der weiteren Umgebung blieb davon verschont. Wie gesagt, Mitte März war alles vorbei. Doch das auch nur, weil der Frauentag vor der Tür stand. Wem jetzt noch nach Feiern zumute war, der sollte sich gut überlegen, zu welcher Party er ging, denn immer wieder wurde dieser nahtlose Übergang durcheinander gebracht und so manch ein Jecke sah sich in einem Haufen wilder Frauen wieder.

Den Frauentag, den 08. März, übrigens auch „internationaler Frauentag" genannt, haben wir dann mit genauso viel Leidenschaft und Hingabe über mehrere Wochen gefeiert. Feiern, ja, das konnten wir. Zu jedem Anlass, und wenn es sein muss auch mal ohne Anlass. Jedoch immer mit ganzer Hingabe. Wir vergaßen dabei die Diktatur des Proletariats und bildeten die Diktatur der Frauen.

Nicht selten kam es dann später zu einigen seltsamen und rätselhaften Veränderungen im Ort. Nachbarn vertrugen sich wieder oder stritten sich plötzlich, Geheimnisse wurden getuschelt, Heimlichkeiten ausgetauscht. Plötzliche und unerwartete Scheidungen standen vor der Tür. Verliebte verlobten sich, nicht verliebte entlobten sich und Hochzeiten gab es in Saus und Braus. Und wie jedes Jahr im Dezember erblickten viele kleine Jecken das Licht der Welt. Ja, die Welt war schön.

Doch jetzt sind wir ja auf dem Karneval. Mein Heinrich, der noch gar nicht mein Heinrich war, sollte mir heute Abend das erste Mal über den Weg laufen. Noch ahnte keiner von uns, was da auf uns zukommen würde, denn Heinrich stand noch im Stall und mistet die Schweine aus. Sein ganzer Stolz bestand aus einer Sau und sieben kleinen Ferkel. Große Freude bei ihm über den zweiten Wurf in diesem Jahr. Bei den Gedanken wurde Heinrich ganz warm ums Herz. Er beobachtete, wie das letzte, wohl zu neugierige Ferkel sich seinen Platz an der Zitze seiner Schweinemutter erkämpfte.

Wild und energisch hatte es die anderen zur Seite gedrückt, bis es sich schließlich zufrieden, glucksend und nuckelnd niederlegte.

Lächelnd und froh über den glücklichen Wurf zündet Heinrich sich eine Karo an. Er fasste einen Entschluss: Sich ab morgen mehr um den alten Traktor zu kümmern. Den hat er auf seinem Acker gefunden, nicht weit weg vom Schweinestall entfernt.

Obwohl er das Land wie seine Westentasche kannte, dachte Heinrich eines Tages endlich, den alten Graben von Schutt und Dreck und einem Ungetüm zu befreien. Zu seiner großen Überraschung und Freude entpuppte sich das Ungetüm als Traktor. Beim ersten Blick war es wahrscheinlich nur Schrott. Doch Heinrich erkannte schnell seine Chance. Es war ein RS 09. Jedenfalls irgendwann einmal.

Heinrich befreite das etwas lädierte Teil von Dreck und Schmutz, freute sich wie ein König und beschloss, daraus wieder einen funktionstüchtigen RS 09 zu machen. Vielleicht in ein wenig abgewandelter Art, doch ganz sicher würde er wieder zum Einsatz kommen.

Gemeinsam mit seinem Freund Klaus hoben sie den alten Traktor aus dem Graben und schleppten ihn mit vereinten Kräften bis hinter den Schweinestall. Heinrich hatte immer viel zu tun und so stand der Traktor nun schon seit einigen Wochen dort und wartete darauf, endlich wieder voller Stolz durchs Dorf zu dampfen.

Die Gedanken an den Traktor gingen Heinrich durch den Kopf, als er eine vertraute Stimme vernahm.

Es war die Stimme von Klaus. Klaus hatte für Heinrich ein Ersatzteil für den Traktor organisiert. Das war nicht einfach und somit war Klaus sehr stolz, dass ihm das gelungen war.

Heinrich und Klaus kennen sich schon seit vielen Jahren. Sie wurden gemeinsam eingeschult. Klaus durfte schon zwei Jahre früher als Heinrich die Schule verlassen. Wahrscheinlich lag es daran, weil er immer so fleißig war. Beide lernten das Leben auf dem Dorf zu lieben.

Der Heinrich, der liebte seine Mutter, seinen Vater, die Schweine und seinen Traktor. Klaus liebte mehr die Dorfmädchen und würde, wenn er könnte, gerne die Stadt ziehen. Am liebsten nach Berlin. Doch leider ging das nicht, denn auch Klaus seine Eltern verfügten über einen größeren Bauernhof. Es gab dort jede Menge große und kleine Tiere zu versorgen.

Schon als kleines Kind musste der Klaus Butterblumen suchen, Brennnessel schneiden, den Stall ausmisten, Rüben verziehen sowie viele andere ungemütliche Arbeiten verrichten. Diese Arbeiten waren aber auch eine Qual für ihn. Er vertrat die Weisheit: Wenn ich ein Brot möchte, dann gehe ich zum Bäcker. Und habe ich Appetit auf Kotelett, dann gehe ich zum Fleischer.

Klaus hatte sich geschworen, dass er irgendwann diesen Ort verlassen würde, um in die Großstadt zu ziehen. Er hatte nur keine echte Vorstellung davon, wann das jemals sein würde.

Auch wenn die beiden so ungleich waren, so waren sie doch die besten Freunde. Und so manch eine lustige

Geschichte weiß das Dorf über Klaus und Heinrich zu erzählen. Klaus hatte nun aber andere Sorgen: Klaus wollte zum Karneval!

Das Ersatzteil hatte er übrigens vom elterlichen Hof „besorgt". Angeblich hatte er es dort irgendwo gefunden. Unseren Heinrich konnte egal sein, woher es kam. Er schnappte sich den Schraubenschlüssel und wollte sofort mit der Reparatur beginnen. Doch er hatte nicht mit dem Besuch von Klaus gerechnet. Erst recht nicht an den Karneval gedacht.

Heinrich hatte den Karneval vom letzten Jahr noch gut in Erinnerung. Unvergessen, aufgewacht war er nach einer durchtanzten Nacht im Schweinestall! Damals waren noch keine Ferkel dort. Als er gähnend und mit dröhnenden Kopfschmerzen erwachte, schmiegte sich die Sau ganz dicht an seinen geschundenen Körper. Vor Schreck fuhr er auf und stieß den Kopf dann mit voller Kraft an einen alten rostigen Haken. Die Narbe kann man heute noch sehen. Als Klaus, in voller Vorfreude, Heinrich auf den neuen Karneval ansprach, fasste dieser sich sofort an die Narbe und winkte dankend ab.

Klaus war auf alles vorbereitet. Sie kannten sich ja lange genug. Er wusste auch, dass Heinrich für einige Aktionen schwer zu überreden war. Er wusste aber auch, wenn Heinrich erst in Stimmung geriet, dann war er nicht mehr zu bremsen und als Partylöwe unschlagbar.

Klaus griff in seine Trickkiste und zauberte eine Flasche Kirschlikör hervor. Zum Kirschlikör musste Heinrich nicht lange überredet werden. Schnell langte er zu.

Als die halbe Flasche geleert war, kam Klaus wieder auf das Thema Karneval zu sprechen.

Doch Heinrich hatte immer noch kein Interesse. Mit dem Argument, er hätte doch kein Kostüm, wollte er jetzt das Thema beenden. Klaus war auf alles vorbereitet und schlug vor, dass sie so bleiben, wie sie sind, dass sich jeder noch ein Ferkel schnappt und sie als Schweinehirten dann auf dem Karneval erscheinen würden.

Bald begann auch Heinrich darüber nachzudenken und empfand die Idee eigentlich als ganz originell, doch er meinte, zuerst sollte die Kirschlikör-Flasche noch geleert werden. Danach wollte Heinrich alle Ferkel mitnehmen. Gott sei Dank, konnte jeder der beiden Helden nur ein Ferkel tragen.

Plötzlich standen sie dann vor mir im alten Saal, im gemütlichsten Saal der Stadt, in unserer HO-Gaststätte „Einheit". So originell und verrückt die Idee auch war, aber mit den Schweinchen stießen sie beim Eintritt auf großen Widerstand. Unsere beiden Helden sahen das natürlich völlig anders und versuchten es jetzt mit Ihren Überredungskünsten.

Heinrich diskutierte heftig, machte sich gerade und dabei ganz große Augen. Dabei tat er, als wäre er die Unschuld vom Lande und fragte immer wieder „Wieso? Wieso? Wieso?" Dabei grinste er über das ganze Gesicht.

Ich schaute zu Heinrich hinüber und blickte in zwei wunderschöne blaue Augen.

Es war das schönste freche Grinsen, das ich je gesehen hatte und bekam schlagartig weiche Knie.

Warum war mir das nicht schon vorher aufgefallen? Was für ein Mann? Wie konnte man nur so verdammt gut aussehen? Dass seine Hosen viel zu kurz waren, sein Hemd kaputt, seine Haare zottelig und nach Schweinestall und Kirschlikör roch, das habe ich überhaupt nicht wahrgenommen.

Ich sah nur seine Augen und mir war klar, vor mir steht mein Traummann. Zu gerne hätte ich ihm sofort jeden Wunsch erfüllt, doch das mit den kleinen Schweinchen, das ging auf keinen Fall.

Noch etwas benommen und völlig durcheinander überlegte ich, wie ich die Situation retten kann, um Heinrich in den Saal zu bekommen? Das quiekende Tierchen befand sich noch in seinem Rucksack und bestimmt wäre das arme Tier an einem Herzinfarkt gestorben, wenn wir es in die feiernde, tobende und verrückte Menge mitgenommen hätten.

Der Eintritt war also unmöglich. Eine Idee musste her und das so schnell wie möglich. Hilfesuchend schaute ich zu unserem Kneiper, den dicken Fritz. Unser Kneiper hatte die Situation bereits erkannt, wollte sicherlich auch kein Schwein auf der Tanzfläche haben.

Bis mir plötzlich einfiel, dass unser Kneiper im Keller seine Schweine hatte. Genau, das war jetzt die rettende Idee. Fritz seine Schweine wurden von den gesamten Abfällen der berauschenden Feste in seinem Lokal ernährt.

Davon gab es reichlich. Bei den Festen gab es viele Abfälle. Sie ernährten seine fünf Schweine das ganze Jahr damit. Die Schweine bekamen auch sämtliche Bier- und Schnaps-Reste. Deshalb schliefen sie auch so viel und wurden immer viel dicker und größer als alle anderen Schweine im ganzen Ort.

Es gibt ein Gerücht, dass Fritz einstmals einen Gast zu seinen Schweinen setzte, weil dieser nur randalierte und ständig auf Streit aus war. Es wurde gemunkelt, dass man den Gast nie wieder sah. Zumindest nicht in Fritz seiner Kneipe. Seitdem gibt es weniger Streitereien auf diesen Feierlichkeiten, denn niemand wollte in den Keller, zu den Schweinen von Fritz.

Ob das nun stimmt oder nicht, das sei dahin gestellt. Jedoch die Wirkung der Geschichte zeigte sich als sehr positiv: Ein kurzer Blick zu Fritz, ein kurzes Gespräch und ein kurzes Kopfnicken von Fritz genügten, um Heinrich die Situation klarzumachen: Seine Ferkel durften mit in den Keller.

Klaus stimmte sofort zu. Wahrscheinlich war er froh, das zappelnde „Etwas" loszuwerden, denn dann hätte er seine Hände für viel wichtigere und schönere Dinge frei. Klaus hatte aber anderes im Blick. Mit staunenden Augen starrte er auf die hübschen Damen der Funkengarde.

Schließlich war auch Heinrich einverstanden. Vorsichtshalber musste er aber mit in den Schweinestall, um zu sehen, dass es seinen Schweinchen auch wirklich gut gehen würde. Die Situation war gerettet.

Zu gern wäre ich gleich an seiner Seite geblieben, doch das ging nicht. Denn der Einlass, für den ich zuständig war, war immer noch nicht beendet und so manch ein Narr hatte die eine oder andere Überraschung für uns parat. Alle waren bester Laune, bunt gekleidet und bester Faschingslaune. Der Schalk war den einen oder anderen schon von Weitem anzusehen. Es schien ein großartiges Fest zu werden.

Die Zeit schien stillzustehen, während ich sehnsuchtsvoll auf die Rückkehr von Heinrich und Klaus wartete. Doch endlich erblickte ich die beiden Männer, als sie entschlossen auf den Tresen zugingen. Ich war voller Freude und mein Herz begann schneller zu schlagen. Ich winkte den beiden entgegen, als plötzlich die Eröffnungspolonaise erklang. Die Band, welche uns seit Jahren begleitete, hatte ein prima Feingefühl für die richtige Stimmung zur richtigen Zeit.

Doch ich denke, das Fest war bereits so fortgeschritten, die Gemüter aller Narren so gut gelaunt, ausgelassen und bumsfidel, dass wir ohnehin zu jeder Musik getanzt und gefeiert hätten.

Als dann die Musik erklang, musste keiner weiter aufgefordert werden, mitzumachen. Der ganze Saal tobte bereits und in Windeseile stürmten alle auf die Tanzfläche, um dabei zu sein. Plötzlich stand Heinrich dicht hinter mir, nahm meine Hand und führte mich wie von Zauberhand auf die Tanzfläche. Bis heute fehlen mir noch Teilstücke von jenem Abend. Lag es an meiner Glückseligkeit? Lag es am Alkohol? Lag es an Heinrich? Es muss wohl alles zusammen gewesen sein.

Ich weiß noch, dass mir die Füße weh taten vom vielen Tanzen. Ich weiß, dass wir irgendwann eng umschlungen im Karneval-Knast landeten. Ich wollte ihn doch nur frei küssen und kam dann nicht mehr von ihm los.

Viel mehr weiß ich von diesem schicksalsträchtigen Abend nicht mehr. Alles andere ringsumher verblasste. Und ich schwebte auf Wolke sieben und war den Sternen nah.

Der nächste Morgen begann mit Sonnenschein. Sie blinzelte mir direkt ins Gesicht. Benommen öffnete ich die Augen. Ein leichtes Wummern ging durch meinen Kopf. Ich fasste mir an die Stirn und hob mich schwerfällig aus dem Bett. Wie sah es hier nur aus? Was war geschehen? Wer hat das Chaos angerichtet? Das Laken völlig zerknittert, Klamotten jeder Art zierten in unterschiedlichen Abständen meine Wohnungseinrichtung. Ich brauchte unbedingt frische Luft und steuerte geradewegs aufs Fenster zu, als ich über einen riesengroßen Schuh stolperte.

Jetzt endlich fiel der Groschen bei mir. Und es kam die Erleuchtung. Genau. Ich hatte Heinrich mit nach Hause genommen oder wollte er mich nur nach Hause bringen? Wie war das noch gestern Nacht? Doch wie kommt dann der Schuh hierher? Und wo ist dann der zweite dazu? Ich öffnete das Fenster und ein fürchterliches Pochen setzte ein.

Nun war mir völlig schwindelig und zu gern wäre ich wieder in meine Bettchen gekrochen, als auch noch mein Magen entsetzlich zu rebellieren begann, lief ich instinktiv, mit vorgehaltener Hand ins Bad, um mich zu übergeben. Doch dort, wo sonst stets ein freies Klo stand, war jetzt ein besetztes Klo, auf dem Heinrich mit einem Schuh und heruntergelassenen Hosen saß. Noch ehe ich begriff und Heinrich reagieren konnte, hatte ich ihn bereits von oben bis unten vollgespuckt.

Tja, lieber Leser, es gibt Momente im Leben, da möchte man wirklich im Erdboden versinken. In ein ganz Tiefes. Selbstverständlich bemühte ich mich, alles wieder in Ordnung zu bringen. Doch das war nicht einfach. Zumal ich am liebsten im Bad liegen geblieben wäre, um meinen Rausch gleich und sofort hier auf dem Fußboden auszuschlafen.

Die Peinlichkeit, die mich dabei überfiel, war einfach entsetzlich. Und schon wieder wurde mir schlecht. Heinrich schien das zu merken, denn in Windeseile zog er seine Hosen hoch und verschwand aus dem Bad. Dort blieb ich erst mal einige Zeit alleine liegen und wünschte mir, ich hätte nur eine ordentliche Grippe. War es aber nicht!

Der Versuch, mich wieder etwas frisch zu machen, spottete geradezu der Spiegel. Als ich dann wieder in meiner Küche war, schaute ich etwas unsicher zu Heinrich hinüber und war gleichzeitig froh und enttäuscht, dass er noch nicht gegangen war. Er wirkte auch irgendwie anders als gestern Abend und sagte nicht viel. Ich glaube, auch ihm fehlten die Worte für diese heikle Situation, denn ganz plötzlich hatte er es auch eilig. Er sagte, dass er die Ferkel noch abholen müsste.

Oh mein Gott, die kleinen Schweine hatte ich doch glatt vergessen.

Heinrich sah ebenfalls ganz schön zerknautscht aus. Insbesondere roch er nicht nur nach Schnaps und Schweinestall. Nein, jetzt roch er noch nach meinen Erbrochenen.

Bei dem Geruch konnte man schon leicht Tränen in den Augen bekommen und ich konnte nur hoffen, dass er schnurstracks nach Hause unter die Dusche konnte, ohne noch großartig Bekannte zu treffen. Mit einem Schuh am Fuß und den anderen in der Hand verließ er mich ohne ein weiteres Wort. Gern hätte ich ihm noch zum Abschied noch einen Kuss gegeben, doch wir rochen beide wirklich nicht so gut und hielten lieber Abstand. Und außerdem war Heinrich ganz schnell fort.

Völlig erschöpft und sehr durcheinander, kroch ich wieder in mein zerwühltes Bett und dachte noch: Hat er etwa bei mir geschlafen? Oder etwa mit mir? Oder wie, oder was? Vielleicht hatte auch nur sein Schuh bei mir geschlafen. Doch noch bevor ich alle möglichen Situationen ausspinnen konnte, kam der Schlaf und ich schlummerte ganz fest und tief ein. Als ich das nächste Mal erwachte, waren meine Kopfschmerzen verschwunden und ebenfalls der Sonnenschein. Noch etwas mühsam machte ich mich an die unangenehme Arbeit, alles wieder auf Vordermann zu bringen. Es gelang mir unter unendlichen Mühen, verzweifelten Attacken von Übelkeit und Schwindel und einem fürchterlich schlechtem Gewissen.

Völlig durcheinander saß ich am Küchentisch und versuchte den gestrigen Abend Retoure passieren zu lassen. Die Peinlichkeit, die mich dabei überfiel, war so heftig, dass ich am liebsten alles aus meinem Gedächtnis streichen wollte. Nein, nicht alles. So manches Mal huschte mir auch ein Lächeln übers Gesicht. Einige Gedanken an den Karneval waren doch recht angenehm. Ich wollte ja, dass Heinrich wieder kommt. Mein schlechtes Gewissen, teilte mir gnadenlos mit, dass die Wahrscheinlichkeit auf ein Wiedersehen sehr gesunken war.

Nur einige Tage später saß ich zu Hause, wo es wieder angenehm roch und super gemütlich geworden war, auf meiner Couch, aber immer noch mit einem schlechten Gewissen belastet und versuchte mir den Spielfilm, um viertel nach acht anzuschauen. Ich schaute aus dem Fenster und erblickte eine stockfinstere Nacht.

Mir kam es so vor, als wenn wir bereits Mitternacht hätten, was ja auch nicht verwunderlich für diese Jahreszeit war. Den ganzen Tag hatten sich die Sturmböen mit Regen und Schnee abgewechselt, sodass für die Nacht und den nächsten Morgen das Glatteis bereits vorprogrammiert war. So wie das Wetter war, so war auch meine Stimmung. Bei dem Versuch, dem Verlauf des Filmes zu folgen, bemerkte ich, dass meine Gedanken ganz woanders waren und keine Ahnung hatten, was ich da überhaupt im Fernsehen lief.

Ich schlenderte in die Küche, um mir etwas zum Knabbern zu holen, als ich hinter der Tür, welche zum Hausflur führte, scharrende Geräusche vernahm.

Vorsichtig und langsam schloss ich den Kühlschrank wieder und lauschte an der Tür. Da waren sie wieder, die Geräusche. „Was mochte das gewesen sein?", fragte ich mich noch und lauschte gespannt weiter. „Es wird sich doch hier kein Mäuschen verlaufen haben?"

Nein, dafür waren die Geräusche eindeutig zu laut, und da war es schon wieder. Doch jetzt waren eindeutig Schritte zu hören. Es schien jemand vor meiner Tür zu sein. Wenn das ein Einbrecher war, wie sollte ich mich dann verteidigen?

Ein Blick in meinen Besteckkasten zeigte mir, dass man mit meinem Kartoffelschäler wirklich nur noch Kartoffeln schälen konnte, wenn überhaupt. Ein wirklicher Schutz war das nicht. Doch meine Neugier war geweckt. Zu gern hätte ich gewusst, was sich da vor meiner Haustür abspielte. Ich stellte mich auf Zehenspitzen und versuchte ganz leise zu atmen oder, wenn möglich, gar nicht zu atmen. Was natürlich nicht gelang. Anstatt möglichst ruhig zu bleiben und meine Atmung unter Kontrolle zu bringen, bekam ich einen fürchterlichen Hustenanfall. Die Hand vor dem Mund hat da leider nicht geholfen. Ich musste lauthals husten, dass man es bestimmt auch in allen Nachbarwohnungen hören konnte. Damit habe ich mich verraten.

Na großartig, dachte ich so bei mir. Ganz gleich, wer da vor meiner Tür stand, der wusste jetzt Bescheid, dass ich zu Hause war. Es sollte auch nicht lange dauern, als ich ein Klopfen an der Tür vernahm. Erschrocken zuckte ich zusammen und knallte dabei gegen die Kühlschranktür, die immer noch offen stand.

Ich rappelte mich wieder auf und überlegte. „Wer da klopft, der hegt bestimmt keine bösen Absichten", sagte ich mir und spähte trotzdem nochmals zum Kartoffelschäler. Ich nahm all meinen Mut zusammen, öffnete die Tür einen kleinen Spalt und erblickte dann hustend hinter einem Tränenschleier meinen Heinrich. Hin- und hergerissen von meinen Gefühlen kamen zu den Husten Tränen, jetzt auch noch die Freudentränen und meine Knie wollten schon wieder versagen. Bis dahin hatte ich noch keine Ahnung, wie viel Gefühl in so einem Knie stecken kann. Ich hatte mich ganz und gar nicht unter Kontrolle und stammelte vor Überraschung irgendetwas, was ihn garantiert nicht interessierte.

Doch anstatt zu antworten, nahm er mich in die Arme und drückte mich ganz sachte an sich heran. Das Gefühl war so unbeschreiblich schön, dass ich schon wieder weinen musste. Die Erleichterung war riesengroß und ich hatte das Gefühl, dass eine gigantische Last von mir abfiel. Die Blumen, die er in den Händen hielt, fielen dabei zu Boden und wurden vorerst nicht beachtet. Heinrich sah einfach umwerfend aus.

Mein Traummann hielt mich in seinen Armen. Mehr ging nicht! Eng umschlungen standen wir so einige Minuten in der Küche, als aus dem Hintergrund eine kleine dünne Stimme zu vernehmen war. Es war Oskar. Mein kleiner, wunderbarer Sohn. Das Beste aus der großen, weiten Welt. Oskar war gerade erst ein dreiviertel Jahr alt und hat die letzten beiden Tage bei seiner Oma verbracht. Nun hatte ich meinen kleinen Spatz wieder bei mir. Eigentlich sollte Oskar im Bettchen liegen und schlafen.

Doch Oskar hatte noch keine Lust zum Schlafen. Erst recht nicht, als er eine fremde Stimme hörte.

Er plapperte so laut und lange, bis ich ihn aus seinem Bettchen hob und Heinrich stolz präsentierte. Neugierig schaute er zu dem großen Mann mit dem Vollbart. So etwas hatte er in seinem kleinen Leben noch nie gesehen. Jemand, der so viele Haare im Gesicht hatte. Vorsichtig versuchte er, an den Bart von Heinrich zu ziehen und der ließ es sich gefallen. Beide schauten sich mit erstaunten Augen an und wussten noch nicht so recht, was sie voneinander halten sollten. Ich wusste noch gar nicht, dass Oskar so große Augen machen konnte. Da hatten wir sie, also die Situation, auf die ich keineswegs vorbereitet war und über die ich noch gar nicht ernsthaft nachgedacht hatte. Ich kam mir ein wenig schuldig vor, weil ich Heinrich nicht von Oskar erzählt hatte. Doch schnell schüttelte ich den Gedanken ab und wartete, was weiter geschehen würde. Gemeinsam brachten wir Oskar ins Bett und ich war erstaunt, mit welchem Entzücken Heinrich meinen kleinen Sohn betrachtete. Dieses Entzücken ist geblieben. Heinrich kam immer wieder und wieder. Selbstverständlich immer erst dann, wenn die Schweine versorgt waren.

05

Das Jahr fünf nach dem Mauerfall

Unser kleines Unternehmen war optimal angelaufen. Das Telefon klingelte sich täglich heiß und brachte uns und unseren Reservierungsplan oft an seine Grenzen.

Die Situation, in der wir uns befanden, war für uns alle ungewöhnlich und völlig neu. Wir waren an einem fremden Ort gelandet und das auch noch kurz nach der Wende. Die Herausforderungen, die uns hier erwarteten, waren völlig unbekannt und neu für uns. Doch ich war nicht allein. Ich hatte meine beiden liebsten Männer an meiner Seite, die mir in dieser ungewissen Zeit Halt gaben und mich unterstützten. Gemeinsam standen wir vor der Aufgabe, uns in dieser neuen Umgebung zurechtzufinden und uns den Herausforderungen zu stellen. Es war eine Zeit voller Unsicherheit und Zweifel, aber auch voller Hoffnung und Mut. Und so begannen wir, uns Schritt für Schritt in dieser neuen Welt zurechtzufinden und unseren Weg zu gehen.

Allmählich lernten uns die Menschen im Ort kennen und begannen uns zu akzeptieren. Wir fanden schnell neue Freunde, welche ebenfalls von der Wende überrascht wurden und nun, genauso wie wir, den richtigen Weg suchten, um die neue Situation zu meistern.

Die Arbeit mit den Gästen war sehr vielschichtig und abwechslungsreich. Da es für unsere Gäste nun mal keine Bedienungsanleitung gibt, wurden wir stets aufs

Neue von den Eigenarten und Wünschen der Gäste überrascht.

Zum größten Teil war das völlig in Ordnung und es machte auch sehr viel Spaß. Es gab aber auch Tage und einige kuriose Situationen, die überhaupt nicht lustig waren. Mit denen musste man einfach fertig werden.

Die Ferienvermietung bot uns einige Vorteile, denn eines hatten alle unsere Urlauber gemeinsam: Alle reisten eines Tages ab, sie mussten wieder nach Hause, machten Platz für die nächsten, die da kamen. Und welche Überraschungen dann die nächsten Gäste mitbringen werden, das wusste man im Vorfeld Gott sei Dank nicht.

Auf viele Gäste haben wir uns sehr gefreut. Vieles war uns von den langen Abenden an der hauseigenen Bar von unseren Gästen und Familien bekannt. Zugegeben, manchmal wusste man mehr, als einem lieb war und oft habe ich mir dann die Frage gestellt, warum sie uns das alles erzählt haben. Wahrscheinlich war es leichter einem Fremden gegenüber einiges aus seinem Leben zu erzählen oder auch zu beichten. Vielleicht war es aber einfach nur die Urlaubsstimmung.

Manchmal gingen die Schilderungen unserer Gäste doch sehr weit oder wurden recht privat. Das wollten wir dann nicht wirklich hören und hatten schon so einige kleine Tricks drauf, das Gespräch zu beenden oder auch eine andere Wendung zu geben.

Der Grundsatz "der Kunde ist König" mag zwar seine Berechtigung haben, doch in unserem Haus sind wir Kaiser. Wenn es darum ging, Grenzen zu setzen und unangemessene Forderungen oder Gespräche einiger Gäste zu unterbinden, waren wir diejenigen, die letztendlich die Entscheidung treffen. Und das war auch gut so.

Wir stehen hinter der Bar, der Gast sitzt vor der Bar. Das ist ein riesiger Unterschied. Gleichzeitig ist es wohl das Schicksal eines jeden Vermieters und jedes Barkeepers, sich alles anhören zu müssen, die Geduld zu haben, jedes Gespräch zu verfolgen, die richtige Antwort zu geben, an der richtigen Stelle nachzufragen und alles mit einem guten Spruch enden zu lassen. Und das immer mit einem Lächeln im Gesicht. Ein guter Gastwirt ist derjenige, der ein Jahr später, wenn dann der Kunde wieder vor seiner Nase saß, genau dieses Gespräch weiterführt und nachfragt, wie denn alles gelaufen ist.

Dass er seinen Getränkewunsch noch kennt, das wird vom Gast vorausgesetzt. Doch eines vermisste ich bei den abendlichen Gesprächen. Es waren die Witze, die wir uns zu Ostzeiten oft erzählt hatten.

Damals gab es jede Menge Witze. Vermehrt kamen Neue zum Vorschein. Der gute Witz gehörte zu DDR Zeiten ganz einfach dazu. Witze, über die wir immer wieder schallend lachen konnten. Spätestens am Wochenende machte der neue Witz seine Runde in alle Haushalte des Landes. Dabei waren es vorwiegend politische Witze, die immer wieder aufs Neue zum Brüller wurden.

Gefolgt von Häschen-Witzen, Ostfriesenwitzen, Polizeiwitzen, Blondinenwitzen und so weiter und so weiter. Jede Woche erzählten wir uns neue Witze, in einer endlosen Anzahl und in immer wieder neuen Themen. Selbstverständlich wurde jetzt auch der Versuch gestartet, einige Witze zu erzählen. Doch es blieb bei dem Versuch. Der Witz hatte seinen einstmaligen Reiz verloren. Er war nicht mehr die Hauptattraktion der Abende.

Das Hauptthema in den ersten Jahren blieb jedoch stets die Wende. Jeden Abend gab es stundenlange Diskussionen, wie es uns geht? Was wir denken? Was wir empfunden haben? Ob wir auch zu denen gehörten, die abgehört worden sind oder genug zu essen hatten? Manchmal konnten die Fragen der Gäste ganz schön nerven. Als kämen wir von einem anderen Stern. Besonders wenn sie glaubten, dass wir damals in so einer Art Höhle gewohnt haben und nach Sonnenuntergang nicht mehr auf die Straße durften.

Zu unserem Erstaunen kamen auch solche Fragen. Dann konnten wir einfach nur noch mit dem Kopf schütteln und bemühten uns, das Thema zu wechseln. Es sollte auch gar nicht mehr lange dauern, da kam der Tag, da konnten wir es überhaupt nicht mehr hören. Ich glaube, bis dahin hatten wir jede Frage nach unserem Leben in der DDR bereits tausendmal beantwortet.

Die Gäste kamen und gingen, der Sommer wechselte das Frühjahr ab. Und ehe man sich versah, fielen die ersten bunt gefärbten Blätter zu Boden und schon stand der Herbst vor der Tür. Die Wochen und Monate rasten nur so dahin und wie bereits erwähnt, war das Jahr so schnell vorbei, dass man es kaum fassen konnte , wo die Zeit geblieben war.

Unsere Gäste dachten schon wieder an den Urlaub für das nächste Jahr. Der wurde früh geplant und so füllte sich der Reservierungskalender für die kommende Saison bereits mit neuen Buchungen. Unser kleiner Pensionsbetrieb funktionierte, obwohl noch nie vorher geübt oder dass wir in ein solches Geschäft eingewiesen wurden. Gemeinsam haben wir es geschafft! Selbstverständlich mit all den großen und kleinen Fehlern, über die wir so stolperten, aber es funktionierte.

Mir war auch klar, dass Heinrich seinen Traum vom Landwirt nach schwärmte. Die Zeit hatte es anders gemeint und uns an die Ostsee verschlagen. Seinen Traktor musste er zu Hause lassen. Dort stand er jetzt auf dem elterlichen Hof. Wirklich fertig geworden ist er nie.

Doch Heinrich gab die Hoffnung nicht auf und wollte während der langen Wintermonate daran weiterarbeiten.

Hey, nun aber mal ehrlich! Wir waren alle schon vorher an der Ostsee. Na, ihr wisst doch? Über den FDGB, oder Jugendtourist oder in einem der zahlreichen anwesenden Betriebsferienheime. Das war immer preiswert, auch wenn das Zimmer oft einiges an Wünschen offen ließ.

Es war nicht selten, dass nur eine Dusche für das ganze Haus zur Verfügung stand und man sich auf den Zimmern in Porzellanschüsseln oder Ähnlichem waschen musste. Auch Übernachtungsmöglichkeiten auf dem Dachboden oder im Keller eines Hauses gehörten zur Tagesordnung. Das hat uns alles nicht gestört. Noch nicht einmal das Gemeinschaftsessen mit dem Tee, der jeden Tag nach nichts schmeckte. Und das jeden Tag aufs Neue. Wie die das damals gemacht haben, weiß ich nicht. Doch den nicht schmeckenden Tee gab es landesweit. Hauptsache war es doch für uns, am Strand zu sein. Es gab auch kaum Alternativen. Zudem war die Ostsee für uns alle nur einige Autostunden entfernt. Heute glauben wir oft, der Strand ist voll, doch das ist gar nichts im Vergleich zu DDR Zeiten. Wie die Würstchen lagen wir am Strand und wollte sich jemand drehen, dann hatte man den Eindruck, dass sich jetzt alle drehen müssten. Und doch waren wir glücklich und froh, dabei zu sein und genossen diese Art von Strandleben

Doch nach Jahren der Trennung und des politischen Umbruchs wollten wir endlich die Welt entdecken und uns selbst verwirklichen.

Und was bot sich da besser an, als die Strände Italiens zu besuchen, auf Kreta Urlaub zu machen oder beim Ballermann auf Mallorca einen Eimer Sangria zu trinken? Wir wollten das Leben in vollen Zügen genießen und uns von der Schönheit anderer Länder und Kulturen inspirieren lassen. Und wer könnte uns das verübeln?

Wir hatten so lange auf diese Freiheit gewartet und jetzt war sie endlich da. Also packten wir unsere Koffer und machten uns auf den Weg, um die Welt zu erobern. Und wenn wir schon dabei waren, warum nicht auch gleich mit dem Taxi nach Paris fahren? Wir waren jung, unbeschwert und bereit für alles, was das Leben uns zu bieten hatte.

Wir wollten raus und die Welt sehen. Das Kribbeln und die Neugier endlich in den Westen reisen zu können, war unbeschreiblich und ließ sich jetzt durch nichts mehr aufhalten. Wir hatten wohl vergessen, wie schön es hier zu Hause ist. Direkt vor unserer Haustür befindet sich einer der schönsten Strände Europas.

Wir haben das nicht vergessen, wir haben es nicht besser gewusst. Uns war nicht klar, nicht bewusst, wie schön wir es zu Hause haben. Wir waren doch im Glauben, dass es woanders viel schöner sein muss.

Doch es sollten noch einige Reisen und einige Jahre vergehen, bis wir uns daran endlich wieder erinnerten und es wieder zu schätzen lernten. Heringsdorf auf der Insel Usedom, das „Ostseebad Heringsdorf".

Ein weltbekannter Name. Es ist das älteste der Pommerschen Ostseebäder, eines der landschaftlich schönsten Seebäder, aus den Kaiserbädern. Wie kostbare Edelsteine an einer Kette schmücken sie die längste Uferpromenade Europas und erstrecken sich entlang der makellosen weißen Küste. Die Sonneninsel hat aber noch weitaus mehr zu bieten als die Kaiserbäder.

An der schmalsten Stelle der zauberhaften Insel Usedom, wo man einen herrlichen Blick von der Ostsee auf das Achterwasser genießen kann, präsentieren sich die charmanten Seebäder Zempin, Koserow, Loddin und Ückeritz in einer beeindruckenden Perlenkette.

Wie wunderschöne Bernsteine glänzen sie in der Sonne und verzaubern jeden Besucher mit ihrem einzigartigen Charme.

Das Hinterland, das von Gewässern, Achterwasser, Stettiner Haff und Peenestrom umgeben ist, begeistert mit einer unvergleichbaren Naturschönheit. Grüne Wälder und ein Netz aus malerischen Seen prägen die Landschaft und bieten Lebensraum für eine seltene Vielfalt an Pflanzen und Tieren.

Aber auch der Inselnorden, wie Peenemünde, Trassenheide, Karlshagen, oder auch der Gnitz, verblüffen durch eine atemberaubende Schönheit. Die unberührte Natur, die weiten Strände und das klare Wasser der Ostsee laden zum Verweilen ein. Besonders beeindruckend ist auch das historische Erbe dieser Region. Peenemünde war einst eine wichtige Raketen-Forschungsstation im Zweiten Weltkrieg und heute befindet sich dort ein Museum, welches über diese Zeit informiert.

Auch in Karlshagen gibt es zahlreiche Überreste aus vergangenen Zeiten zu entdecken. Wer gerne aktiv sein möchte, findet hier ebenfalls viele Möglichkeiten: Ob Radfahren auf den gut ausgebauten Wegen oder Wassersportarten wie Segeln oder Kitesurfen - für jeden

Geschmack ist etwas dabei. Die zeitlose Schönheit der Regionen lädt dazu ein, die Seele baumeln zu lassen.

Die Ostseestrände sind ein wahres Paradies für alle, die das Leben genießen wollen. Der warme, weiße Sand zieht uns magisch an und lässt uns den Stress des Alltags vergessen. Barfuß durch den Sand zu spazieren, ist ein ganz besonderes Erlebnis, wie Erdbeeren mit Sahne wie Sekt zum Frühstück. Es ist eine wahre Wohltat für Körper und Seele und lässt uns die Schönheit der Natur hautnah erleben. Die Ostseestrände sind der perfekte Ort, um dem Alltag zu entfliehen und neue Energie zu tanken.

Die Zeit am Ostseestrand ist wahrlich ein Traum - jedoch scheint der feine, weiße Sand nicht nur an den Füßen zu haften, sondern in meiner Wohnung eine Heimat gefunden zu haben. Diese hartnäckigen Körnchen scheinen sich in sämtlichen Ecken und Winkeln meiner vier Wände eingenistet zu haben und trotz zahlreicher Versuche, sie zu entfernen, kehren sie stets unaufhaltsam zurück - sei es in der Wohnung, in Hosentaschen oder im Rucksack. Es scheint fast so, als ob sie sich auch in meinem Auto, meinen Sommerschuhen und meiner Handtasche besonders wohlfühlen und sogar unerwartet in meiner Waschmaschine auftauchen. Keiner unserer Gäste kommt ebenfalls ungeschoren davon. So gründlich sie sich auch auf die Abreise vorbereiten. Einige Sandkörner nehmen sie immer mit nach Hause, doch da sind wir Einheimischen recht großzügig, denn Sand haben wir beileibe reichlich.

Warum war uns diese Schönheit von Usedom damals nicht so bewusst? Warum war der Ostseestrand nur

Strand und der Ostseesand einfach nur Sand? Warum musste erst die Wende kommen, damit uns klar wurde, wie schön wir es doch zu Hause haben. Wir hatten bereits das Paradies vor der Tür und haben es nicht gesehen.

Jeden Tag im Westfernsehen war doch zu sehen, wie schön es in Spanien, Griechenland oder in anderen westlichen Ländern war. Uns war schon klar, das Paradies ist da, wo die Palmen wachsen. Das konnte gar nicht anders sein. Denn Palmen wuchsen nun mal nicht bei uns. Es blieben Träume, jemals im Leben eine Palme live sehen zu können.

 Doch der Wunsch war da. Eine ewige Sehnsucht zog auch uns hinaus. Hinaus in die bunten Bilder des Westfernsehens sowie der westlichen Presse, welche uns mit ihren glänzenden Fotos und Berichten fast täglich erreichten.

Paris und New York, sowie Inseln wie Mauritius und Hawaii erschienen mir einst so unwirklich, dass ich dachte, sie wären nur auf fernen, unzugänglichen Planeten zu finden. Es schien, als müsste man Astronaut sein, um jemals diese Orte zu erreichen - eine schier unmögliche Vorstellung.

Doch dann war es endlich soweit. Die Gelegenheit, von der ich so lange geträumt hatte, war endlich da. Ich konnte die Welt bereisen und all die Orte besuchen, von denen ich immer gehört hatte. Doch es war erst, als ich das erste Mal auf Kreta ankam, dass ich wirklich glaubte, nicht zu träumen. Ich spürte den warmen Sand unter meinen Füßen und roch den Duft des Meeres. Die Sonne brannte auf meiner Haut und ich konnte das Salz auf meinen Lippen schmecken.

Es war ein unbeschreibliches Gefühl, endlich an einem Ort zu sein, den ich mir so lange ausgemalt hatte. Ich wusste, dass ich noch viele weitere Orte besuchen würde, aber in diesem Moment war ich einfach nur glücklich, dass ich endlich angekommen war.

So oder so ähnlich ging es vielen ehemaligen DDR-Bürgern. Das war dann auch der Grund dafür, dass wir in den ersten Jahren nach der Wende, tausende Kilometer weit entfernt von zu Hause unsere Nachbarn getroffen haben, oder sogar die eigene Verwandtschaft. Das war absolut keine Seltenheit.

Nur zwei Jahre nach der Wende starteten im November vom Flughafen Heringsdorf Reisen in die Türkei nach Istanbul mit einer Fahrt über den Bosporus. Vor lauter Aufregung konnten wir alle kaum schlafen.

Nun ratet mal, wer alles dabei war. Der halbe Ort saß im Flieger. Sogar einige Nachbarn. Na, toll! Wir wollten eigentlich unsere Ruhe haben. Daraus ist leider nichts geworden. Nach endlosen Basaren, Kristallmanufakturen haben wir uns dann auch zu einem handgewebten Teppich überreden lassen, welcher noch viele Jahre meine Räume schmücken sollte. Oskar bekam eine Wunderlampe und hat sich wahrscheinlich die ganze Zeit einen Urlaub ohne unsere Nachbarn gewünscht. Die Nachbarn haben damals gewiss Ähnliches gedacht.

Doch wir alle wollten, jetzt und sofort und auf der Stelle, die Welt bereisen. Und das, wenn es sein musste, auch mit den Nachbarn und der Schwiegermutter. Das war alles egal. Hauptsache in den Westen.

Doch die Neugier beruhte auf Gegenseitigkeit. Was auch selbstverständlich war. So war es nicht verwunderlich, dass wir in den ersten Jahren auf Usedom wesentlich mehr Gäste aus dem westlichen Teil Deutschlands hatten.

Doch nicht nur die Touristen trafen ein. Es kamen auch die Menschen, welche die Aktion „Rose" miterlebten und damals das Land verlassen mussten. Es kamen auch diejenigen, die noch Besitzansprüche jeglicher Art aus alten Zeiten hervor kramten.

Manchmal war das auch berechtigt, doch meistens waren es nur Versuche, alte und schon ausgeglichene Besitztümer oder Ländereien wieder einzuheimsen. Gar eigenartige Geschichten weiß das Land zu erzählen.

Das Amt für offene Vermögensfragen hatte auf Usedom eine gigantische Mammutsarbeit geleistet. Die Vermesser träumten nachts garantiert schon von ihren Messungen und der Notar hatte kaum noch freie Termine. Die Architekten erreichten Rekordniveau in ihrer Arbeit und jede noch so kleine Handwerksfirma schien zu expandieren, wobei die Immobilienmakler Preise aufriefen, von denen einem damals wie heute schwindelig werden konnte.

Heute kommen jedes Jahr immer mehr Gäste und der östliche oder der westliche Teil Deutschlands spielt schon lange keine Rolle mehr. All die vielen großen und kleinen Anstrengungen nach der Wende hatten sich gelohnt. Schrittweise hat sich die Insel weltweit als eines der beliebtesten Urlaubsziele etabliert und erfreut sich nunmehr auch immer mehr internationaler Gäste. Es wird gebummelt, es wird verweilt. Kurz und gut: uns fehlten nur die Palmen. Ansonsten war alles perfekt für eine Urlaubsinsel.

Nur im Hintergrund wurde noch gebaut. In den Anfangsjahren nach der Wende wurde viel geschaffen, hier und da wurden noch Fassaden gestrichen. Häuser renoviert, Gärten wurden angelegt, Straßen neu gestaltet, Lokale eröffnet, Läden eingerichtet und natürlich unsere weltbekannten Strandkörbe hergestellt.

Es wurde gemalert, gehämmert, gebaut und neu gestaltet. Wir haben getan und gemacht. Wir waren fleißig wie die Bienchen und stolz wie Oskar. Und ganz groß am Horizont flimmerte der „Aufbau Ost".

In den ersten Jahren nach der Wende standen unsere Gäste bei ihrer Anreise schon vor einem kleinen Problem. Ihr müsst euch vorstellen, dass unsere Orte zum größten Teil damals aus Einbahnstraßen bestanden. Das ist bis heute so und hat sich nie geändert.

Damals kamen unzählige Absperrungen und Umleitungen auf Grund der Bauarbeiten dazu, die sich ständig änderten. Riesige Baukräne mussten transportiert werden oder wechselten ihren Stellplatz innerhalb der Baustellen. Betonmischer, die lustig ihren Beton während der Fahrt mischten, Baufahrzeuge gefüllt mit Baumaterial jeder Art, Vorarbeiter, schreiende Baubetreuer, grübelnde Projektanten, neugierige Architekten und Bauarbeiter so weit das Auge reichte, erfüllten nun das Alltagsbild in unseren Orten.

Hinzu kamen nicht nur die Autos unserer Gäste, sondern auch eine Vielzahl von riesigen Reisebussen der diversen Reiseunternehmen, die sich zu ihrem Feriendomizil durchkämpften, um anschließend all ihre Insassen dort abzuladen. Die Verkehrssituation brachte auch für den erfahrensten Busfahrer immer wieder neue Herausforderungen und so manch eine artistische Meisterleistung war hier jeden Tag zu beobachten. Das Ganze ergab so manches Mal ein gar eigentümliches Straßenbild.

Die Gastronomie hatte sich jedoch in Windeseile auf diese außergewöhnliche Situation eingestellt. Wie Pilze schossen kleine Imbisse ans Tageslicht und mutierten innerhalb der ersten Jahre zu wahrhaften gigantischen Verkaufsständen. Italiener, Chinesen, Dönerstände und auch die gute deutsche Küche, das Fischrestaurant war somit Tag für Tag und Abend für Abend ständig ausgebucht. Für unsere Gäste und auch für uns Einheimische war das ebenfalls eine Herausforderung.

Wir konnten in den ersten Jahren nie wirklich sagen, welche Absperrung neu hinzugekommen war oder welche bereits aufgehoben wurde. Nahezu täglich gab es Veränderungen. Oft haben wir unsere Gäste innerhalb des Ortes telefonisch zur Einfahrt unserer Pension geleitet, denn wären sie dort vorbeigefahren, hätten sie nochmals alle Einbahnstraßen passieren müssen.

Tja, ich gebe zu, es war nicht so einfach für unsere Gäste, ihr Hotel, ihre Pension oder ihre Ferienwohnung auf Anhieb zu finden. Doch wir alle gaben uns die größte Mühe, alles so schön wie möglich zu machen. Und das ist uns gelungen.

Denn kaum ein Ort in Deutschland vermag es, seine Gäste so zu verzaubern wie die Insel Usedom. Schon bei der Ankunft wird man von der Schönheit dieser Region überwältigt. Die atemberaubende Natur, die sturen Fischköppe mit ihrer ganz eigenen Art & Gastfreundlichkeit und die unzähligen Freizeitmöglichkeiten machen Usedom zu einem wahren Paradies für jeden Besucher. Besonders der Strand mit seinen malerischen Steilküsten und den umliegenden Küstenwäldern ist ein Highlight, das man nicht verpassen sollte. Doch auch das Hinterland hat einiges zu bieten: malerische Dörfer, idyllische Seen und eine Vielzahl von Rad- und Wanderwegen laden dazu ein, die Insel auf eigene Faust zu erkunden. Wer einmal auf Usedom war, wird sich immer wieder an diesen unvergesslichen Urlaub erinnern und sehnsüchtig darauf zurückblicken.

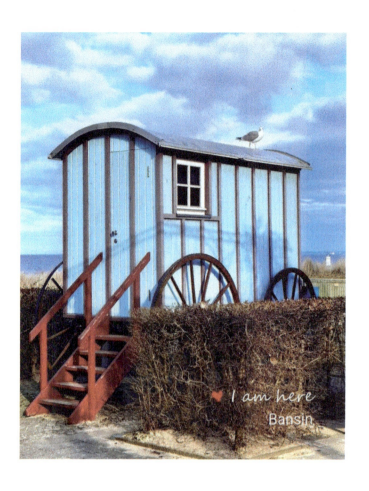

06

Der Chef in unserem Haus

Unsere Pension, gelegen im Herzen eines bezaubernden Seebades, erfreut sich seit nunmehr fünf Jahren an einem stetigen Strom von Urlaubern, die sich von der unvergleichlichen Schönheit der Umgebung verzaubern lassen.

Ganz gleich, ob unsere Gäste einen entspannten Tag am Strand verbringen möchten, ein Kurkonzert in der Strandmuschel besuchen möchten oder auf kulinarische Entdeckungsreise durch die vielen Restaurants und Cafés gehen wollen - alles befindet sich in unmittelbarer Nähe und ist somit bestens erreichbar.

Doch wir hatten ein Problem, eines ganz anderer Art. Wir hatten die Ratten im Haus, eingeladen vom Baulärm aus den Nachbarhäusern, die jahrelang ruhten, aufgeweckt aus ihrem Dornröschenschlaf.

Die Ratten hatten jahrelang ihre Ruhe, keinen Mucks gab es in den alten Ruinen, keiner versuchte Mauern niederzureißen und durch neue zu ersetzen. Es kam keiner auf die Idee, die Fassaden zu streichen, geschweige denn aufwändige Renovierungen durchzuführen. Doch mit der Wende hat sich das schlagartig geändert.

Als wenn man sofort alles nachholen müsste, was in den vergangenen Jahren versäumt worden war. Kein Haus, keine Straße, keine alten Gebäude oder stillgelegter Rohbau wurden in Ruhe gelassen. Den ganzen Tag und überall waren die Baugeräusche aus allen Ecken des Ortes lautstark zu hören.

Den Ratten war das zu viel. Aufgescheucht durch so viel Aktivität und Lärm, suchten sie Schutz in Häusern, welche bereits fertiggestellt waren und wesentlich ruhiger erschienen. So wie in meiner Pension, die sich gerade daran erfreute, die ersten Gäste dieser Saison zu begrüßen. Dass außer Ihnen auch noch Feriengäste dort wohnten, schien sie in keinerlei Hinsicht gestört zu haben.

Wir hatten das große Glück, als eines der ersten Häuser mit den Renovierungsarbeiten abzuschließen, jedoch das große Pech, neben einer Klinik zu wohnen, welche erst einige Jahre später mit dem Um- und Ausbau begonnen hatte. Da die lieben Tierchen in den letzten Jahren genügend Zeit und Ruhe hatten sich zu vermehren, erschienen sie dann auch in reichlicher Anzahl.

Wer hätte gedacht, dass uns die Wende nicht nur neue Jeans und Nutella brachte, nein sie brachte uns auch diese Tiere ins Haus. Nun gut, es war ein altes Haus. Zu einem alten Haus gehört auch schon ein Mäuschen.

Na und? Altes Haus und ein Mäuschen. Das ist eigentlich kein Problem. Das kommt in den besten Familien vor. Es gibt dem Haus sogar etwas mehr Charme und Gemütlichkeit. Doch dieses Mal war es völlig anders. Eine neu renovierte Pension mit Ratten in der Speisekammer. Das war ein großes Problem und zwar ein sehr ernsthaftes.

Solche Tiere sind schon sehr unangenehm und sollten nicht in einer Pension und lange nicht in einer Speisekammer zu finden sein. Dann schon eher ein anderes, kleineres Krabbeltier, wie Ameisen oder auch mal ein Silberfisch. Da drückt auch jeder Gast mal ein Auge zu, kennt es wohl selbst von zu Hause. Zumindest die Fliege an der Wand, den Spatz in der Hand, den Maulwurf im Garten oder den Fisch am Haken. Und mal ganz ehrlich, jedem von uns ist auch schon mal eine Laus über die Leber gelaufen oder war das die Taube auf dem Dach?

Doch was sollte schon passieren, dachte ich noch so. Immerhin haben wir ja auch eine Katze, die für solche Fälle zuständig ist. Auch diese gehört zu solch einem Haus.

So wie die Maus zum Faden, der Apfel zum Kern, die Ruhe zur Kraft, das Bett zum Laken, die Steuer zum Monatsende…. ! Okay, lassen wir das. Unsere Madam war keine Stubenkatze und sollte es auch nie werden. Im Gegenteil, der Garten war groß und hatte viele Obstbäume, auf denen sie wundervoll herumklettern und allem Vogelvieh das Fürchten lehren und von dem aus, sie auch wunderbar Nachbars Katze vertreiben konnte.

Zudem war kein Hund vor ihr in Sicherheit. Wagte es nur ein Hund, egal welcher Größe, in ihrer Nähe zu kommen, in ihr Revier, dem Garten einzudringen, wurde dieser sofort angegriffen und konnte dann meistens nur noch durch die schnelle Reaktion des jeweiligen Besitzers, vor den Krallen unserer Miezekatze geschützt werden. Sie konnte zu einer kleinen Raubkatze werden und hatte dann gar nichts mehr von einem süßen Kätzchen.

Eines Tages entschied sich ein prächtiger Buntspecht dazu, ein Nest in einem unserer Obstbäume zu bauen. Was für eine Freude, diesen bunten Gesellen direkt vor der eigenen Haustür zu haben. Doch was soll ich sagen? Nach 48 Stunden war auch dieser verschwunden. Wir hofften, dass der Buntspecht schnell genug und weit genug wegfliegen konnte und nicht ein Opfer ihres Jagdtriebes geworden war.

Ja, es war ihr Garten, ihr Reich. Madame war hier zu Hause und genoss ihr Revier, wie ein kleiner Tiger. Jeder Gast war Madame herzlich willkommen. Es konnten nicht genug Gäste im Haus sein, damit sie sich richtig wohl fühlte. Sie schnurrte und miaute, wie eine Miezekatze nur Schnurren und Miauen kann. Sie umgarnte meine Gäste mit einer Liebenswürdigkeit und Eleganz, dass keiner dem Charme meiner Madam entgehen konnte. Sie wusste sich durchaus zu benehmen und schaffte es, immer innerhalb kürzester Zeit im Mittelpunkt zu stehen.

Madam trug ihren Namen zu Recht. Ja, sie war eine wirklich schöne Katze. Das Fell war etwas länger als üblicherweise bei den Fellnasen. In der Sonne funkelte ihr Fell von einem satten Braun- und Goldton bis hin zum schneeweißen Lätzchen und schneeweißen Pfoten. Ihre Ohren waren eindeutig die eines Luchses. Eine schwarze Halskrause, die schon fast an eine Mähne erinnerte, ließ sie sehr vornehm und elegant aussehen.

Ohne Zweifel hatte sie das Aussehen einer kleinen Löwin. Ohne Zweifel hatte sie damit auch sofort die Aufmerksamkeit meiner Gäste. Madame verhielt sich auch wie eine kleine Majestät. Das fing schon beim Futter an. Jeder Versuch, sie mit dem normal üblichen Katzenfutter zu füttern, scheiterte kläglich. Es war auch nicht jedes Dosenfutter recht. Nein, nur die guten Sachen und nur vom Feinsten musste es sein. Sie war mit Sicherheit der Chef in unserem Hause und hatte hier das Sagen.

Ob es darum ging, wann es Futter gab, oder wer auf dem besten Platz auf dem Sofa sitzen durfte - unsere Katze hatte immer das letzte Wort. Sollten wir das jemals vergessen haben, dann strafte sie uns durch Missachtung, riss mal einen Blumentopf oder auch eine Vase vom Fensterbrett. Am liebsten aber knabberte sie dann ein Kabel am PC oder von der Telefonanlage entzwei. Also bekam sie, was sie wollte.

Madame hatte auch jederzeit Zugang zum Haus. Eigens für sie blieb immer ein Fenster geöffnet. Auch bei Sturm und Gewitter oder bitterbösen Frost. Immerhin konnte ich damit vermeiden, morgens allein wach zu werden, denn die Katze war jeden Morgen präsent. Sie kuschelte sich dann, nach einer Nacht voller Jagd Geheimnisse, ans Fußende in unsere noch warmen Betten und verfiel dann augenblicklich in einen komatösen Schnurrschlaf. Schnurr, Schnurr Rrrr!

Doch Madame wusste noch nicht, was es bedeutete, einer Ratte zu begegnen. Madame war sich der Gefahr, die ihr bevorstand, nicht bewusst, als sie sich auf den Weg durch das Haus machte. Sie ahnte nicht, dass sie bald einer Ratte gegenüberstehen würde - einer Ratte, die sich seit einigen Tagen im Haus eingenistet hatte und von uns Herbert genannt wurde. Doch was Madame nicht wusste, war, dass Herbert kein gewöhnliches Nagetier war. Er war schlau, schnell und äußerst gerissen. Und so war es nur eine Frage der Zeit, bis er sich mit Madame konfrontieren würde. Doch eins war sicher: Herbert würde nicht so schnell verschwinden.

Doch zu dieser Tiergeschichte komme ich später noch. Denn es gehören ja noch mehr Tiere zu einem Haus. Die angenehmen wie die unangenehmen.

Eigentlich ist es genau dasselbe, wie mit den Menschen, wie mit den Nachbarn oder wie mit der Verwandtschaft: Man kann sich nicht aussuchen, muss es nehmen, wie es kommt. Und genauso taten wir es auch. Es gibt Momente im Leben, in denen wir das Gefühl haben, dass wir die Kontrolle über unser Schicksal haben. Wir treffen Entscheidungen, die uns auf unseren Weg bringen und beeinflussen, was in unserem Leben passiert.

Doch dann gibt es Ereignisse, die sich unserer Macht entziehen, wie zum Beispiel die Wende. Plötzlich war alles anders und wir standen vor einer neuen Weltordnung. Der Kapitalismus war da und wir hatten keine Wahl, ob wir ihn wollten oder nicht.

Doch ich stand mit den Problemen nicht allein da. Ich hatte ja Oskar und Heinrich. Beide Männer bereits seit sieben Jahren. Heinrich war sehr groß, trug ständig einen Vollbart und liebte alte Jeans-Kleidung. Oskar hingegen war noch sehr klein, trug am liebsten Power-Ranger-Pullis und freute sich auf die bald anstehende Einschulung. Eines hatten die beiden gemeinsam: Sie fuhren für ihr Leben gern alte Traktoren, bastelten stundenlang im Schuppen, waren sofort zur Stelle, wenn es Essen gab und amüsierten sich königlich, wenn ich vor Spinnen Angst hatte.

Oskar meinte immer, das ist doch nur Opa Langbein. Heinrich schaute ganz unschuldig und versuchte in der Zeit, Oma Langbein zu finden und mir an den Hals zu setzen.

Meistens ging es dann darum, nicht nur den Opa der Familie Langbein zu finden, sondern bestimmt noch einige seiner Vettern und sonstige Verwandtschaft. Diese Zeremonie dauerte dann immer so lange, bis Heinrich meinte, wir haben Mama jetzt genug geärgert und Oskar den Opa Langbein an die frische Luft, wenn auch widerwillig, setzen musste. Und doch waren sie meine Männer. Das Beste, was mir je passieren konnte.

Eines hatte ich ziemlich schnell gelernt, in der Zeit kurz nach der Wende: Ich weiß jetzt, dass der Spruch, na der, mit der richtigen Zeit, am richtigen Ort, die richtigen Leute, die richtige Idee, nicht alleine ausreichen würden, um eine neue Existenz aufzubauen oder Probleme zu lösen. Die Grundlage bildet immer ein Fundament. Und wir verfügten über solch ein Fundament. Unser Fundament hieß Oskar!

In den heißen Tagen des Sommers, auf die alle so sehnsüchtig warten, begrüßt uns der neue Tag bereits am frühen Morgen mit einer herrlichen sommerlichen Brise, die für eine angenehme Wärme sorgt. An Tagen wie diesen sehnen sich meine Besucher danach, so schnell wie möglich zum Strand zu gelangen, um die herrlichen Sonnenstrahlen zu genießen. Alle sind etwas früher auf, kommen etwas früher zum Frühstück und versuchen natürlich den Urlaubstag auf der Sonneninsel so angenehm wie möglich zu gestalten und so lange wie möglich in den Abendstunden hinaus zu zögern. Bunt geschmückt und gut bestückt, ziehen sie dann mit Kind und Kegel, mit Mann und Maus, mit Hans und Franz und allem, was dazu gehört, an den Strand, um einen schönen Tag zu erleben. Einer Volkswanderung ähnelnd, stürmten sie die besten Plätze, erhaschten sich noch schnell den letzten Strandkorb, das beste Areal, das gemütlichste Plätzchen.

Jeder von Ihnen sichert sich seinen Platz am Strand. Es ist ein herrliches Gefühl, wenn man sieht, wie sie alle gemeinsam den Tag am Strand genießen und sich an der Schönheit der Sonneninsel erfreuen.

Unsere Möwen auf Usedom sind dann schon ganz aufgeregt, welche Beute sie wohl den Tag wieder machen können? Wie die Geier gleich, beobachten sie das Geschehen, da unten am Strand. Mit ihrem scharfen Blick warten sie auf einen Leckerbissen und beobachten dich ganz genau. Wenn du denkst, du bist alleine, dann hast du dich, dort unten am Strand, aber mächtig getäuscht. Solltest du wirklich mit einem Fischbrötchen oder anderen Essbaren in der Hand zum Strand kommen, dann wirst du sofort stürmisch von unseren Möwen begrüßt. Zischend wie ein Pfeil sind sie dann zur Stelle und lauern auf einen fetten Happen aus deinen Vorräten. Kreischend und schreiend und voller Neugier ziehen sie durch die Lüfte und beobachten das seltsame Treiben dort unten am Strand.

Wenn ihr Usedom bereist, denkt daran: Möwen sind stets wachsam und halten Ausschau am Strand. Diese gefiederten Freunde, die uns begleiten, ruhen nie vollständig aus und halten immer ein wachsames Auge offen.

Doch bevor es an den Strand geht, muss das Frühstück her. Lieber Leser, liebe Leserin, ihr wisst ja alle selbst, das Wichtigste am Tag und ganz besonders an einem Urlaubstag, ist ein leckeres Frühstück.

Ist das in Ordnung, die Brötchen noch frisch, der Kaffee noch heiß, die Eier gerührt und nicht geschüttelt, dann ist das schon die halbe Miete auf einen gelungenen Urlaubstag. Deshalb gaben wir uns auch die größte Mühe und bemühten uns so abwechslungsreich wie möglich, so appetitlich und gesund wie man es erwartet und so reichhaltig wie möglich ein tolles Frühstück zu arrangieren. Doch um das alles aufzutischen, kamen wir nun mal nicht an der Speisekammer vorbei, denn der größte Teil der beliebtesten Frühstücksartikel waren in der Speisekammer zu finden. Darum heißt es ja auch "Speisekammer".

Uns war schon klar, dass wir dort mit der Ratte Herbert und seinem Gefolge rechnen mussten. Wir standen vor einem Problem und hofften inständig, dass wir es heute lösen könnten. Dass wir uns damit mächtig vertan hatten, sollten wir erst viele Wochen später bemerken.

Im guten Glauben, dass nichts mich schrecken konnte, klopfte ich vorsichtshalber an die besagte Tür, damit Herbert nicht so überrascht sei, wenn ich die Kammer betrete. Mir war ja klar, dass Herbert dort von irgendwo her einen Zugang gefunden hatte. Doch wirklich treffen wollte ich ihn auch nicht. Nein, ganz bestimmt nicht. Vorsichtig öffnete ich die Tür und lugte um die Ecke. Es war nichts zu hören. Kein Rascheln, kein Kratzen. Kein Herbert in Sicht. Also Tür auf und ab in die Speisekammer! Doch kaum angekommen bemerkte ich, dass ich doch nicht alleine war, denn als ich vollends in der Kammer stand und die Marmeladengläser holen wollte, da huschte Herbert vom Regal, über die klappernden Kochtöpfe, durch die Putzeimer in Richtung

Schornsteinschacht. In seinem Maul hielt er fest umklammert ein angebissenes Brötchen. Vor Schreck blieb ich wie angewurzelt stehen und beobachtete erstaunt das Geschehen. Erst jetzt erkannte ich ein Loch im Schornsteinschacht. Dorthin flitzte Herbert mit seinem Brötchen. Doch das Brötchen erwies sich als größer als der Schornsteinschacht und versperrte damit seinen Fluchtweg.

Herbert hatte sicherlich genauso einen Schreck bekommen wie ich und bestimmt auch so viel Angst, doch sein Brötchen wollte er zu keinem Preis loslassen. Verzweifelt versuchte er, jetzt rückwärts in den Schornsteinschacht zu gelangen. Das Brötchen hinderte ihn abermals daran. Eine Sekunde lang konnte ich Herbert in die Augen sehen, wobei er mit aller Kraft versuchte, seine Beute in den Schacht zu ziehen. Zitternd vor Wut und voller Panik verbiss er sich fest in das Brötchen.

Wütend schrie ich ihn an. Doch das schien ihn nicht zu beeindrucken. Herbert das Brötchen zu entreißen oder auf ihn einzuschlagen, nein, dazu fehlte mir der Mut. Somit blieb mir nichts anderes übrig, als mit großen Augen und zitternden Knien abzuwarten, auf das, was da wohl kommen mochte.

Herbert kämpfte wie ein wilder Löwe und knabberte ganz schnell, bis es einen Blubb gab und Herbert samt Brötchen im Schornsteinschacht verschwand. Wo soeben noch die freche Ratte saß, klaffte wieder ein Loch im Schacht, als sei nichts geschehen.

Eins war klar, die Brötchen mussten hier raus. Und es war jetzt klar, wohin Herbert mit seinem Gefolge verschwand und wieder auftauchen konnte. Genau an der Stelle wollten wir ansetzen. Wir wussten zwar noch nicht genau, wie das aussehen sollte, doch uns würde sicherlich schon etwas einfallen.

Am Abend lag ich in meinem Bett und wuselte vor mich hin. Von links nach rechts, von rechts nach links und wieder andersherum, gefühlte hundertmal. Egal, ob Bauch oder Rücken, der Schlaf wollte einfach nicht kommen. Ich schaute zu Heinrich, der mal wieder sofort eingeschlafen war. Es war immer noch Sonntagnacht und es raschelte fortwährend. Leider nicht unter meiner Bettdecke, sondern zwei Meter über mir in der Zwischendecke.

Es war mir schon klar geworden, dass ich eine gesunde Fantasie besitze, aber es ist mir auch klar, dass Herbert nicht alleine ist. Herbert hatte Besuch. Es schien eine richtige Party zu geben. Eine Dame war ja genehmigt. Doch wenn mich mein Gehör nicht in Stich gelassen hatte und meine Fantasie nicht mit mir durchging, schienen in der Zwischendecke ganz viele Herberts zu wohnen. Es raschelt so heftig und emsig, dass mir ein Schauer über den Rücken lief.

Selbstverständlich bekam Heinrich wieder mal nichts von den Geräuschen mit. Und unsere Miezekatze? Madame trieb sich irgendwo im Garten umher und würde wohl erst in den Morgenstunden wieder durch das Fenster hinein nach Hause kommen.

Es gab damit wieder keine weiteren Zeugen für die Aktivität unserer neuen Hausbewohner. Unruhig wälzte ich mich weiterhin hin und her, lauschte dem Rascheln und dachte dann so bei mir: Wie war das noch mal in dieser Bio-Zeitschrift? Auf jeden Bundesbürger kommt eine Ratte, da müsste es doch tatsächlich ganze Familien ohne Ratten geben, denn bei mir lebt mehr als eine Ratte. Hochinteressant war zu lesen, dass die Tragezeit einer Ratte nur 22 Tage beträgt. Ein Wurf kann bis zu 12 kleine Ratten hervorbringen.

Ich war nur froh, dass es mitten in der Nacht war und ich nicht errechnen brauchte und auch nicht wollte, was das pro Monat an Ratten ausmacht. Nein, das wollte ich jetzt nicht wissen. Nein, lieber nicht. Diese grünen Zeitschriften Schreiber nennen sie auch nicht einfach "Ratten". Nein, es sind „kosmopolitische Intelligenzbestien" und „ständiger Begleiter des Menschen".

Na, schönen Dank auch! Darauf kann ich verzichten. Wir werden ja noch sehen, wer von uns den höheren IQ besitzt. Der Kampf kann beginnen. Und wer nicht hören will, muss fühlen. Nun ist aber erst einmal genug geraschelt, jetzt wird geschlafen.

07

Der Westbesuch

Flaschen, Gläser, Altpapier, liebe Oma, lieber Opa, Klingeling, ein Pionier, Klingeling, steht hier, ein Roter.

Schon wieder eine Altstoffsammlung. Es war die Zeit, als ich noch Jungpionier war. Oft kam der Otto zu mir, dabei hatte er eine alte Schubkarre von seinem Opa. Etwas rostig, doch erfüllte diese quietschend und knarrend ihren Zweck.

Dabei waren meistens auch Liane, Uwe, Marina und Heike, der Harald und der Frank sowie, Roswitha, Siegfried, Kerstin, Karola, Heidi und die Kathrin.

Wir waren unschlagbar im Hinblick auf Altpapier. Keine Klingel im Ort war vor uns sicher. Zielbewusst nervten wir alle Nachbarn, Verwandten und Bekannten, bis diese endlich nachgaben und uns auch noch die letzte Tageszeitung und die letzte leere Flasche herausgaben. Auch Schrott und Altkleider gehörten zu unserem Sammelsurium.

Ottos Schubkarre knarrte und quietschte immer lauter. Doch das hat uns nicht daran gehindert, auch noch den nächsten Neubaublock zu erstürmen. Da es uns zu einfach war, nur an einer Klingel zu läuten, haben wir immer gleich den ganzen Aufgang im Häuserblock heraus geklingelt. Wer nicht öffnete, oder zumindest aus dem Fenster sah, musste eine erneute Klingel Salve über sich ergehen lassen.

Das hat doch gleich viel mehr Spaß gemacht. Wir hatten auf jeden Fall unsere Freude dabei und der halbe Ort hatte dann auch was von der Altstoffsammlung. So zogen wir dann, fröhlich und albernd , mit einer vollgepackten und rostigen Schubkarre, deren Reifen dringend neue Luft brauchten, durch unseren kleinen Ort und zeigten sichtlich stolz unsere Schätze.

Die Zeiten änderten sich. Ab sofort sollte ich mein Altpapier herausgeben. Insgeheim war ich froh, dass meine Klingel immer noch nicht funktionierte. „Die bekommen mich nie, die kleinen Racker."

Das war meine Devise, denn meine alten Zeitschriften wollte ich viel lieber alleine sammeln und dann später abgeben.

Ich lag auf meiner Couch in meiner Einraumwohnung. Das Rattenproblem ist noch viele Jahre entfernt. Der Begriff Euro reinste Utopie. Völlig andere Sorgen beschäftigten mich. Zu gerne hätte ich schnell geduscht. Doch auch der Begriff Dusche war noch ein Wunschtraum und es sollten noch einige Jahre vergehen, bis auch ich über ein eigenes Bad verfügen konnte. Immerhin gab es ein Waschbecken in der Küche. Dort konnte ich die Kartoffeln waschen und auch meine Füße sowie die anderen zarten Teile meines Körpers. Anschließend wurde dann dort das Geschirr abgewaschen oder das Wasser aus der WM 66 abgepumpt.

Das kann man sich heute kaum mehr vorstellen, war aber so. Für vierzehn Mark Miete nahm ich dann auch das Plumpsklo unten auf dem Hof in Kauf - Entschuldigung! - Ich habe jetzt übertrieben, denn es war kein Plumpsklo, eigentlich war dort nur ein Schuppen und der war im Prinzip ganz praktisch für die Fahrräder und anderen Kram, den jeder so hatte. Doch man konnte dort auch einen Eimer hinstellen und von außen herum so eine Art Verkleidung bauen. Das taten wir dann auch. So komisch mir das heute in den Ohren klingt, es gab keine andere Möglichkeit. Wir fanden es damals noch nicht mal außergewöhnlich. Wir waren ja froh, überhaupt eine Wohnung bekommen zu haben, und mit etwas Farbe und reichlich Fantasie konnte man sich durchaus einbilden, auf einem Designer-Klo zu sitzen.

Genügend Fantasie war schon vorhanden, doch diese reichte stets nur, bis der Eimer voll war. Nun fragt Ihr Euch: „Hää, und dann? Was habt ihr dann gemacht?" Ich sage Euch, so schlimm war das auch nicht. Das ging alles, wenn man mitten auf dem Hof einen Misthaufen hatte. Und das hatten wir. Stroh war genügend vorhanden. Um die Ecke stand eine Mistgabel, die schon seit Jahren hier ihren unangenehmen Dienst übernehmen musste. Also, wo war das Problem?

Ich wusste, ich war auf jeden Fall kein Einzelfall. Mein Schicksal teilte ich nicht nur mit meinen Mitbewohnern im Haus, sondern auch mit Tausenden Mitbürgern. Eigentlich ging das gar nicht. Nein, überhaupt nicht, denn der Misthaufen befand sich unter meinem Küchenfenster. Das war ganz besonders unangenehm im Hochsommer. Darauf freute sich schon die Schar von Insekten, jeder Brummer und jede Sch(m)eißfliege!

So richtig schön, so ganz richtig schön eklig wurde es dann im Winter bei Minusgraden, als alles im Eimer eingefroren war. Und wer jetzt wissen will, was wir dann getan haben, der muss mich schon persönlich fragen. Solche Ferkeleien gehören einfach nicht in dieses Buch.

Vor den Jungpionieren war ich ziemlich sicher. Die bekamen mich nicht zu fassen. Die konnten so viel klingeln, wie sie wollten. Ich hoffte nur, dass sie nicht auf die Idee kommen würden, an meine Tür zu klopfen. Doch auf diese Idee sind sie nie gekommen. Bestimmt waren sie zum Treppen laufen zu faul. Meiner Meinung nach sollten die Jungpioniere zuerst an das werktätige Volk denken, das auch noch nach sechzehn Uhr arbeiten muss. Oder besser gesagt, dann erst mit der Arbeit beginnen.

Ja, so eine war ich. Ich durfte nach sechzehn Uhr an die Arbeit. Und das war eine verdammt wichtige Arbeit. Sie musste getan werden. Wer sonst wollte dafür sorgen, dass die Jugend auf dem Lande bleibt und nicht alle nach Berlin auswandern. Oder vielleicht auch noch in den Westen! Unglaublich! Und das nur, weil da mehr los war. Weil die Welt dort bunter war und besser roch oder vielleicht wegen der Jeans, den Kaffee oder etwa wegen den Kaugummis? Neee! Niemals! Oder vielleicht doch? Uns ging es doch gut. Es sollte doch nicht an solchen Kleinigkeiten scheitern.

„Wir lebten beschützt und befanden uns in der Phase des allmählichen Übergangs vom Sozialismus zum Kommunismus. "Das ist eine Gesetzmäßigkeit in der Weltgeschichte und ist unumstößlich." So sagte immer unser Stabü-Lehrer. Und wenn der das sagte und es jeden Tag in der Zeitung stand, dann musste es doch stimmen. Und wer das vergessen hat, der brauchte doch nur am Abend den Fernseher einzuschalten. Die im Fernsehen hat auch immer dasselbe gesagt, wie unser Stabü-Lehrer.

Ich wusste genau, dass wir uns gegenüber unserem Klassenfeind weit voraus im Fortschritt befanden. Denn bald hatten wir ja schon den Kommunismus.

Und das sollte gar nicht mehr so lange dauern. Ja und dann, so sagte unser Stabü-Lehrer, dann gehört jedem Bürger alles. Jeder Bürger kann sich alles nehmen. Das Geld wird abgeschafft, die Kriminalität und wahrscheinlich auch der Seitensprung. Die Grenzen dienten lediglich noch dazu, uns vor dem bösen Klassenfeind zu schützen.

Das war doch ein guter Vorsatz, oder? Stellt Euch vor, alle wären gekommen und jeder hätte ein Stück Weltgeschichte mitgenommen. Dann hätte ich ja noch ewig auf den Kommunismus warten müssen. Genau das wollte ich nicht. Ich wollte auch gern, dass mir alles gehört. Ich wollte nicht mehr teilen und konnte daher den Kommunismus kaum abwarten.

Draußen regnete es schon seit Tagen. Deshalb spielten wir Kinder im Kinderzimmer. Unser Lieblingsspiel hieß Höhle bauen. Das war mit zwei Doppelstockbetten, einem Kinderbett und einer großen Schrankwand gar kein Problem. Das haben wir schon so oft gemacht. Jedes Mal sah die Höhle anders aus und schaffte eine Behaglichkeit, in der wir Kinder uns pudelwohl fühlten. Gern hätten wir das auch im Schlafzimmer meiner Eltern gespielt, doch die wollten das irgendwie nicht dulden.

Auch dieses Mal war unsere Höhle prächtig gelungen und keine Bettdecke, keine Tagesdecke, kein Tuch, kein Schal, aber auch nichts lag mehr an seinem Platz, auf dem es eigentlich hingehörte. Vertieft gaben wir uns dem Gefühl hin, richtige Höhlenmenschen zu sein und geheimnisvolle Rätsel lösen zu können.

Damit es auch richtig schummrig und abenteuerlich werden konnte, hat mein großer Bruder dann alle Gardinen zugezogen. Das durften wir zwar nicht, doch für ein Höhlenspiel musste es finster sein, denn sonst macht es nur die Hälfte Spaß.

Kaum war es im Raum dunkel geworden, wurde es super geheimnisvoll und total spannend. Wir waren alle sehr beschäftigt und vertieft im Spiel. Ich hatte eine kleine Taschenlampe dabei und empfand es immer wieder fantastisch, damit unter der Bettdecke zu leuchten und wundersame Farbspiele zu erzeugen.

Meine beiden Brüder hatten sich als Geister verkleidet. Dafür hatte sich jeder der beiden ein Bettlaken geschnappt, über den Kopf gestülpt und nun zogen sie stampfend durch das Kinderzimmer. Dabei gab sich jeder die größte Mühe, wie ein Gespenst zu klingen. Gar wunderliche Laute waren zu vernehmen.

Doch da sie ja nichts sehen konnten, blieb es auch nicht aus, dass sie über jeden Gegenstand stolperten. Erschrocken über den plötzlichen Fall, rappelten sich beide wieder auf und suchten sich ihr nächstes Opfer. Sie sortieren sich neu und werfen sich das Bettlaken wieder über den Kopf. Ihr Ziel war jetzt meine kleine Schwester, die sich mit ihrer gesamten Puppenschar in ihrem Bett verkrümelt hatte. Sie hatte andere Sorgen und nahm die beiden Schein-Gespenster gar nicht für voll. Denn sie war gerade dabei, ihren Puppen eine Geschichte zu erzählen. Das hatte natürlich Vorrang.

Allerdings gaben meine Brüder so schnell nicht auf, schon gar nicht, wegen Puppen. Also zogen sie ihr die Bettdecke mit einem Ruck weg.

Dabei purzelten einige ihrer Puppen auf den Fußboden. Meine kleine Schwester fing an zu heulen. Erst ganz leise, dass man es kaum hören konnte. Doch schon kurze Zeit später wurde daraus ein lautes Geschrei und Gejammer.

Darüber erschraken jetzt auch meine Brüder und stimmten in das Geschrei mit ein, als plötzlich unsere Mama mitten im Zimmer stand. Durch die Dunkelheit konnte auch sie nichts sehen und stolperte ebenfalls über unser Spielzeug. Rechtzeitig konnte sie sich noch an einem Stuhl festhalten. Erschrocken lief sie zu den Fenstern, um diese dann ganz schnell und ganz weit zu öffnen. Das plötzliche Licht ließ uns aufhorchen. Allmählich kam einer nach dem anderen unter den Decken hervor gekrabbelt, um zu sehen, warum es denn mitten am Tag hell wurde. Blinzelnd standen wir im Licht des Tages und versuchten, uns zu orientieren. Mama hatte den strengen Blick, zählte kurz durch und bemerkte sofort, dass noch einer von uns fehlte. Mein kleiner Bruder, der gerade mal seit einigen Wochen laufen konnte, der war uns irgendwie abhandengekommen.

Wir schwärmten aus in unserem kleinen Reich, schauten unter jeder Decke, jedem Bett und jedem Tisch nach. Schnell fanden wir ihn in einem unserer Schränke wieder.

Wahrscheinlich hatte er in der Dunkelheit die Orientierung verloren und war dann in den Schrank gekrochen. Dort musste er mit den Daumen im Mund eingeschlafen sein. Doch mit uns hatte er keine Chance, weiter zu schlafen. Deshalb rüttelten wir so lange an ihm umher, bis er aus dem Schrank fiel und sich verschlafen, immer noch den Daumen im Mund, heulend an Mamas Beine hochzog. Mama nahm ihn tröstend auf den Arm und versuchte, ihn zu beruhigen. Erfreut darüber, alle ihre Kinder wieder gefunden zu haben, teilte sie uns mit, dass es gleich Abendessen geben würde. Diese Nachricht ließ ungeahnte Energien in uns wachrütteln. Wir vergaßen sofort unsere prachtvolle Höhle und stürmten in die Küche, als wenn wir seit Wochen nichts zu essen bekommen hätten.

Wir liefen auf unsere Plätze, wobei einer den anderen beiseite schubste. Meine kleine Schwester war zwar nicht so stark wie ihre großen Brüder, jedoch viel flinker und schneller. Sie saß zuerst auf ihrem Platz. Mama hatte Nudeln mit Tomatensoße gekocht. Das war unser Leibgericht. Alle liebten Nudeln mit Tomatensauce. Auch mein kleiner Bruder versuchte sich mit Löffel und Händen an seinem Pastagericht. Es dauerte dann auch nicht lange, da lagen mehr Nudeln auf seinem kleinen Kinderstuhl als auf seinem Teller. Wir lachten über sein kleines verschmiertes Gesicht. Da musste auch die Mama lachen.

Sie wischte ihm das Gesicht sauber und meinte, dass wir nach dem Essen noch sitzen bleiben sollten. Sie hätte noch etwas zu besprechen. Verwundert schauten wir uns alle an. Was könnte denn passiert sein? Hatten wir was ausgefressen? Ich bestimmt nicht. Ich niemals.

Doch da fing Papa schon an zu reden. Papa meinte, dass wir in der nächsten Woche Besuch bekommen würden. Mama meinte geheimnisvoll, es komme ihre Schwester aus Hannover zu Besuch.

Meine Mama hat eine Schwester? Warum erfuhr ich erst jetzt davon und wo bitte schön ist Hannover? Ich dachte nur, das muss ziemlich weit weg sein, sonst wäre sie uns doch sicherlich schon vorher besuchen gekommen. Doch Mama meinte, Hannover liegt im Westen von Deutschland, deshalb konnte sie vorher nicht kommen. Als Papa uns dann Hannover in einem Atlas zeigte, konnte ich nur sehr wenig damit anfangen. Nur mein großer Bruder meinte dann: „Das ist ja richtiger Westbesuch." Westbesuch, das hatte ich irgendwo, irgendwann schon mal gehört. Doch wo kann das gewesen sein?

Etwas später fiel es mir wieder ein. Es war bei meiner Freundin gewesen. Auch da war bereits Verwandtschaft aus dem Westen zu Besuch. Flüsternd und hinter versteckter Hand hat sie mir davon erzählt. Ich musste hoch und heilig schwören, das keinem zu verraten. Alle anderen aus unserer Klasse mussten es ebenfalls schwören.

Als nun Papa auch noch sagte, dass auch wir nichts davon erzählen dürften, wurde mir ganz mulmig zumute. Was konnte nur so ungewöhnlich an der Tante und dem Onkel sein, dass man nicht über den Besuch sprechen durfte. Das war mir jetzt aber doch unheimlich. Vielleicht sehen die Leute ganz anders aus als wir, oder essen andere Sachen, oder … jetzt hatte ich es. Sie kommen aus einem anderen Land, dann müssen sie auch eine andere Sprache sprechen. Bestimmt wird es so sein, dachte ich mir.

Doch bevor ich meine Gedanken zu Ende denken konnte, kam der gefürchtete Teil des Tages: Der Abwasch musste erledigt werden! Besser gesagt, wir Kinder waren für das Abtrocknen und Wegstellen des Geschirrs verantwortlich. Unser Papa hatte auch keine Lust das Geschirr zu trocknen und hat daher eine reizende Idee entwickelt. Für jedes Teil gab es einen Pfennig. Auch für die Kochtöpfe, die immer bis zum Schluss stehen blieben. Für Trinkröhrchen und anderen Kleinkram gab es leider nichts. Deshalb mussten die blöden Dinger auch immer von allein trocknen. Nur der Kleinste von uns saß immer noch in seinem Kinderstuhl und spielte mit einem großen Löffel umher. Dabei versuchte er die letzte Nudel, die sich in seinen Lätzchen verfangen hatte, auf den Löffel zu balancieren und strahlte dabei übers ganze Gesicht, das jetzt schon großzügig mit Tomatensoße beschmiert war.

Der nächste Tag war ein Schultag. Mein großer Bruder und ich, wir durften schon in die Schule gehen. Auf dem Weg dorthin lag auch der Kindergarten. Das war ganz praktisch, denn so konnten wir die Kleinen von uns in den Kindergarten bringen und auch wieder abholen, ohne Umwege machen zu müssen. Auf dem Hinweg mussten wir jedes Mal die Milchkanne in dem kleinen Laden um die Ecke abgeben. Die hatte unsere Mama dann später, gefüllt mit frischer Milch, wieder abgeholt.

Vom Schulweg nach Hause wurden alle Kinder eingesammelt und so konnten jeden Tag die Leute aus unserer Stadt einen kleinen Trupp von Schulkindern und Kindergartenkindern beobachten, die hüpfend und spielend ihren Weg nach Hause gingen. Doch heute sollten wir nicht bummeln. Mama hat uns gesagt, wir sollten etwas schneller nach Hause kommen. Mein großer Bruder, der irgendwie immer die Last der Verantwortung trug, trieb uns deshalb zur Eile an. Doch es war nicht einfach, denn wir mussten jede Kleinigkeit, die wir fanden, begutachten und in unsere Taschen stecken. Meine kleine Schwester machte sich Sorgen, dass ihre Puppe nicht warm genug angezogen war und wollte ihr daher noch einen Schal umbinden. Sie blieb stehen und schien mit der Puppe zu reden. Als sie in ihre Tasche greifen wollte, um an einen Schal für die Puppe zu gelangen, musste sie leider feststellen, dass sich kein Schal in ihrer Tasche befand. Schon verzog sich ihr Gesicht zu ihrem gefürchteten Heul- und Weingesicht. Wir ahnten schon, was jetzt kommen würde. Es blieb uns allen nichts weiter übrig, als die Strecke zurückzugehen, um ihre Sachen wieder einzusammeln, die sie bereits vor einiger Zeit verloren hatte. Und ich überlegte, welche Sprache unser Besuch reden wird und ob ich ihn wohl verstehen würde? So kam es, dass wir erst mit reichlicher Verzögerung zu Hause eintrafen.

Mama kam uns schon von Weitem entgegen. Sie war schon ganz aufgeregt, weil es so spät geworden war. Als wir Mama sahen, redeten alle durcheinander. Jeder wollte erzählen, was ihm so am Tage passiert war.

Doch Mama nahm ihren Finger an den Mund und sagte uns, wir sollten schön leise sein. Das war nicht einfach für uns, wo doch sooo viel passiert war. Doch als sie die Tür zur Wohnung öffnete, waren auch wir mucksmäuschenstill.

Mama hatte die Wohnung blitzeblank sauber gemacht. Sogar einige Möbel hatte sie umgestellt. Jetzt sah ich, dass sie ihr schönstes Kleid angezogen hatte .

Ein verführerischer Duft von frisch gebackenem Kuchen strömte aus der Küche heraus und sorgte für einen verlockenden Duft. Am liebsten wäre ich sofort in die Küche gestürzt und über den Kuchen her gefallen, doch dann sah ich eine fremde Frau in der Küche sitzen.

Vor allen Dingen war ich erstaunt, dass sie meiner Mama sehr ähnlich sah. Die Frau stand auf und kam direkt auf uns zu. Vor Verlegenheit bin ich dann gleich einen Schritt rückwärts gegangen, über einen Schuh gestolpert und bin auf meinem Hintern gelandet. Da saß ich nun mit großen Augen und überlegte, ob ich schnell mal losheulen sollte.

Die Frau kam auf mich zu, half mir auf und fragte dann nach meinem Namen. Ich horchte auf und war erstaunt, dass sie genauso sprach wie wir. Vor allen Dingen hörte es sich auch noch so ähnlich an, wie Mamas Stimme. Darauf war ich nicht vorbereitet. Verblüfft schaute ich sie immer noch beim Kuchen essen an. Es war, als wenn die Mama sprechen würde und wenn sie lachte, dann lachte sie auch wie die Mama. Wie konnte das nur möglich sein?

Der Onkel und die Tante, die da mit uns am Tisch saßen, sahen gar nicht so aus, als wenn sie aus einem fremden Land kamen.

In meiner Kindheit war ich davon überzeugt, dass Menschen aus fremden Ländern nicht nur eine andere Sprache sprechen, sondern auch komplett anders aussehen würden. Musste aber jetzt bemerken, das war das nicht der Fall. Überhaupt nicht! Nein, sie aßen genauso gern Mamas Käsekuchen wie wir alle. Und sie konnten so schön erzählen.

Die Tante hat ganz viel gelacht. Die Mama auch. Sie erzählten uns sogar, dass wir in Hannover noch einen Cousin und eine Cousine hätten. Das war ja eine tolle Überraschung! Beim nächsten Besuch wollten sie beide mitbringen. Wir sahen uns schon in Gedanken mit unseren neuen Cousin und meiner Cousine eine tolle Höhle bauen. Oh, ja, darauf freute ich mich jetzt schon.

Kaum war der Kuchen aufgegessen, da fingen sie schon an, Geschenke auszupacken. Sie hatten für jeden von uns etwas mitgebracht. Für mich gab es ein tolles Tuch voller Silberfäden. Das war das schönste Tuch, das ich je in meinem jungen Leben gesehen habe. Von da an konnten mich die Leute im Ort nur noch mit diesem Tuch sehen. Selbstverständlich musste ich es auch nachts tragen, bis es mir meine Mama eines Tages weggenommen und heimlich ausgewaschen hat.

Neben den vielen Geschenken wurden wir mit einer Fülle an süßen Leckereien und einer Vielzahl von Kaugummis verwöhnt. Exotische Früchte wie Bananen und Obst, das uns bisher unbekannt war, eröffneten uns allen eine Geschmacksexplosion, die allen völlig fremd erschien. Das Obst war so außergewöhnlich und köstlich, dass wir uns alle wünschten, der Westbesuch sollte uns so schnell wie möglich wieder besuchen kommen.

Es war ein unvergessliches Erlebnis, das uns nicht nur schmeckte, sondern auch viel Spaß bereitete. Die Jahre vergingen und schon lange musste keiner mehr in den Kindergarten gebracht oder abgeholt werden. Alle gingen gemeinsam morgens den Weg zur Schule. Die Milchkanne wurde schon lange nicht mehr abgegeben, denn sie reichte nicht mehr aus. Jetzt wurde jeden Tag ein Kasten Milch geholt, der bis zum Abend stets von uns geleert wurde. Unsere Verwandtschaft aus dem Westen kamen uns weiterhin alle Jahre besuchen. Unseren neuen Cousin und Cousinen kamen ebenfalls. Und es entstanden wunderbare Freundschaften, die bis zum heutigen Tage anhalten.

Schon in vier Wochen sollte ich Jugendweihe haben. Darauf freute ich mich besonders. Mama war jeden Abend am Schneidern. Meine Tante aus Hannover hatte einen super schicken Stoff in einem ihrer zahlreichen Westpakete mitgeschickt. Und das, was Mama bereits daraus zauberte, hätte direkt aus einem Katalog stammen können. Immer wieder bewunderte ich mein schönes Kleid. Es fehlten nur noch die passenden Schuhe. Diese zu Ostzeiten zu bekommen, war schon eine Kunst. Ganz besonders, wenn man auch noch einen bestimmten Farbwunsch hatte. Doch Mama hatte das irgendwie immer geschafft. Kannte doch jeder jeden in so einem kleinen Ort. Zu meiner Jugendweihe glänzte ich dann in meinem neuen Outfit.

In der Zwischenzeit waren wir auch umgezogen. Die Wohnung, in der wir vorher lebten, war einfach zu klein geworden für unsere Familie mit fünf Kindern. Unser neues Heim war nun ein sehr großes Haus mit einem großen Garten. Plötzlich war viel mehr Platz für alle da. Auch wenn ich mein Zimmer mit meiner kleinen Schwester teilen musste, war es wunderbar, so viel Platz und Raum zu haben. Vor allen Dingen war es bis zum Marktplatz nicht mehr weit, denn dort trafen sich jeden Abend alle meine Freunde und ich wollte unbedingt dorthin und unbedingt immer dabei sein. Wir waren ein richtig großer Trupp, hielten zusammen, trafen uns in den Abendstunden auf dem Marktplatz, hörten Oldies aus riesengroßen Kassettendecks. Wir fühlten uns als die Größten, kamen uns vor wie Helden. Schon von Weitem sahen wir die Jungs ankommen, mit gigantischen Musik-Apparaten auf der Schulter, aus denen lautstark die Musik wummerte und ertönte. Nur war der Marktplatz ein ziemlich öffentlicher Ort, dafür ist es ja der Marktplatz. Wir begaben uns in die Gefahr, von unseren eigenen Eltern oder noch schlimmer, von unserer eigenen Verwandtschaft beobachtet zu werden, aber wer will das schon im jugendlichen Alter. Deshalb gab es weitere Treffpunkte. Der sicherste Treffpunkt war der beim alten Stadttor an der Kirche. Hier waren wir sicher vor unseren Eltern und kleinen Geschwistern, Onkels und Tanten oder auch unseren Lehrern versteckt. Das alte Stadttor war nicht sehr weit weg vom Marktplatz, jedoch gut hinter der Kirche verborgen. Der kleine Trampelweg, welcher dort hinführte, wurde kaum oder gar nicht von den Einheimischen genutzt. Für uns war es der ideale Treff.

Dort standen wir dann rauchend und Sprüche klopfend und fühlten uns wie Supermann, dessen Namen wir damals noch nicht mal kannten, doch gefühlt hatten wir uns schon so. Geschützt war das Stadttor durch die Kirche, durch jede Menge Baumwerk und Gestrüpp sowie einer alten Stadtmauer, welche aus dem 14. Jahrhundert stammt und deren Tor immer noch erhalten war. Um dann bis zum Stadttor zu gelangen, welches sich auf einer kleinen Anhöhe befand, mussten die letzten Meter zu Fuß zurückgelegt werden. Dazu sollten wir unsere Mopeds, die Simsons, die Schwalben, den Sperber und die SR1 unten am Weg stehen lassen. Das haben wir natürlich nicht getan, denn dann hätten wir ja wirklich laufen müssen. Das wollte keiner von uns. Aus diesem Grunde gab es dann auch reichlich Ärger mit dem Pastor unserer Kleinstadt. Wirklich Angst hatten wir nicht vor dem Heiligen unserer Stadt, denn wir wussten, dass er uns das letzte Mal persönlich auf unserer eigenen Taufe namentlich angesprochen hatte. Der arme Mann hatte keine Ahnung, zu welcher Bagage wir gehörten. Unser Pastor war schon ein alter Mann. Und wenn er dann schimpfend und fluchend den Berg hoch kam, um uns Rüpelbande das heilige Sakrament zu verlesen, waren wir schnell mit unseren Mopeds verschwunden. Manchmal hat er mir wirklich leid getan. Doch schon beim nächsten Treffen bot sich immer wieder dasselbe Bild. Die schnellen Mopeds, coole Leute, laute Musik und ein alter Pastor, der einen aussichtslosen Kampf gegen eine geballte Ladung jugendlichen Übermut führte.

08

Montag früh, 12. September 1977

Da war er wieder, der Montag Morgen Fahnenappell. Nun, deshalb sind wir nicht schneller zur Schule gelaufen. Nein, ganz im Gegenteil! Wir bummelten nicht. Aber beeilt haben wir uns deshalb auch nicht. Doch die ostdeutsche Uhr und die westdeutsche Uhr waren sich zu jeder Zeit einig. Sie lieferten stets treu und gewissenhaft dieselbe Zeitangabe.

Ich vermute ganz stark, dass die Zeit nie etwas vom „Kalten Krieg" gehört hatte. Bestimmt auch nicht von der Mauer oder Ähnlichem. Uns verband immer dieselbe Zeit. Sogar die großen Bahnhofsuhren waren sich da einig und stimmten überein.

Dabei konnten wir „Überholen ohne einzuholen". Die Parole haben wir bereits in der Schule gelernt. Sie war bestimmt einmalig auf der Welt. Mit diesem Spruch konnte ich mir dann auch das Schaltjahr erklären. Irgendwie erschienen wir dann doch recht pünktlich - zur Freude aller Lehrer. Wir standen wie die Einsen, geordnet nach Klassenstufen, die Großen mit einem Blauhemd bekleidet und die Kleinen trugen stolz ihr blaues Pioniertuch.

Oder nur für das Protokoll? Man hört das Rauschen und Murmeln der Schüler, das Knacken der Tonbandgeräte und das Pfeifen der Mikrofone. Ich trug wie alle anderen aus meinem Jahrgang ein Blauhemd mit dem Emblem der FDJ.

Wie so oft, habe ich es einfach in den Schulrucksack geschmissen, um es bei Bedarf dann tragen zu können. Es sah total knittrig aus und roch auch schon etwas eigenartig. Doch meine Nachbarn trugen alle dieselben ungebügelten Blauhemden. Wichtig war ja nur, dass wir es trugen, das Hemd der FDJ, der Freien Deutschen Jugend. Meine neue Dauerwelle, auf die ich mächtig stolz war, wehte im Wind, sodass mir die Haare in der Nase kitzelten.

Das sind auch gleichzeitig meine deutlichsten Erinnerungen an einen sozialistischen Fahnenappell, jeden Montag früh um acht Uhr. Nochmals ertönte das Knacken des Tonbandgerätes und dann die Nationalhymne der Deutschen Demokratischen Republik. Alle sangen begeistert mit. Auf jeden Fall die Kleinen mit ihren blauen Halstüchern.

Ab der fünften Klasse wurde der Text umgedichtet, und das hörte sich dann so an: Auferstanden aus den Betten und dem Frühstück zugewandt, denn es muss uns doch gelingen 20 Brötchen zu verschlingen.

 Ein strahlender Montagmorgen an der Polytechnischen Oberschule, kurz POS, ein Morgen, wie er im Buch steht. In welchem steht das eigentlich? Zuerst erklang die Nationalhymne der Deutschen Demokratischen Republik. Und es schien die Sonne. Nein, keine normale Sonne, ne richtige ostdeutsche Sonne.

Alle Jungpioniere wurden begrüßt mit einem „Seid bereit!". Und danach schrien die ersten bis vierten Klassen sehr freudig und enthusiastisch „Immer bereit!"

Es war stets toll zu hören, wie energiegeladen die Kleinen geantwortet haben. Mit einer Leidenschaft, wie bei einer Fußball-Weltmeisterschaft. Es war ein wahrer Genuss, ihnen zuzuhören und ihre Begeisterung zu spüren. Danach waren wir dran. Die FDJler in ihren strahlend blauen Hemden.

Unser Direktor rief „Freundschaft", worauf wir alle so leise wie möglich mit „Freundschaft" antworteten. Wären wir nicht so viel an der Zahl, wäre es kaum zu hören gewesen. Unsere Lehrer taten stets, als wenn das schon in Ordnung ging.

Doch unser Direktor, der sonntags in die Kirche ging und die Kirchenlieder genauso leidenschaftlich wie die Nationalhymne singen konnte, schien das überhaupt nicht zu stören, auf jeden Fall tat er immer so. Wir waren seine liebsten Schüler. Seine Augen leuchteten, wenn er uns sah und er strahlte vor Stolz, wenn er in unsere Klasse kam. Dann kam endlich das Spannendste der Woche: Das war der Essensplan.

Doch bevor er dann den Essensplan für diese Woche bekannt gab, erinnerte er uns eindringlich daran, wer unser wahrer Feind ist. Das hörten wir zwar täglich, aber vielleicht meinte er, es könnte ja einer vergessen haben, dass der böse Amerikaner nicht nur Kaugummis, sondern auch Atombomben hat. Irgendwie war das doch schon gruselig. Obwohl ich schon zu den Großen gehörte, hatte ich ganz schön Angst vor dem Mann am roten Knopf. Na wenigstens Montagmorgens beim Fahnenappell. Anschließend wurden wir nochmals daran erinnert, wie schön wir es doch haben und was für ein strahlendes Leben noch vor uns lag.

An der Stelle musste ich immer wieder an den Spruch von Waldemar denken. Der sagte nämlich immer: Die größten und schönsten Staaten der Welt beginnen alle mit einem U. Die USA, die UDSSR und „Unsere Deutsche Demokratische Republik".

Ehrlich gesagt, hungern und frieren braucht keiner von uns, doch einen Kaugummi hätten wir auch gerne gehabt. Doch dann kam der interessante Teil. Endlich kam der Essensplan. Sich diesen einzuprägen, war strategisch sehr wichtig. Ein Essen zu fünfundfünfzig Pfennig EVP, für Nichteingeweihte: Einzel-Verbraucherpreis.

In der Woche gab es für die meisten fünf Mark Taschengeld. Davon musste dann das Essensgeld bezahlt werden. Das waren insgesamt zwei Mark fünfundsiebzig. Also blieben für den Rest der Woche noch zwei Mark fünfundzwanzig. Das war ganz schön knapp für Zigaretten, aber wenn man zusammen legte oder ein, zwei Essen ausließ, kamen wir da schon ran. Der Montag bot uns Schweinebraten, am Dienstag stand unverständlicherweise Fisch auf dem Speiseplan - den wir gedanklich längst gestrichen hatten. Mittwochs schlemmten wir Nudeln mit Tomatensauce mit einem kräftigen Nachschlag. Am Donnerstag gab es herzhafte Soljanka. Am Freitag krönten wir die Woche mit den beliebten Königsberger Klopsen.

Dieser Essensplan schien sich seit Wochen, abgesehen von einigen Kleinigkeiten, zu wiederholen - doch manchmal konnten wir einfach nicht genug davon bekommen.

Im Anschluss wurden die jungen Pioniere aufgerufen, die bei der letzten Kreisspartakiade einen bemerkenswerten Platz belegt haben. Wow, das war beeindruckend! Die kleinen Athleten haben wirklich ihr Bestes gegeben und das Ergebnis spricht für sich. Unser Land hat schon immer großartige Sportler hervorgebracht. Vielleicht hatten wir ja so einen kleinen Wunderknaben in unserer Mitte. Alles war möglich.

09

Montag früh, 12. September 1994

Die Sonne scheint auch nach der Wende. Auch wenn es inzwischen keinen Fahnenappell mehr gab, begann die Schule morgens um acht. Auch das, wie damals im Osten, zu DDR-Zeiten. So langsam hatte ich das Gefühl, die machten uns alles nach.

An diesem Morgen war ich ja noch so müde und hatte noch keine Meinung zu dem neuen Tag. Hätte Heinrich nicht gepustet, Herbert nicht geraschelt und die anderen nicht so lange erzählt, dann wäre ich jetzt wahrscheinlich nicht so müde. Trotz allem schien es ein schöner Tag zu werden, dachte ich, und begann mit den morgendlichen Vorbereitungen. Im Haus war es noch ruhig. Alle anderen schienen noch tief und fest zu schlafen. Von Herbert und den Abendgästen war nichts zu hören. Madame und Heinrich lagen zusammengerollt im Bett, der eine in der Bettmitte und die Katze am Fußende. So wie praktisch jeden Morgen. Alles war still. Nur ein paar Möwen kreischten in der Ferne.

Nun musste ich mich aber sputen. In einer Stunde begann die Schule. Ich musste unbedingt Oskar wecken. „Anziehen, Zähne putzen und bitte nicht wieder schummeln!", ermahnte ich meinen Sohn, denn von Zähneputzen hielt er nicht besonders viel.

Was waren das noch für Zeiten, in denen ich ihn noch mit Geschichten von der Zahnfee zum Putzen animieren konnte. Dabei zeigte er mir dann stolz seine blinkenden Zähnchen und strahlte mich mit einem Grinsen über das gesamte Gesicht an. Die Zeiten waren leider vorbei. Wenn ich ihn heute fragte, ob er sich schon die Zähne geputzt hat, dann gab es immer dieselbe Standardantwort: „Habe ich schon!" Allerdings hatte ich ihm das nie wirklich abgenommen, doch einen Gegenbeweis dafür gab es nicht. „Nun denn", sagte ich mir. „Dann ist es ebenso."

Umso lieber ging Oskar duschen. Oft stundenlang, dass ich glaubte, er könnte davon Schwimmhäute bekommen. Oft duschte er auch zweimal am Tage und war dann stundenlang im Bad verschwunden. Meine Dusch- und Creme Kollektionen leerten sich in enormer Geschwindigkeit. Doch keiner meiner Männer war es gewesen. Nie würden sie solche weiblichen Kram benutzen, schwören sie hoch und heilig.

Jetzt musste aber erst mal Frühstück für das Schulkind gemacht werden. „Was mache ich ihm nur zu essen?" „Nutella", dachte ich, wäre sicherlich gut. Wenn wir damals Nutella zum Frühstück gehabt hätten, dann hätten wir den ganzen Tag nur Frühstück gegessen. Doch der Nutella-Aufstrich schien ihn überhaupt nicht zu interessieren. Er bestand auf seine Cornflakes, und zwar die Sorte, welche die Milch in Kakao verwandelt.

„Als ich noch so jung war …", sagte ich. Doch ich konnte den Satz nicht vollenden, denn er verdrehte bereits gelangweilt die Augen.

Plötzlich hatte er es ganz eilig, gab mir einen Kuss und machte sich auf den Weg zur Schule. Die Schule war so gut wie um die Ecke. Dazu brauchte er nicht einmal eine Hauptstraße überqueren. Das war wirklich prima. Somit war der Schulweg bestens abgesichert. Im Übrigen ließ er sich auch nur am allerersten Schultag bis zur Schule bringen. Danach mussten wir verschwunden sein, bevor jemand bemerkte, dass er begleitet wurde. Er war doch schon ein großer Junge.

Inzwischen wusste unser Oskar auch von der Ratte Herbert. Das Ganze schien ihn zu amüsieren, denn mit seinen kleinen Kinderjahren hatte er noch keine Vorstellung, welche Ausmaße diese Geschichte annehmen könnte und hoffte, neugierig geworden, einmal die Ratte sehen zu können. Ich dagegen hoffte ganz stark, dass es nie geschehen sollte. Es reichte doch wohl vollkommen, wenn ich das graue Tier in der Speisekammer zu sehen bekam.

So dachte ich dann bei mir: „Das Kind ist versorgt. "Der Tag kann kommen." Meine Aufgaben waren eindeutig und es war klar, dass Heinrich und ich bis zum späten Abend für unsere Gäste da sein würden. Doch jetzt machte ich mir erstmal Gedanken um meine Garderobe und prüfte mit einem Blick aus dem Fenster die Wetterlage, wobei ich mir gedanklich meine Kleidung für den heutigen Tag zurechtlegte.

Ich ahnte noch nicht, dass ich in Kürze zu völlig anderen Problemen zurückkehren würde. Zurück im Schlafzimmer herrschte eine komplett neue Situation. Die Katze stand fauchend am Bettrand. Ihr Fell sträubte sich so sehr, dass man meinte, Funken zu sehen. Jede Ähnlichkeit mit einer Madame war verschwunden. So wie sie jetzt aussah, hätte sie gut und gerne mit dem Polizeihund Rex zusammenarbeiten können. Ihr Fauchen wurde bereits zu einem bösartigen Knurren. Ich wusste gar nicht, dass unsere Katze knurren konnte. Es handelte sich um eindeutige Alarmsignale. Einen kleinen Moment sah ich in ihr das Raubtier, das sie einst werden wollte. Jetzt wurde ich erst recht nervös. Heinrich war verschwunden, einfach weg. Wie weggezaubert. Dafür war Herbert da. Derselbe Herbert, der gestern noch in der Speisekammer mit einem Brötchen gekämpft hat. Mitten im Raum, gleich am Fußende unseres Bettes, in dem wir bis vor Kurzem noch friedlich geschlummert hatten. Eine Ratte.

Ein eisiger Schauer durchfuhr meinen Körper und bevor ich es realisierte, hallten Heinrichs Worte durch den Raum: „Ist diese verfluchte Ratte immer noch hier?" Doch ich konnte ihn nicht sehen. Trotzdem war sein panisches Keuchen unüberhörbar. Es schien, als wäre er vor Angst wie gelähmt und hätte sich hinter der Tür versteckt. Ich vermutete, dass er sich verzweifelt am Schuhschrank festklammerte, um sich vor dem pelzigen Tier zu schützen.

Doch ich wusste, das wird nicht einfach werden, da der Schuhschrank sehr klein und Heinrich sehr groß ist. Ein erneutes Knurren, dass auch mir die Nackenhaare zu Berge standen, kam von unserer Miezekatze. Nur Herbert schien die Situation meisterhaft zu beherrschen. Er warf nur einen kurzen Blick in Richtung Katze, welche immer noch dabei war verschiedene Knurr- und Mauzgeräusche zu üben, von denen sie wahrscheinlich selbst überrascht war und stolzierte dabei im Raum umher. Also, ich muss schon sagen, ziemlich frech ist das schon, aber hässlich sah er nicht aus, als ich ihn endlich in voller Größe bewundern konnte. Eher wie ein Kosmopolit, was auch immer das heißen mag. Er flitzte nicht wild durch die Gegend, nein, er schien sich Zeit zu nehmen und alles zu inspizieren.

Langsam wandte er dann seinen Kopf, warf nochmals einen Blick auf unsere Katze, die noch zu überlegen schien, ob sie angreifen oder doch unters Bett flüchten sollte. Als ihr Herbert dann zu nahe kam, stieß sie nur noch einen winselnden Schrei aus, setzte sie zum Sprung an und verschwand mit einem Satz dann aber doch, unter der Bettdecke. Herbert schien davon noch nicht einmal überrascht zu sein, sondern flitzte in Richtung Bad und verschwand mit einem eleganten Sprung aus dem geöffneten Fenster. Doch zuvor hatte er mich ganz frech angegrinst, wenn auch nur für den Bruchteil einer Sekunde. Was ich sah, war eindeutig das Grinsen einer Ratte, dass ich so schnell nicht vergessen werde.

Schon wieder durchfuhr ein eisiger Schauer meinen Körper. Vor lauter Unbehagen über die Ereignisse, schüttelte ich mich, als aus dem Hintergrund ein lauter Knall zu vernehmen war. Der Knall kam von Heinrich, denn der Schuhschrank hatte ihn nicht halten können. Somit hatte er versucht, sich mit einer Hand an der Garderobe festzuhalten. Diese war jedoch für so viel Kraft nicht ausgelegt, riss sich unter seinem Gewicht von der Wand und stürzte mit voller Kraft auf Heinrich, der bereits am Boden lag. Scheppernd knallte die Garderobe mitsamt dem Spiegel auf den Fliesenfußboden und tausend kleine Scherben ergossen sich im Raum. Da hatten wir den Salat.

Was für ein Chaos am frühen Morgen. Heinrich, mein Fels in der Brandung, flippte jetzt völlig aus. Er tobte und fluchte auf die Ratte, auf die Garderobe, auf den Spiegel, auf das Wetter und die Möwen. Einfach auf alles. Er konnte sich kaum beruhigen.

Erst jetzt bemerkte er kleinere Verletzungen, die ihm durch die Scherben zugefügt wurden. Er griff sich den Rest der Garderobe, der noch halbwegs an der Wand hing, riss ihn mit voller Kraft ab und schmiss das Teil zu den bereits abgefallenen Teilen auf den Fußboden. Danach verließ er weiter fluchend unser Zimmer und stürmte hinaus. Er lief in den Garten und tobte weiter, so dass ihn alle Gäste garantiert hören konnten. Dabei wurde er so laut und so wütend, dass für einen Moment selbst die Möwen verstummten.

Eines war uns schon klar. Wir mussten handeln. Und das ganz schnell. Inzwischen waren die Ratten schon so frech geworden, dass sie am helllichten Tag in unser Zimmer stürmten. Wir konnten nur hoffen, dass wir sie nie in einem Gästezimmer finden würden. Etwas später saßen wir dann aber doch noch am Frühstückstisch, wobei Heinrich immer noch dabei war, einige kleine Scherben aus seiner Hand zu entfernen.

Ich muss gestehen, dass auch mir der Morgen Appetit fehlte. Es halfen auch keine Cornflakes, welche die Milch in Kakao verwandeln. Nein, nein, heute reicht ein starker Kaffee vollkommen aus. Heinrich war ebenfalls der Appetit vergangen. Er nahm seinen Kaffee und setzte zum Trinken an. Bei dem Versuch, Kaffee zu trinken, gleichzeitig zu fluchen und dabei noch die Tageszeitung zu lesen, stieß er ausgerechnet an seine Tasse, welche mit frisch gebrühten türkischen Kaffee gefüllt war. Das fast noch kochend heiße Wasser lief über die Zeitung auf Heinrich seine Hosen.

Jetzt wurde Heinrich fuchsteufelswild und sein Gesicht verfärbte sich knallrot. Nämlich vor Wut. Das Fass war voll! Zum Überlaufen voll! Wie von der Tarantel gestochen, stürmte Heinrich aus dem Frühstücksraum. Das Hemd halb aufgeknöpft, die Haare noch ungekämmt und die Hosen auf halb acht, so preschte er über den Hof direkt auf seine kleine Werkstatt zu. Die Tür zu seiner

Werkstatt öffnete und schloss sich augenblicklich mit einem Knall in der Morgenstunde. Kawumm, die Tür war zu! Zwei Stunden lang nicht ansprechen, das war jetzt das Beste.

Ich hatte ohnehin zu tun und es sollte auch nicht lange dauern, bis die ersten Gäste zum Frühstück erschienen. Für die Neu-Anreisen mussten noch einige Kurkarten ausgestellt werden und einige Abreisen sollten heute noch ihre Rechnung begleichen. Mir fehlte es an diesem Tag aber immer noch an Elan. Doch was sollte es? Ratten hin. Ratten her.

Der Geschäftsbetrieb musste ja trotzdem weitergehen und so verzog ich mich brav hinter meine Rezeption und tat, was getan werden musste.

Es schien mir heute eine Ewigkeit, bis alle meine Gäste zum Frühstück erschienen. Ausgerechnet die Abreise Gäste, die noch einen Teil der Zimmerrechnung zu bezahlen hatten, waren immer noch nicht anwesend und fesselten mich daher an meinen Arbeitsplatz. Ich konnte nicht fortgehen, so gerne hätte ich das auch gewollt.

Genervt und leicht ungeduldig blickte ich mehrmals auf meine Armbanduhr, in der Hoffnung, dass meine letzten Gäste bald auftauchen würden. Doch heute schienen sie sich alle Zeit zu lassen und kamen etwas verspätet zum Frühstück. Trotzdem ließen sie sich nicht aus der Ruhe bringen und genossen ihr Essen in aller Gemütlichkeit. Somit verging noch eine weitere gute Stunde bis endlich alles erledigt war und ich den Kassenordner schließen konnte.

Nun hielt mich nichts mehr und ich pirschte hinüber zur Heinrichs Werkstatt, von der seit dem Zwischenfall von heute Morgen nichts mehr zu sehen und zu hören war. Die Tür war weiterhin verschlossen und wurde seitdem auch nicht mal für die frische Luft geöffnet. Neugierig und besorgt öffnete ich die Tür und glaubte meinen Augen nicht zu trauen.

Heinrich war schwer mit einem Kopfhörer bewaffnet, aus dem so laut die Musik ertönte, dass jeder Umstehende das laute Wummern seiner Lieblingsband mithören konnte. Mit einer Schleifmaschine war er dabei, eine alte Kommode, die wir für die Flurdekoration ersteigert hatten, wieder aufzuarbeiten. Das frische Holz, welches nach dem Schleifen zum Vorschein kam, ließ auf einen gelungenen Kauf schließen.

Als Heinrich das Tageslicht vernahm, stellte er seine Arbeiten sofort ein, nahm den Kopfhörer ab, aus denen jetzt empfindlich laut die Musik zu vernehmen war und fing sofort an weiter zu schimpfen. Er war immer noch sauer und voller Ekel erfüllt, als er von den Ratten sprach.

Je mehr er schimpfte und fluchte, umso mehr steigerte sich seine Wut. Seine Augen bekamen schon wieder diesen eigenartigen Ausdruck, den ich gar nicht leiden konnte. Dabei schwor er hoch und heilig das Mistvieh zu beseitigen und wenn es sein muss, dann mit den eigenen Händen, sagte er dann entschieden zu mir. Das fand ich dann doch sehr mutig und schlug deshalb vor, mit einer Rattenfalle zu beginnen.

Plötzlich wurde es still in der Werkstatt, dafür war aber die Musik aus den Kopfhörern umso lauter zu hören, als Heinrich die Kommode, an der er gerade arbeitete, beiseite schob und laut sagte: „Genau das werde ich heute machen, bis das Rattenvieh in der Falle sitzt." Dabei ging er an einen der vielen kleinen Kartons, in denen sich zigtausend von Einzelteilen von allen Möglichen befand und stellte diesen auf seine Werkbank. Bald sah ich, wie Heinrich in der Kiste wühlte und mir war klar geworden, dass ich gehen konnte. Es hatte keinen Sinn, noch irgendein anderes Thema zu diskutieren oder zu bereden.

Wenn Heinrich etwas wollte, dann tat er es auch und zog sein Ding durch. Dabei war ich froh, dass die Ratten endlich das Haus verlassen würden und freute mich schon auf ein ruhiges Wochenende ohne das nervige Kratzen in der Zwischendecke, das mit jeder Nacht immer lauter wurde. Ich hatte volles Vertrauen für sein Unternehmen und hoffte dabei inständig, dass es ihnen gelingen würde, nickte ihm anerkennend zu und ließ ihn mit seinem Plan und den Kopfhörern in der Werkstatt allein weitermachen. Mit der Entscheidung ging es mir schon viel besser. Genau das brauchte ich jetzt und stürzte mich voller Optimismus in den Jungunternehmertag. Dass es mal um eine Rattenfalle gehen würde, das hätte ich nie gedacht. Und für Herbert wahrscheinlich die größte Rattenfalle der Welt. Der sollte sich auf etwas gefasst machen. Unaufgefordert bei uns einziehen, die Brötchen stehlen und dann noch in unserem Schlafzimmer umher spazieren.

Nicht mit uns!!!

10

Vorwärts immer, rückwärts nimmer

Damals hatte ich noch keine Ahnung, was an Arbeit nach der Wende auf mich zukommen würde. Immerhin hatte ich zu Ost- Zeiten meinen Arbeitstag mit acht, drei, viertel Stunden abzurechnen und heute reichen kaum noch zwölf Stunden. Die Wende sorgte dafür, dass jetzt auch an den Wochenenden sowie an sämtlichen Feiertagen gearbeitet werden musste. Somit hat die Wende mir nicht nur die Zeit geklaut, sondern auch sämtliche Wochenenden und Feiertage, inklusive Weihnachten und Silvester. So war das eigentlich nicht gedacht. Hätte ich das damals schon geahnt, hätten mich auch die Jungpioniere nicht gestört, dann hätte ich noch mal schnell drei Stunden weiterschlafen können. Aber da ahnte ich gar nichts. Überhaupt nichts.

Nein, ich hatte vor dem Mauerfall keine Überstunden, und irgendwie war es mir nicht so wichtig. Ich hatte eine wunderbare Arbeit. Und wäre die Mauer nicht gefallen, würde ich auch noch weiterhin den Jugendclub leiten. Es war auch nicht so wichtig, ob ich Tischtennis mit den Jugendlichen spielte oder ob ich bis über die Sperrstunde hinaus die Tanzveranstaltungen laufen ließ. Nein, es war eine wirklich interessante, abwechslungsreiche und spannende Arbeit zugleich.

Wichtig war nur, wie ich das ganze Geld, das mir der Parteivorsitzende Mielke - na, den kennt ihr ja alle durch den Spruch „Ich liebe euch doch alle" - zugeteilt hatte, tja ganz einfach, wie ich das am Besten unters Volk bringe.

Das Jahr neigte sich dem Ende und es war immer noch reichlich Geld auf dem Konto für kulturelle Aktivitäten. Natürlich nie auf meinem privaten. Das hatte so eine große Zahl nie gesehen, sondern für meine Abteilung, für die Jugendarbeit. Die Finanzierung für die Kultur auf dem

Lande war immer sehr großzügig bemessen. Galt es doch, die Jugend auf dem Land zu halten.

Doch sollte ich es nicht schaffen, alles Geld auszugeben, tja, dann hätte ich echt Schwierigkeiten mit der FDJ-Kreisleitung und dem Bürgermeister, denn im nächsten Jahr würde man dann die Summe kürzen. Meine Aufgabe war eindeutig: Das musste unbedingt verhindert werden.

Wir waren zwar nur ein kleiner Ort mit viertausend Einwohnern und einigen hundert Jugendlichen oder auch Freunden der Jugend. Doch so genau nahm das keiner, war etwas los im Ort, dann kamen sie alle. Die Großen, die Kleinen, die Jungen, die Alten. Also gab es auch Kultur für Jung und Alt. Vom Puppentheater bis zum Rockkonzert. Vom Kaffeeklatsch bis zum Karneval war alles dabei. Sogar an die Urania wurde gedacht. Und das jede Woche neu, das ganze Jahr über.

Das Bedürfnis nach Unterhaltung, nach Spaß und zusammen sein war gewaltig. Ab 1984 gab es dann die ersten Veranstaltungsmessen. Diese Messen wurden, einmal im Jahr, meistens im November, in den jeweiligen Bezirksstädten durchgeführt.

Es war ein großes Treffen zwischen den Veranstaltern und den Künstleragenturen unseres Landes, welche über die KGD, eine Einrichtung zur Entwicklung und Förderung der Unterhaltungskunst und des Konzertwesens, siehe Wikipedia, verpflichtet waren.

Ich fuhr selbstverständlich mit dem Bus in die „Vier Tore Stadt". Wie auch sonst? Um das Marketing für das kommende Jahr gewissenhaft und genau planen zu können, musste ich mir meinen Kalender selber malen. Mit Bleistift und Lineal und dem größten Papier, das damals aufzutreiben war. Groß genug, um alle Wochenenden auf Anhieb einsehen zu können. Zuvor mussten noch alle freien Termine mit unserem Kneiper, also mit dem dicken Fritz, abgestimmt werden. Von zweiundfünfzig Wochenenden hatte ich ca. vierundvierzig Termine zu vergeben.

Aber, was soll ich sagen? Mehr oder weniger benötigte auch unser Ort mindestens sechs Wochenenden für den Karneval, drei für die Volkssolidarität, zehn Wochenenden für verschiedene Vorträge, sowie ausreichend Termine, um den Frauentag zu feiern. Über den Rest konnte ich dann frei verfügen, wenn Fritz nicht gerade eine Hochzeitsfeier oder eine Taufe oder Ähnliches in seinem Buch schon eingetragen hatte.

Also blieben noch ca. zwanzig Wochenenden. An den noch freien Wochenenden lief eine Diskothek oder, besser gesagt, hatten wir einen Schallplattenunterhalter, der sich SPU (heute DJ genannt) nannte. Also blieben noch ca. zehn Wochenenden für die einheimischen Bands.

Doch fünf Wochenenden wurden für die Sommer Höhepunkte reserviert, denn dann kamen die großen Rockbands der Konzert- und Gastspieldirektion. Unsere Creme de la Creme der Ost-Szene. Zu diesen Konzerten reisten damals Tausende Menschen an, um an unseren damaligen kleinen großen Festivals teilzunehmen. Das waren dann auch die absoluten Höhepunkte der Kulturpolitik auf dem Lande und stets heiß begehrt.

Unser Ort, idyllisch gelegen am Helpter Berge, im Bezirk Neubrandenburg, Kreis Strasburg, verfügt über einen richtig schönen Festplatz, im Volksmund „Der alte Friedhof" genannt. Dort konnte ich diese Rockkonzerte, Sommerfeste und andere große Festivitäten organisieren. Nein, der Festplatz hatte nichts mit einem Friedhof zu tun. Der hieß nur so. Keiner wusste so recht, warum das so war. Uns war das egal. Es gab richtige Bänke und feststehende Bierbuden. Die angeblich Toten, die wir fanden, litten stets an einer Schnapsvergiftung und sorgten schon am nächsten Wochenende wieder für mächtig Stimmung auf unseren Veranstaltungen. Eine der Bierbuden gab es für die Handelsorganisation, kurz HO genannt, sowie eine für den Konsum. Selbstverständlich waren alle meine Ordner und ich an der Bude von der HO zu finden und unterstützten Fritz mit reichlich Umsatz bei all unseren Veranstaltungen. Das war doch Ehrensache. Eingebettet war das gesamte Gelände in einem Wäldchen und machte einen sehr idyllischen Eindruck.

Doch, wie zuvor erwähnt, war ich jetzt auf der Veranstaltungsmesse in unserer Bezirksstadt. Das war schon ein besonderes Ereignis, dem ich jedes Jahr erneut entgegen fieberte. Bei all den Künstlern wusste ich, dass ich auf alles vorbereitet sein musste, denn hier war alles möglich. Dazu zog ich auch schon mal meine Tramper und Wisent aus und wechselte diese gegen meine neuen

Salamander und ein von meiner Freundin geborgtes Kostüm, umhüllt in einer Wolke von Action Spray.

Und so betrat ich erwartungsvoll das sogenannte Kolosseum der Stadt, in der Erwartung, alle populären Rockbands zu sehen, die dieses Land hergab, um zu entscheiden, welche aufregende Bands im kommenden Sommer die Ehre hatten, auf dem alten Friedhof ein Konzert zu geben.

Überall waren DDR Parolen zu sehen, die den gesamten Saal und die große Bühne schmückten. Neben einem übergroßen Bild von Erich Honecker, prangte der Spruch: Vorwärts immer, rückwärts nimmer! Nur einer von vielen Sprüchen, die ich heute noch zu sehen bekam.

Der Gesamteindruck der Menschen vor Ort bot oft ein ziemlich schrilles und schräges Bild. Das wird wahrscheinlich heute noch so sein, wenn sich ein Haufen Künstler trifft. Von Normal bis Extrem, von Soft bis Suspekt, von absolut abgefahren bis ganz gewöhnlich war alles vertreten. Meine Grundsätze zur Modeindustrie wurden gänzlich infrage gestellt.

Ich wusste kaum, wohin ich zuerst schauen sollte. Denn schon wurde ich an einen der Tische gewunken. Mein Ziel war schon klar. Unbedingt wollte ich die Band vom letzten Jahr finden. Der Auftritt einiger Bands in der vorigen Saison waren sensationell gewesen.

Auf jedem Tisch waren Karten mit den Namen der jeweiligen Band aufgestellt. Das war schon ganz prima. Doch um die Band zu finden, die das beliebteste Ziel sein sollte, musste man sich erst mal orientieren, um zu sehen, in welche Richtung man zuerst laufen sollte. Die Stadthalle diente eigentlich dazu, Messen zu veranstalten oder andere riesengroße Partys zu feiern, fast gut und gerne über tausend Besucher und ähnelte daher einem riesengroßen Labyrinth.

Mit bunten Plakaten, Spruchbändern oder auch Musik versuchten die Bands auf sich aufmerksam zu machen. So weit das Auge reichte, war es ein buntes Durcheinander und kaum zu überschauen. Ich konnte mich nur Reihe für Reihe lang arbeiten, um die richtige Band zu finden. Dann sah ich endlich vertraute Gesichter. Wie gute Bekannte winkten wir uns schon von weitem zu. Auch sie hatten schon einige Zeit gewartet und einen heiß begehrten Sommertermin für unseren Ort frei gehalten.

In unserem beschaulichen Ort, in der Windmühlenstadt, durften wir bereits einige hochkarätige Musikgrößen begrüßen. Unter anderem hatten wir das Vergnügen, die legendären Puhdys, Berluc und Karat bei uns zu Gast zu haben. Sie gaben alle unvergessliche Konzerte, auf die wir alle mächtig stolz waren. Es war uns eine Ehre, sie in unserem Ort begrüßen zu können. Im letzten Jahr aber hat die Berliner Dampferband in unserem Ort einen unvergesslichen Auftritt hingelegt, der bei allen Bewohnern für Begeisterung sorgte. Es war ein echtes Highlight, das noch lange nachwirkte und bei jedem Gespräch ein Thema war.

Die Vorfreude auf ein erneutes Konzert war groß und jeder hofft darauf, wieder dabei sein zu können. Die Mundpropaganda hat sich schnell verbreitet und alle sind gespannt auf das nächste musikalische Event.

Über einige Ereignisse des letzten Jahres mussten wir jetzt noch schmunzeln. Insbesondere die Jungs von der Band sorgten für viele unvergessliche Momente, da sie immer eine Übernachtungsmöglichkeit forderten. Die Suche nach einer passenden Unterkunft gestaltet sich stets als Herausforderung, denn wo bringt man ein ganzes Dutzend Menschen unter, wenn es im eigenen Ort kein Hotel mehr gibt?

Doch es war mitten im Sommer. Mein Bruder wohnte bereits in einem eigenen Haus, nicht weit entfernt auf dem Lande. Zugegeben, das Haus ließ noch zu wünschen übrig, denn hier musste noch allerhand getan werden. Doch mit gutem Willen und vereinten Kräften wurde endlich der Dachboden sauber gemacht. Auf den kahlen Brettern legten wir Matratzen und anderes Bettzeug. Unsere Mama half wie selbstverständlich und brachte Kopfkissen und Betten in reichlicher Anzahl. Sie war auch diejenige, die morgens für die Brötchen sorgte und half aus einem Tapeziertisch, geschmückt mit einer karierten Tischdecke und einem Strauß Sonnenblumen, einen tollen Frühstückstisch zu zaubern.

Wir hatten Glück mit dem Wetter und dem Hahn vom Nachbarn. Denn als dieser wiederholt am Morgen krähte, waren meine Großstadtmusikanten total begeistert. Zu guter Letzt ließen wir noch ein goldgelbes Küken, welches gerade einige Tage alt war, über den

Tisch laufen. Die Überraschung war geglückt und unsere Gäste wären zu gern noch länger geblieben, doch auf sie wartete bereits der nächste Termin.

Eines war aber klar. Im nächsten Jahr würden sie wieder kommen. Und sie bestanden nochmals auf diese Übernachtung und das zauberhafte Frühstück bei strahlendem Sonnenschein. Selbstverständlich, auch auf dem Hahn vom Nachbarn. Das Kolosseum war erfüllt von einer Vielzahl an Menschen, die sich alle auf das gleiche Ziel fokussierten: Termine vereinbaren. Die Atmosphäre war elektrisierend und voller Energie, während die Veranstalter in großer Anzahl anwesend waren und sich bemühten, die besten und beliebtesten Bands für ihre Stadt oder ihren Ort zu gewinnen.

Es war ein Wettbewerb um die besten Zeiten des Jahres, um die Musikliebhaber zu begeistern und zu unterhalten. Die Spannung war greifbar und die Konkurrenz groß, aber jeder war entschlossen, das Beste aus dieser Gelegenheit zu machen. Das Kolosseum war der perfekte Ort für diese Zusammenkunft und bot die perfekte Kulisse für diese aufregende Veranstaltung. Es war ein Tag voller Möglichkeiten und Chancen, und jeder war bereit, sein Bestes zu geben, um seine Ziele zu erreichen.

Selbstverständlich war das Jugendradio DT 64 anwesend und sorgte für die musikalische Unterhaltung. So ein interessanter Tag verging wie im Fluge. Nach diversen Gesprächen, Terminabsprachen, Verhandlungen und einigen kleinen Likörchen konnte dann jeder mit seinen

Ergebnissen zufrieden sein. Noch vor Ort kam es dann zum Vertragsabschluss.

Rechtlich gesehen waren die Bands verpflichtet, die Verträge über die KGD abzuschließen. Doch anders gesehen, waren da viele andere Meinungen. Warum sollten sie ihr verdientes Geld an eine Organisation weiterreichen, die auch überhaupt keinen Anteil an der Leistung der Künstler hatte? So kam es oft, dass die Verträge direkt zwischen der Band und dem Veranstalter direkt zustande kamen. Der Endpreis veränderte sich dann nur unmerklich und spielte für uns ohnehin keine Rolle. Vater Staat hätte das allemal bezahlen müssen und hat das auch immer brav getan. Unsere Tanzveranstaltungen waren immer ein großes Fest für die ganze Stadt und den vielen kleinen Dörfern in der Umgebung. Das ganze Jahr über gab es regelmäßige Veranstaltungen im Ort.

Jeder hatte die Möglichkeit, ein- bis zweimal pro Woche zum Tanz zu gehen. Doch immer wieder hatte ich den Eindruck, dass die Leute dachten, es wäre die letzte Feier des Jahres. Unser Saal war zugelassen für 200 Gäste. Doch das hatte nie ausgereicht. Schon Stunden vorher warteten die Leute vor der Tür der Gaststätte. Es bildeten sich jedes Mal aufs Neue lange Menschenschlangen. Damit alles reibungslos ablaufen wird, haben wir uns, also der dicke Fritz, unser Kneiper und seine Frau, die Ordner und Kassierer und ich schon eine Stunde vor Einlass getroffen.

Jeder kannte seine Aufgaben. Die Kassierer sollten kassieren, die Order ordnen. Bevor die Ordner ordnen konnten, die Kassierer kassieren konnten und die große Tür zum Saal geöffnet wurde, hatten wir stets für uns eine Flasche Likör für den Feierabend beiseite gelegt. Das war strategisch sehr wichtig, denn allzu oft hatten uns die Massen den schönen Schnaps schon vorher weg getrunken. Das sollte uns nicht nochmal passieren. Sicher ist sicher. Für den Feierabend Schnaps wurde gesorgt.

Als sich dann endlich die Tür öffnete, drängten sich schon viele Tanzwütige davor. Da wir diese Aktion jede Woche aufs Neue probten, kam es auch kaum zu Zwischenfällen beim Einlass. Auch wenn es nur schubweise voran ging. Die Ordner waren dafür verantwortlich, dass nie mehr als zehn Leute vor der Kasse standen. Dann konnten die nächsten zehn hinein. Das Ganze bedurfte schon einige Zeit.

Doch anders war es nicht zu regeln. Sofern alle ihren Platz im Saal, am Tresen, an der kleinen Bar gefunden hatten, setzte dann meistens auch schon die Musik ein. Das war dann immer mein großer Moment.

Das war der Augenblick, auf den ich mich immer wieder freute. Unsere Gäste stürmten in Scharen auf die große Fläche und begannen augenblicklich an zu tanzen.

Dieses zu sehen, wie sich alles fügte, dass alles funktionierte und gelang, war für mich der schönste Lohn, den ich bekommen konnte. Jede Veranstaltung wurde zu einem unvergesslichen Fest, das die Menschen zusammenbrachte und für eine ausgelassene Stimmung sorgte. Ob es sich um eine Diskothek, eine

Tanzveranstaltung oder ein Konzert handelte. Die Atmosphäre war immer von einer fröhlichen und ausgelassenen Stimmung erfüllt. Die Menschen lachten und unterhielten sich angeregt, während sie ihre Getränke an ihren Tischen, am Tresen oder auch an der kleinen Bar genießen konnten. Die Musik war laut und mitreißend, und die Tanzfläche war voller Menschen, die sich im Rhythmus der Musik bewegten. Diese Abende oder auch Sonntag Nachmittage waren voller Freude und Spaß, an dem alle ihre Sorgen und Probleme vergessen konnten. Somit wurde jede Veranstaltung zu einer großen Party, die keiner verpassen wollte.

Doch auch hier muss ich Abstriche machen. Es gab da noch solch eine Sache, über die ich mir immer wieder Gedanken machte. Sofern die Massen auf der Tanzfläche erschienen, begann das Parkett, auf dem sie tanzten, heftig zu schwingen. Es bog sich förmlich unter der Last der tanzenden und feiernden Menge. Ich fand das sehr bedenklich und fürchtete schon, dass der Boden eines Tages nachgeben würde und wir uns dann im Keller bei den Schweinen von Fritz wiederfinden würden. Als ich Fritz daraufhin ansprach, zuckte er nur mit den Schultern und meinte, das war schon immer so. Im Laufe der Jahre haben diese Schwingungen bedenkliche Ausmaße angenommen, dass es einem schlecht werden konnte beim Hinschauen. Doch gehalten hat es wirklich bis zum Schluss.

Abgesehen von den üblichen Schlägereien und ein paar blauen Augen wurde nie jemand ernsthaft verletzt. Pünktlich um dreiundzwanzig Uhr fünfundvierzig verabschiedete sich dann die Band mit einer

Zusatzrunde. Gern hätten alle weiter getanzt, Sekt getrunken, geflirtet oder andere wilde Sachen angestellt. Doch, wie es so ist mit den Gewohnheiten, alle wussten, dass es Feierabend war. Und alle wussten, dass es in Kürze die nächste Möglichkeit zum Tanzen und Feiern geben würde. Deshalb verließen sie dann das Lokal und zogen ab. Die Kellner kassierten noch die letzten ab und räumten die Tische sauber. Alle packten mit an. Auch wir wurden erneut so richtig eifrig, denn je eher alles fertig wurde, desto schneller hatten wir Feierabend. Nun konnten wir uns alle zusammensetzen, den Abend auswerten, unseren reservierten Schnaps genießen.

Prost!

11

Abendbrot

„Abendbrot", ruft mein kleiner Sohn. „Papa, komm doch endlich. "Mama hat Eiersalat mit Ketchup gemacht." Ja, das habe ich wirklich des Öfteren gemacht, obwohl ich es eigentlich schrecklich fand. Doch meine Männer liebten nun mal Eiersalat mit Ketchup, bestehend aus hart gekochten, klein geschnittenen Eiern und reichlich Ketchup. Durch den Ketchup musste man den Salat nicht mal mehr würzen.

Was tut man nicht alles für seine Lieben? Ich sah, wie Oskar zum Brot griff, sich seine Schnitte mit wenig Butter, aber reichlich Eiersalat bestrich, um anschließend die Schüssel mit Salat auf der Sitzbank zu verstecken. Beim Abbeißen fielen ihm einige Eier vom Brot, doch mampfend und grinsend meinte er dann: „Das hat er nun davon, der Papa. "Was muss Papa auch immer so lange Zeitung lesen?" "Wenig später stand Heinrich vor der Tür und fragte sofort „Wo ist der Eiersalat?"" Mein Sohn schaut grinsend zur Decke und sagt nur: „Alle, alle, alle!" Nun grinste auch Heinrich und entdeckte den Salat auf der Sitzbank. Beide versuchen, die Schüssel jeweils zu sich zu ziehen, damit ja keiner zu wenig abbekommt. Und es kam, wie es kommen musste. Die Schüssel mit dem Eiersalat fiel zu Boden und zerbrach auf dem harten Boden.

Da lagen sie nun, die Eierchen mit Ketchup verteilt, auf der Sitzbank und dem Fußboden. Mein Sohn und auch

Heinrich grinsten nun nicht mehr. Heinrich machte große Augen, als er den Salat sah. Gerade eben setzte er zum Fluchen an, da öffnete sich die Tür und einige unserer Hausgäste traten hinein. Da hatte ich ja einen Salat! Einen, der auf der Erde lag und dann noch Gäste, welche uns wieder einmal in der wenigen privaten Zeit störten. Öffnungszeiten schienen nicht zu interessieren. „Das nächste Mal sollten wir abschließen", dachte ich so bei mir. Heinrich lief brummend in die Küche und wollte einen Besen holen, um den Eiermatsch, der verdächtig komisch auf der Sitzbank aussah, zu beseitigen.

Zu retten war da leider nichts mehr, denn unsere süße kleine Miezekatze war sofort zur Stelle und naschte bereits daran. Sie ließ es sich so richtig schmecken. Oskar nahm sich sein Brot und zog sich in sein Zimmer zurück. Dort war es sicherlich interessanter als all die Gespräche der ständig wechselnden Gäste zu hören. Ich wischte mir den Mund ab und begrüßte meine Gäste. Heute gab es nur die kurze Version der Begrüßung, da auch ich noch am Essen war und heimlich zu Heinrich schaute, wie er mürrisch versuchte die Unordnung zu beseitigen. Doch einige Gäste braucht man nicht zum Reden animieren. Einige reden einfach los. Ob man sie nun gefragt hat oder nicht. Es interessierte sie nicht das kleinste bisschen, obwohl sie deutlich sehen konnten, dass wir als kleine Familie versuchten, unser Abendessen zu uns zu nehmen.

Genauso ein Fall stand vor mir. Die Leute waren bereits seit einigen Tagen meine Gäste aus Zimmer sechs. Von daher hatte ich schon so eine Ahnung, was auf mich zukommen würde. Kaum, dass ich den letzten Bissen hinuntergeschluckt hatte, ging es dann schon los. „Heute haben wir unsere Tochter angerufen. Wissen Sie, die Kleine ist das erste Mal alleine zu Hause, ist erst siebzehn Jahre und hat den Hund in Pflege. Der Hund, der Arme, der krank war. Nach etlichen Untersuchungen kam der Hundedoktor dann zu dem Entschluss, dass der Hund an einer Neurose leidet und dringend auf psychiatrische Hilfe angewiesen war. Das hatte sie mir bereits bei der Anreise brühwarm serviert und jeden Tag aufs Neue wiederholt. Das interessierte mich überhaupt nicht, doch sie erzählte hartnäckig weiter.

Sofort wurde eine Therapie angesetzt, damit das arme Tier wieder gesund werden kann.„Wissen Sie?", sprach die Frau, „seit einiger Zeit wackelt der Pascha." Das sollte bestimmt der Hund sein, immer so heftig mit den Ohren. „Das ist fürchterlich", sagte sie. Ich schluckte schwer und musste mich beherrschen, nicht laut loszulachen. Dabei stellte ich mir einen Hund mit ständig wackelnden Ohren vor. Doch sie erzählte unbeeindruckt immer weiter. „Wir können doch nicht die Therapie abbrechen, nur wegen des Urlaubs. "Da kommt das arme Tier ja ganz durcheinander." Die Ringe um den Armen schepperten bei dieser Erzählung. Das flammende Rot in ihren Haaren leuchtete noch mal so rot und ihre übergroße Brust sank und hob sich bei den Erzählungen, wobei sie reichlich mit den Armen flatterte. Ihr kleiner Mann sagte kein Wort. Nicht einen Pieps. Sie aber brauchte erstmal einen Schnaps. Und zwar einen richtigen. Nämlich einen für Männer. Immerhin ist man ja im Urlaub.

Jetzt war es klar, das Abendessen war gelaufen. Nämlich weggelaufen. In jeder Beziehung. Interesse vortäuschend, fragte ich nur nach Ihrem Getränkewunsch, in der Hoffnung, die Dame für einige Zeit ruhig stellen zu können. Doch meine Idee sollte nicht aufgehen. Sie konnte gleichzeitig reden und trinken und trinken und reden. Von jedem reichlich. Dabei schaute sie mit großen Augen immer in die Richtung ihres Mannes.

Ich versuchte neugierig zu wirken bei der Hundegeschichte mit dem Hundepsychiater. Ob es mir wirklich gelang, vermag ich heute nicht mehr zu sagen. Es spielte auch keine Rolle. Der Redefluss dieser Dame schien keine Grenzen zu kennen. Die Tochter sollte heute nie wieder erwähnt werden, dafür gab es aber noch zwei weitere hochinteressante Geschichten vom Pascha, der nächstes Jahr, wenn er wieder gesund ist, dann auch mit in den Urlaub darf. Ich musste schon wieder schlucken und freute mich schon darauf, wenn unsere Miezekatze auf den Wauwi treffen sollte. Danach könnte er nämlich gleich mit der nächsten Therapie beginnen. Die Dame trank den Schnaps, den Nordhäuser, in einem Zug, meinte noch, wie gut das tat und bestellte sofort einen weiteren. Der kleine Mann schaute mich schon etwas schüchtern an und fragte mich jetzt nach einem Aschenbecher. „Klar, das ist kein Problem", sagte ich und wollte den Ascher bei Georg platzieren, als seine Frau die Stimmer erhob. „Das kommt nicht infrage. "Nein, Georg, du weißt, was der Arzt gesagt hat!" In dem Moment ließ auch ich meine Zigarettenschachtel wieder fallen. Vor lauter Angst, sie könnte mir auch mit einem Arzt drohen. Außerdem wäre es Georg gegenüber unfair gewesen.

Und was machte die Dame mit den roten Haaren, seine ach so besorgte liebe Gattin? Sie packte eine dicke Havanna aus, zündete sich diese an, wobei die Hälfte des Qualms Georg ins Gesicht drang. Ich war fassungslos. Dennoch wagte ich es nicht, zu rauchen, geschweige denn mich einzumischen. Ein Blick auf Georg genügte, da wusste ich genau, dass ich ihr auch nicht widersprochen hätte. Doch irgendwie musste sie sich doch schuldig gefühlt haben, denn nun begann sie, groß und breit zu erzählen, dass Georg Asthma habe. Ruck Zuck waren wir damit bei Georgs Krankengeschichte. Genau das hatte ich befürchtet und hätte mich zu gern augenblicklich verzogen. Doch dazu hatte ich wieder einmal keine Gelegenheit. Von Heinrich war nichts mehr zu sehen. Nur noch ein feuchter Fleck, wo soeben noch der vermatschte Eiersalat zu finden war, deutete darauf hin, dass wir so eben zudem noch in Familie zusammen waren. Wo war er nur so schnell hin? Sicherlich saß er mit Oskar auf seiner kleinen Couch, die beiden ließen es sich schmecken und schauten Kinderserien jeglicher Art.

Das war auf jeden Fall interessanter, als die Krankengeschichte von Georg zu hören.

Georgs Nervosität war förmlich greifbar und seine Unruhe kaum zu übersehen. Als wäre das nicht schon genug, musste er sich auch noch mit den Geschichten seiner leicht angetrunkenen Gesprächspartnerin herumschlagen, die behauptete, Georg hätte eine Panne bei seiner Urinprobe gehabt. Für Georg war das der Tropfen, der das Fass zum Überlaufen brachte. Er wusste, dass es höchste Zeit war, das Weite zu suchen und sich auf sein Zimmer zu verkrümeln. Die Vorstellung, dass diese Geschichte sich in der Öffentlichkeit weiter verbreiten könnte, war einfach zu viel für ihn. In seiner Verzweiflung schnappte er sich schon mal den Zimmerschlüssel. Ich hätte ihn gehen lassen, doch seine Frau schien das anders zu sehen. Sie winkte nur kurz ab und meinte dann, er soll sich nicht so haben, das ist doch alles menschlich. „Das kann doch alles passieren!" Allerdings konnte sie das letzte Wort nur noch kaum noch aussprechen. Jetzt war ich an dem Punkt angekommen, doch zu rauchen und hatte bereits wieder das Feuerzeug in der Hand, da begann die Dame mir von den Asthmaanfällen zu erzählen, die sich Georg garantiert bei der Flucht von 1945 zugezogen hatte.

Wie gesagt, die Russen, diese Kommunisten, die allein hatten Schuld daran, dass Georg jetzt ganz bleich an meiner Bar saß und Wasser trinken musste. Schon waren wir schon wieder beim Thema: Osten, Westen, Wende, vor dem Mauerfall, nach dem Mauerfall, wie auch immer. Ich hatte auf gar keinen Fall ein Interesse, mit dieser Zigarre rauchenden rothaarigen Dame dieses

Thema zu bereden. Was wollte diese Frau mir eigentlich sagen? Konnte sie denn nicht einfach gehen? Im Gegenteil, sie war ganz außer sich vom vielen Erzählen und setzte bereits zum nächsten Redeschwall an. Sie ist das erste Mal im Osten und möchte in die Herzen und Hirne der Ossis schauen, möchte in die Gefühle der Ostdeutschen eintauchen. Oje, dachte ich, auf Leute wie dich haben wir nur gewartet. Leute, die uns, mit einem Wodka in der Hand und einem geistig gestörten Hund, die Welt erklären wollten. Das war der Moment, da hätte ich sie liebend gern in die Wildnis geschickt. Diese Entscheidung wurde mir dann aber abgenommen.

Ja, einige Dinge regeln sich von ganz allein. Denn ich konnte sehen, dass einige Autos in unsere Richtung fuhren und hoffte inständig, dass es unsere fehlenden Anreisen sein werden. Plötzlich erschienen sie wie aus dem Nichts um die Ecke. Fünf Autos, die bis zum Rand vollgepackt waren, als hätten sie ihr halbes Inventar auf die Reise mitgenommen. Doch das war nicht alles, was sie zu bieten hatten. Bunt verziert und mit lautem Gehupe fuhren sie auf uns zu und begrüßten uns schon von Weitem mit einem fröhlichen Winken. Genauso war es dann auch. Die Großfamilie ist endlich angekommen. Es sollte der 50. Hochzeitstag der Großeltern gefeiert werden. Das Ereignis hatte man bereits vor einem Jahr mit uns arrangiert und festgehalten. Für die Großeltern sollte es eine besondere Überraschung werden. Zahlreiche Anrufe und Gespräche fanden im Vorfeld statt, um das Ereignis gebührend zu organisieren. Das größte, schönste und auch sonnigste Zimmer wurde für die Großeltern gebucht. Kutschfahrt, Wellness Abend, Candle-Light-Dinner, sogar einen Termin beim

Standesamt, um das Bündnis der Ehe erneut zu bestätigen, hatte man organisiert, mit einem anschließenden Fotoshooting am Strand.

Das konnte nur schön werden. Auch wenn wir die Leute noch nicht persönlich kannten, so wuchs auch bei uns, bei derartigen Aktionen, die Spannung und wir freuten uns auf die Überraschungen. Und so war es dann auch. Die ersten Vorboten waren angekommen. Selbstverständlich waren auch einige Enkelkinder mit dabei und in kürzester Zeit herrschte ein buntes Treiben im Haus, an der Bar und im Garten. Was für eine freudige Abwechslung und ein wunderbarer Grund Georg und seine rothaarige Pracht Dame, welche nun schon leicht beschwipst erschien, auf der Stelle zu vergessen. Es schien meiner Dame in Rot an der Bar auch gar nicht zu gefallen. Lachende Menschen und spielende Kinder und sie standen nicht mehr im Mittelpunkt des Gespräches, das war nicht ihr Ding. Somit ließ sie alles aufs Zimmer schreiben und verschwand mit ihrem Georg im Schlepptau. Ich glaube, es war auch Schlafenszeit für Georg. Armer Georg! Und ich war dankbar, dass sie aus meinem Blickfeld verschwand und vor allen Dingen, dass sie am nächsten Tag abreisen würden.

Ich führte meine frisch angekommenen Gäste in ihre Zimmer und sie eilten sofort hinein, um ihre Sachen auszupacken. Doch schon bald darauf fanden sie sich an meiner Bar wieder ein und genossen einen erfrischenden Empfangsdrink. Nur Oma und Opa ließen sich etwas Zeit mit der Anreise, aber das war kein Problem - sie hatten ja noch keine Ahnung davon, wie aufregend ihr Aufenthalt bei uns noch werden würde. An der Bar angekommen, wurde unter einem scheinheiligen Vorwand mit den Großeltern telefoniert. Sie waren jetzt noch eine halbe Stunde von ihrem Ferienort entfernt.

Alles lief wie am Schnürchen, was hieß, dass sich alle in 10 Minuten sammeln sollten, zum gemeinsamen Versteckspiel. Ich konnte nicht anders als zu schmunzeln, als ich die Kleinsten dabei beobachtete, wie sie die Verstecke im Raum und im Garten auskundschaften. Sie schienen besonders viel Freude daran zu haben, sich hinter einer großen Pflanze zu verstecken, aber auch unter den Frühstückstischen fanden sie Schutz und lachten dabei herzlich. Es war offensichtlich, dass wir uns auf eine lustige und unterhaltsame Runde Versteckspiel freuen konnten. Plötzlich stand Heinrich neben mir. Durch das Zimmerfenster hatte er gesehen, wie unsere Gäste aus Zimmer sechs die Bar verließen und in die Richtung ihres Zimmers verschwanden. Außerdem hat er die vielen neuen Stimmen vernommen. Dann war es endlich soweit und das Auto der Großeltern kam vorgefahren. Alle verschwanden in ihren Verstecken und machten sich so klein wie möglich. Doch Oma und Opa hatten es nicht so eilig. Sie saßen noch einige Minuten im Auto und unterhielten sich ganz entspannt. Dadurch wuchs die Spannung bis ins Unermessliche.

Nach einer gefühlten Ewigkeit öffnete sich endlich die Autotür und Opa und Oma kamen zum Vorschein. Das war dem Kleinsten entschieden zu lang, er hielt es nicht mehr aus und stürmte wie der Sausewind mit hoch erhobenen Armen auf seine Großeltern hinzu. „Omaaaaa, Opaaaa", schrie er so laut, wie er mit seinen drei Jahren schon schreien konnte. „Omaaaa, Opaaaa, wir sind alle an ne Ostsee, Mama und Papa auch."

Oma und Opa blieben wie erstarrt stehen, als sie ihren Jüngsten auf sich zukommen sahen. Ich hatte schon den Eindruck, dass etwas nicht in Ordnung sei, denn sie bewegten sich auf einmal nicht mehr. Der Kleine hatte seine Großeltern schon längst erreicht. Doch von den beiden erfolgte immer noch keine Reaktion. Jetzt kamen all die anderen aus ihren Verstecken hervor. Sie machten sich langsam groß und gingen im Gleichschritt sternförmig auf die beiden zu. Oma und Opa wussten nicht, wie es ihnen geschah und setzten sich prompt auf die Eingangsstufen vor dem Haupteingang. Endlich waren alle angekommen und begrüßten ihre Großeltern. Gemeinsam halfen sie ihre erstaunten Großeltern von den Stufen empor und kamen dann glücklich und stolz auf mich zu. Jetzt konnte ich sehen, wie verheult die Omi war. Vor lauter Freude und Überraschung weinte nun auch noch der Opa und einige ihrer Kinder stimmten damit ein. Immer wieder gab es Umarmungen und Küsschen für die beiden. Auch ich musste mich zusammenreißen, um nicht gleich loszuheulen. Selbst Heinrich wischte sich eine kleine Träne aus dem Gesicht. Die Überraschung war gelungen. Das war echt toll! Als sich endlich alle sortiert hatten, traf man sich im Garten bei einem Glas Wein und ließ diesen Abend und die nächsten Tage unvergesslich werden.

Erst als ich im Bett lag, dachte ich wieder daran, dass wir schon wieder vergessen hatten, die Rattenfalle aufzustellen. Doch jetzt war es zu spät. Morgen, ganz bestimmt Morgen werden wir uns darum kümmern, dachte ich so bei mir und versuchte es mir so bequem wie möglich zu machen. Nur an diese rothaarige, Zigarren rauchende Dame mit der übergroßen Oberweite musste ich noch denken und wünschte mir einen Traum herbei, in dem sie meinen Herbert kennen lernen sollte. Aber ohne Vorbuchung und Anmeldung und mit viel Geschrei. Und dann träumte ich wirklich, sie wären Ende November die einzigen Gäste, der ganze Ort voller dichter Nebel, die Möwen kreischten fürchterlich, vom Meer nur das einsame Hupen der Nebelhörner. Die Dame im Zimmer lackierte sich die abgeknabberten Fingernägel, Georg saß schweigend auf dem Klo und rauchte heimlich, als es plötzlich passierte: ein Kratzen, ein Scharren an der Zimmertür. Hilfe suchend, schrie sie nach Georg. Aber der saß nun einmal auf dem Klo. Also ging sie allein zur Tür, öffnete diese und herein geschossen kam mein Herbert mit seinem ganzen Gefolge. Es war ein Schrei ohne Ende, ein Schrei, der einem die Haare zu Berge stehen lässt. Ein Schrei, der die letzten Blätter von den Bäumen fallen lässt. Die Dame fiel, fast ohnmächtig vor Angst und Schreck, rückwärts auf ihr Bett und bald schon stand auch Herbert neben der Dame, mitsamt seinem Gefolge. Die ersten beknabbern ihre rot gefärbten, die nächsten den frischen Nagellack, eine vorwitzige Ratte, ihr Negligé und sie schrie, wie verrückt nach ihrem Georg. Doch Georg konnte oder wollte sie nicht hören. Die Frau versuchte sich zu wehren, aber da standen schon ihre Tochter, der Hund und zwanzig Russen im Zimmer und lachten ohne Ende. Sie schrien und brüllten und hauten sich immer wieder auf die Oberschenkel. Nun zerrte auch noch der neurotische Hund an ihrem Nachthemd. Die Frau rief immer wieder nach Georg, der plötzlich auch in das Zimmer kam, sich lächelnd aufs Bett setzte, mit einer

Flasche Gorbatschow in der Hand und sich die nächste Zigarette anzündete.

Etwas später saß auch die Tochter neben ihrem Vater, gefolgt vom Hundepsychiater und trank Wodka. Als dann auch die Russen noch begannen, an der Dame herumzuziehen, befand ich mich plötzlich in meinem eigenen Schlafzimmer und stellte fest, dass ich alles nur geträumt hatte.

Was für ein sonderbarer Traum. Es war mitten in der Nacht, alles schlief, sogar unser Miezekätzchen. Ich machte es mir bequem und muss dann auch wieder fest eingeschlafen sein, denn als ich das nächste Mal wach wurde, drang strahlender Sonnenschein durch die mit Gardinen behangenen Fenster. Mein Sohn war bereits in der Schule und ich war mir sicher, dass wir an dem Tag noch etwas sehr Wichtiges vorhatten.

12

Das Abenteuer Wende beginnt

Dass jemand arbeitslos wird, war für uns unvorstellbar. So etwas gab es nicht. So etwas war nicht möglich. Hatte es noch nie gegeben und gehörte einfach nicht zu unserem Wortschatz.

Bei uns gab es stets das Recht und die Pflicht auf Arbeit. Damit war zwar nicht jeder einverstanden. Doch er hatte keine andere Wahl. Erschien man nicht auf Arbeit, dann wurde man von einem freundlichen ABV im grünen Auto abgeholt. Zur Arbeit hatte man einfach zu gehen. Das war Gesetz und für meine Kollegen und mich das Normalste der Welt. Das Wort arbeitslos erschien uns daher wie eine exotische Erfindung und war somit ebenfalls undenkbar und unmöglich. Und dann war es doch passiert! Ich erhielt die frustrierende Nachricht, dass die Abteilung Kultur entschieden hat, mich zu entlassen. Ich wurde von ihnen gekündigt und konnte es kaum glauben. Doch nur einige Tage später hatte ich schon einen Termin bei meinem ersten westdeutschen Arbeitgeber. Das war schon der Wahnsinn! Insofern konnte ich den neuen Tag kaum erwarten und lief aufgeregt in unserer kleinen Wohnung hin und her. Dann war es endlich so weit. Ich konnte starten. Punkt zehn Uhr vor dem Ratsgebäude. So wie abgemacht. Vor lauter Ungeduld war ich viel zu früh vor Ort. Doch das machte mir nichts aus. Ungeahnte Energiequellen schienen in mir zu sprudeln und riefen in mir einige Freudentränen hervor und etliche Hallelujas.

Dabei war ich mir die Blicke meiner ehemaligen Kollegen sicher, die jetzt gespannt aus dem Fenster starrten und genauso neugierig das Geschehen verfolgen würden wie ich. Schon von weitem konnte ich das schwarze Cabrio erblicken, in dem Timmy, mein neuer Boss mir entgegenkam und mich anlächelte, sodass sein Goldzahn in der Sonne blinkte. Heute trug er einen Cowboyhut aus echtem Leder, mit dem er aussah, als wenn er aus einem echten Western entsprungen war. Vor lauter Verlegenheit wurde ich dann auch noch rot vom Kopf bis zum Fuße. Ich wagte es kaum, ihn anzusehen und konnte mich, aber Gott sei Dank, hinter einer schwarzen Sonnenbrille verstecken. Als Timmy das bemerkte, wurde sein Lächeln noch breiter und damit meine Verlegenheit noch um einiges schlimmer. Er begrüßte mich überschwänglich mit großen und lautstarken Worten, wobei das rollende „R" in seiner Stimme, einen leichten Schauer bei mir auslöste und sicherlich noch bis auf die andere Straßenseite zu hören war. Zu meiner Verblüffung lud er mich auch gleich zu einer Ausfahrt durch die Mecklenburger Landschaft ein. Was für ein unglaubliches Angebot.

An diesem Tag war das Wetter herrlich, das Cabriolet offen und Timmy sehr gesprächig. In dem Moment hätte ich ihm jeden Wunsch erfüllt. Er sah einfach fantastisch aus. Und ich? Ich trug schon wieder meine Wisent und kam mir damit vor, wie eine graue Maus. Eigentlich konnte ich die Hosen nicht mehr sehen.

Es waren wirklich meine einzigen Jeans, auf die ich bis vor Kurzem auch noch mächtig stolz war. Doch angesichts von Timmys Garderobe fand ich mich äußerst unpassend gekleidet.

Timmy schien das nicht zu bemerken und schenkte mir sein strahlendes Lächeln, machte es sich bequem hinter dem Lenkrad, sah mich dabei mit leuchtenden Augen an, wobei ein unwiderstehlicher Duft Männlichkeit mir direkt entgegenkam.

Wir genossen eine herrliche Fahrt durch die atemberaubende Mecklenburger Landschaft und passierten dabei die glasklaren Seen der Feldberger Seenlandschaft. Besonders der Haussee und der Carwitzer See beeindruckten uns so sehr, dass wir einen Zwischenstopp einlegten. Am schmalen Luzin angekommen, wurden wir von einem freundlichen Fährmann begrüßt, der heute schon ein Dutzend Mal seine Gäste bei strahlendem Sonnenschein zum Hullerbusch hinweg befördert hatte. Das tat er schon seit einigen Jahren. Das glasklare Wasser gab uns die Möglichkeit, das Seegras und eine Vielzahl von winzigen Fischen zu erkennen, die anmutig durch die Tiefe schwammen. Es war fast so, als ob sie tanzten und uns mit ihrer Schönheit erfreuten.

Das herrliche Wetter, der Schäfer mit seinen Tieren auf der Weide, die Segler auf dem Wasser, der farbenfrohe Hahn auf dem Bauernhof sowie die saftigen Wiesen und grünen Wälder, die sich abwechselnd links und rechts erstreckten, ließen uns vor Freude strahlen. Es war ein unglaublich schöner Tag. Schließlich beschlossen wir, in einem gemütlichen Mühlen Lokal eine Pause einzulegen und genossen bei einem atemberaubenden Ausblick ein Glas prickelnden Sekts. Ich konnte der Versuchung nicht widerstehen, mich zu kneifen, denn ich glaubte zu träumen. Nein, ich träumte nicht, das Kneifen war sehr echt und tat auch weh.

Wie aus dem Nichts standen wir dann plötzlich vor einem großen Gelände einer ehemaligen LPG und die schöne Ausfahrt war auf einmal vorbei. Diese Lagerhallen und die dazugehörigen Stallungen befanden sich nur einige Kilometer von meinem Heimatort entfernt. Somit war mir der Ort und auch die Lagerhalle, in der sich Timmys Büro befand, vertraut. Bis vor Kurzem wimmelte es hier nur so vor Mitarbeitern. Jetzt schien der Ort fast geisterhaft leer geworden zu sein. Wo waren die Leute auf einmal hin, fragte ich mich? Was machen sie jetzt?

Mit einer kraftvollen Stimme eröffnete Timmy mir, dass er das Terrain nun gepachtet hätte, sein Eigen nennen konnte. Voller Stolz präsentierte er mir seine brandneuen Besitztümer. Mit seinem Logo geschmückte Flaggen wehten bereits im Wind und verkündeten den Bewohnern des kleinen Ortes und der Welt, wer hier nun das Kommando übernommen hatte.

An einigen Ecken konnte man erkennen, dass sich hier jemand mit Farbe zu schaffen gemacht hatte. Doch scheint es bisher bei dem Versuch geblieben zu sein.

Timmy machte sich gerade und steuerte dann schnurstracks zu einem Raum, den er als sein Büro bezeichnete. Es sah auch fast so aus wie in einem Büro. Sogar eine Sekretärin war anwesend. Auf recht zerkratzten und farblosen Tischen und Regalen waren Aktenordner aufgestellt. Ein heller Fleck an der Wand deutet darauf hin, dass dort noch bis vor kurzem ein ziemlich großes Bild diese Wand zierte. Wahrscheinlich ein Porträt von Erich Honecker, unserem ehemaligen Staatsratsvorsitzenden und SED-Chef, wie es damals so üblich war und in allen öffentlichen Räumen zu finden war. Die wuchtigen Sessel in den Ecken zeigten deutliche Spuren von ihrem jahrelangen Gebrauch. Selbst die Zierdeckchen und die Gießkanne verraten von ihrer vergangenen Zeit.

Ein kleiner, rostiger Tauchsieder lag vergessen und verlassen auf dem Regal. Doch auf dem wuchtigen Holztisch machte sich bereits eine ziemlich hochmoderne Telefonanlage breit, auf der kleine Lichter immer wieder aufleuchteten. Sogar einen Computer konnte ich auf einem Nebentisch erkennen. Dieser schien aber im Moment noch nicht in Betrieb zu sein, da noch einige Kabel hoffnungslos in der Luft hingen. Die Tastatur befand sich noch in der Folie. Aschenbecher in allen Formen und Größen schien es hier in Hülle und Fülle zu geben. Überall qualmte angefangene Zigaretten und hinterließen den typischen Geruch einer angefangenen Kippe.

Die Sekretärin sah aus, wie eine Sekretärin auszusehen hatte. Mit strenger Frisur und Nickelbrille, begrüßte sie mich kurz und sehr ernst. Ich fragte mich, ob diese Frau auch lächeln konnte und schämte mich sofort dieser Gedanken. Ihr Name war Doris und es schien als, wenn die Einrichtung, der Schreibtisch und die Tapete und sogar der alte Schirmständer farblich mit ihrer Garderobe abgestimmt wären. Nur dieses kleine Glitzertuch, das sie um den Hals trug, schien aus einer neueren Zeit zu stammen und bildete einen bizarren Kontrast. In der Hand hielt sie, wie selbstverständlich, einen Notizblock und einen Stift, welche ebenfalls schon einige Jahre auf dem Buckel hatten. Später habe ich erfahren, dass Doris die ehemalige Sekretärin dieser LPG war. Doch sie benahm sich nicht wie eine wirkliche Sekretärin. Sie wirkte ausgesprochen zurückhaltend und ängstlich. Dabei hielt sie den Block und den Stift krampfhaft in der Hand, als wenn man ihr den jeden Moment wegnehmen könnte.

Ich schaute sie fragend an, doch als sie meinen Blick bemerkte, schaute sie vor Verlegenheit schnell beiseite. Wie sich später herausstellte, war sie bereits als junges Mädchen beim „Lager für Arbeit und Erholung" vor Ort, um bei einem Ernteeinsatz mitzuhelfen. Nur kurze Zeit später heiratete sie den Jungbauern Schulze, bekam fünf Kinder und übernahm mit ihren Bauern das Grundstück von Familie Schulze, mitsamt den Stallungen und dem Ackerland. Seitdem war sie ebenfalls die Sekretärin der LPG und damit die rechte Hand der landwirtschaftlichen Produktionsgenossenschaft.

Das aber waren vergangene Zeiten. Jetzt weht ein anderer Wind. Timmy stellte mich als neuen Teamgeist vor, als neue Kraft an seiner Seite, halt als die Neue. Plötzlich wechselte er die Stimmlage, wurde viel ernster, beinahe drohend und ordnete an, den Arbeitsvertrag aufzusetzen. Doris parierte und setzte sich sofort an ihre ERIKA, fädelte dort einige Blätter mit Schreibmaschinenpapier samt Blaupapier ein, um mit der Arbeit zu beginnen. Timmy sah mich an und meinte dann recht gönnerhaft:„Pass auf, erstmal sagen wir alle „Du." Oh fein, dachte ich, wie bei den Genossen. Da duzen sich doch auch alle. Ob sie das noch immer machten, das wusste ich nicht. Doch dann kam die wirkliche Überraschung. Als ich auf das Thema Arbeitszeit zu sprechen kam, da schaute Timmy mich etwas fragend an und erklärte mir, dass es ab sofort keine festen Arbeitszeiten mehr geben würde. Die Arbeit wäre beendet, wenn die Arbeit beendet wäre. Keine feste Arbeitszeit, wo gab es denn so etwas? Ich könnte mir meine Arbeit einteilen, wie ich möchte. Das wurde ja immer besser.

Das dachte ich aber auch nur, weil ich noch keine Ahnung hatte, dass es heißt: ab jetzt arbeitest du immer! Du bekommst ein Auto zur Verfügung und einen Monatslohn von eins Komma fünf Mille. „WAS??? Jetzt übertreibt er aber. „Ich soll Millionen verdienen?"" Er bemerkte meine Verlegenheit und erklärte dann, wie man es einem kleinen Kind erklärte, dass eins Komma fünf Mille dasselbe sei wie Eintausendfünfhundert D-Mark. Natürlich in Brutto. Aber was soll ich sagen? Ganze Eintausendfünfhundert D-Mark sollte ich ab sofort verdienen. Brutto oder Netto, war doch Schnurzpiepe! Ich wusste ohnehin nicht, was das bedeuten sollte. Wenn das mein Heinrich wüsste! Ein Auto für mich, ein richtiges Westauto. So wie die meisten jetzt auch alle ein Westauto haben, sollte ich quasi geschenkt bekommen. Das war mehr als erwartet. An der Stelle hätte ich mich schon wieder kneifen können, doch die bevorzugte Stelle am Arm lief bereits blau an und tat längst weh. Es war wirklich alles echt und wahr: Ich bekomme ein Westauto für meine neue Arbeit, welche sich in der Theorie gar nicht so sehr von meiner früheren Arbeit zuvor unterschied.

Timmy schaute mich an und sagte im bestimmten Ton zu mir, dass er mich ab morgen früh zum Einsatz erwartet. Alles jubelte in mir. Schon am nächsten Tag sollte ich für Timmy arbeiten. Das war schon wie ein großer Glückstreffer im Lotto. Wenn ich jetzt ein Handy gehabt hätte. Doch die Zeit der Handys sollte erst noch kommen. Ich wagte nicht zu widersprechen, denn ich hatte vorher noch einiges zu klären. Die Frage war nur: Wie erklärst du das den anderen in der kurzen Zeit?

Doch das war ja nur das geringere Übel. In diesem Moment erschien es mir auch nicht mehr so wichtig. Die ganze Familie würde Augen machen. Ganz bestimmt und voller innerlicher Freude konnte ich mir schon die Gesichter meiner Freunde und Familie vorstellen.

Doris schrieb zügig und klimperte lautstark auf der Schreibmaschine. Es folgten noch einige persönliche Angaben, die sie dann rasch einsetzte und zack, war der neue Arbeitsvertrag fertig. Ungeduldig unterschrieb ich den Vertrag mit einem goldenen Kuli, auf dem Timmys Name eingraviert war und glaubte, fast in den Stand eines Generaldirektors gehoben zu werden. Wow, mir wurde zugleich warm und kalt zugleich. Meine Knie wollten schon wieder ihren Dienst versagen. Timmy wollte mir anschließend noch das Auto zeigen, mit dem ich jetzt jeden Tag fahren durfte. Das ist falsch, nicht fahren durfte, sondern fahren sollte. Doch meine Beine konnten all diese Ereignisse noch nicht so recht verkraften und brauchten noch einige Minuten, um wieder normal zu funktionieren.

Nur wenige Minuten später standen wir endlich vor meinem neuen Dienstauto. Da stand er, der Audi 80. Tataaa! Was für ein Auto, ein richtiger West-Schlitten! So riesig, so ein schönes Braun in allen Tönen, die die Farbe Braun so vorweisen konnte. Die vielen kleinen und großen Beulen musste ich im Anflug meiner ersten Überraschung völlig übersehen haben. „Trabbi bin ich schon oft gefahren. „Dann wird das hier auch nicht so schwer sein", dachte ich noch bei mir. „Wer Trabi fahren kann, der kann auch jedes andere Auto fahren", dachte ich noch so bei mir.

Doch dieser Audi 80 hatte ein Automatikgetriebe. Und das war mir neu. Davon hatte ich noch nie gehört. Was ist denn, bitteschön, ein Automatikgetriebe? Jetzt hatte ich ein Problem. Timmy lächelte nun nicht mehr, sondern wurde sehr ernst. Mit einem Blick auf seine Uhr schien er es auf einmal sehr eilig zu haben. Er stöhnte, was er noch alles zu tun habe, und strich dabei eine pechschwarze Strähne aus dem Gesicht. Mit einem Blinzeln im Gesicht gab er mir zu wissen, dass Peter gleich kommen würde, um mich einzuweisen.

Der Peter sollte hier angeblich der Mann für alle Fälle sein. Er würde mir das mit Automatik- Dingsbums schon erklären. Dann hörte ich nur noch ein „Und Tschüss! „Und Tschüss", dachte ich, bis morgen dann. In alter Frische!

Ich schlich um das Auto herum. Um meine neue Eroberung. Das war ja so cool. Auf jeden Fall von Weitem betrachtet. Doch je näher ich kam, desto deutlicher konnte ich erkennen, dass der Kasten doch nicht so neu war. Etliche Roststellen lüfteten das Geheimnis der Brauntöne. An den Türen wie auf den Kotflügeln waren bereits einige Beulen deutlich zu erkennen. Ich öffnete die Beifahrertür und musste zu meinem Entsetzen feststellen, dass der bessere Teil meiner Eroberung eindeutig die Außenseite war. Ein penetranter Geruch nach allem Möglichen schlug mir entgegen. Schnell öffnete ich auch die gegenüberliegende Tür, um zu lüften. Wow, die Farbe der Schonbezüge war eine Mischung aus allen Flecken der Welt. Es war leider nicht mehr zu erkennen, wie einstmals, bestimmt vor vielen, vielen Jahren, die Originalfarbe ausgesehen hatte.

Das Auto hatte bestimmt schon sehr viel gesehen und miterlebt. Und was das alles war, wollte ich gar nicht wissen. Der Aschenbecher quoll über, sodass sich eine Vielzahl von Kippen auf dem Boden befanden, auf denen ebenfalls reichlich leere Wasserflaschen, Bierbüchsen und andere undefinierbare Sachen zu finden waren. Ein wenig eklig war das schon, irgendwie hatte ich mir ein Westauto anders vorgestellt. Doch wir wollen ja nicht meckern und zufrieden sein mit dem, was wir haben.

Hilfe suchend schaute ich mich nach einer Mülltonne um, denn ich hätte gern etwas Ordnung gemacht. Der Aschenbecher ließ sich nur sehr widerwillig aus seiner Halterung befreien. Doch endlich gab es einen Ruck und ich konnte den Aschenbecher heraus zotteln. Dabei habe ich leider die Hälfte des Inhalts verschüttet. Sehr ärgerlich! Ich versuchte nun die Kippen einzusammeln, als eine markante Stimme aus dem Hintergrund fragte: „Kommste klar, Kleene, oder soll ick helfen?"

Vor lauter Schreck fielen mir die bereits aufgesammelten Dinge wieder aus der Hand und verteilten sich erneut auf dem Boden. Hinter mir stand ein völlig fremder Mann und starrte mich an. Wo kam er nur so schnell her? Sofort dachte ich, dass es sich hier um den angekündigten Peter handeln müsste. Als ich ihn sah, fiel mir sofort auf, dass er aussah, als hätte er gerade ein tiefes Loch gebuddelt oder andere ölige Arbeiten durchgeführt. Sein Bart hatte er seit Tagen nicht rasiert und seine Kleidung war zerknittert und fleckig. Doch trotz seiner ungepflegten Erscheinung strahlte er eine gewisse Ruhe und Zufriedenheit aus, als hätte er gerade eine schwere Aufgabe gemeistert. Sein Pullover hatte mindestens einige Jahre auf dem Buckel und war reif für den Weißen Riesen. Im echten Berliner Dialekt sagte er: „Juuten Tach auch, icke bin der Peter!"

„Hallo!", sagte ich nur, „und ick bin die Neue!" „Komm mi Mäcken, setz dir mal ans Steuer. Wir düsen mal ne Runde." Dabei konnte er sich ein Grinsen nicht verkneifen und stellte sich gerade, wobei er mit beiden Händen seine Hosenträger straffte. „Plopp", machte es, als er die Hosenträger wieder losließ. Ich dachte schon, er hätte sich selbst weh getan. Doch das schien nicht der Fall zu sein, denn sein Grinsen wurde jetzt noch breiter.

Mit einem gekonnten Griff an das Autodach schwang er sich dann auf den Beifahrersitz. „Also der Aschenbecher blebt da, wo er iss", und schob den nun halb geleerten Aschenbecher wieder zurück in seinen Schacht. „Der wurde hier noch nie geleert." Bei dem Versuch die Sitze einzustellen, musste dann Peter doch zugeben, dass diese ganz schön eingerostet waren. Nur mit vereinten Kräften gelang es uns, den Sitz annähernd in die gewünschte Position zu bringen. Vermutlich wurden diese seit Jahren nicht mehr bewegt.

Doch dann war es endlich soweit und ich durfte mich hinters Lenkrad setzen. „Zündschlüssel rinn, starten und Jas geben!",sagte Peter und schaute gar ernsthaft drein, oder war das ein Ausdruck von besorgt und amüsiert zugleich? Na ja, egal, jetzt fahren wir erstmal in ein Westauto. Juhu! Noch war alles genauso wie beim Trabbi, bis ich entsetzt bemerkte, dass an dem Auto die Kupplung fehlte und mein linker Fuß sich sehr einsam fühlte. Gerade als ich Peter sagen wollte, dass die

Kupplung fehlt, meinte er nur: „Mund halten, linken Fuß stille halten und Jas geben!" Peter grinste vor sich hin und meinte nur, er könne sich beölen. Na, dachte ich, der wird ja wissen, was er macht, auch wenn ich nicht wusste, was als Nächstes passieren würde.

Vorsichtig trat ich auf das Gaspedal und staunte nicht schlecht, als sich das große Auto in Bewegung setzte. Wie von Geisterhand fuhr es einfach los. Besser gesagt, rollte es los. Ich war da doch noch etwas skeptisch, mit dem Gaspedal und meinem Fuß. Gespannt wartete ich darauf, wie es jetzt wohl weitergehen würde.

Peter neben mir wurde schon etwas ungeduldig. Er schaute mich an und sagte: „Jetzt kannste mal anfangen Jas zu jeben. Mir is schon janz blümerant zumute!" Was das wohl heißen sollte, war mir sehr schleierhaft. Ich glaube aber stark, dass er meinte, ich solle schneller fahren. Bei einem Blick in den Rückspiegel bekam ich eine Ahnung von der Größe des Geschosses und hoffte, stark an dem nächsten Laternenpfahl heil vorbeizukommen. Ein Blick in den Seitenspiegel hingegen war völlig hoffnungslos, da dieser in tausend Scherben zersplittert war.

Immer noch sehr vorsichtig trat ich aufs Gaspedal. Der Wagen gewann an Geschwindigkeit. Schon etwas mutiger geworden, trat ich nun fester zu. Plötzlich gab es einen leichten Ruck. Schreckhaft, wie ich war, glaubte ich schon in eines der vielen Straßenlöcher, die diesen kleinen Weg zierten, hinein gefahren zu sein. Doch Peter grinste nur und meinte dann: „Da haste deene Kupplung. Biste mit deener Rennpappe och so langsam jefahren, oder irre ick mir? Mach mal keene Fisimatenten und bring mir zurück off' Hoff!" Also wendete ich und brachte Peter ins Büro zurück, mit einer rasenden Geschwindigkeit von unglaublichen 20 km/h und hoffte, insgeheim jetzt schnell genug zu sein.

Beim Versuch zu wenden bemerkte ich nochmals sehr schnell den Unterschied zum Trabi. Das Auto war mindestens doppelt so lang wie meine Pappe. Es bedurfte schon einiger Versuche, die Kiste in die gewünschte Richtung zu bringen. Ganz, ganz knapp bin ich dann doch noch auf diesen sehr holprigen Weg einer Laterne entkommen.

Peter stöhnte nur, griff sich an die linke Brust, grinste und schrie sehr theatralisch laut auf. „Aha!", dachte ich, „doch ein Spaßvogel. "Er ist doch nicht der mürrische Mann, den er mir vorspielen wollte." Nun musste auch ich lachen. Peter stieg aus und sagte nur: „Weitermachen, Mäcken!"

Bis nach Hause waren es noch einige Kilometer und ich war überglücklich und stolz, diese mit dem neuen Auto fahren zu können. Rostiges Auto, das war völlig unwichtig. Ich fuhr ein Westauto, das war das Entscheidende und ließ mich völlig happy hinter dem Lenkrad Kinderlieder aus längst vergangenen Tagen singen und glücklich in den weiten Himmel der Mecklenburger Landschaft schauen.

13

An der Abendbar

Sagt ein Ossi zum anderen Ossi: „Du hast doch eine Reise nach Moskau gewonnen, kannst du mir nicht etwas mitbringen?" „Na klar!" Verspricht Ossi Nr. 2. Also, meint Ossi Nr.1: „In meinem Stall wimmelt es nur so von Ratten. Die Biester sind so frech geworden, dass sie schon das Schweinefutter stehlen. Es ist nirgendwo Rattengift zu bekommen. (Was gar nicht so ungewöhnlich war, denn fehlende Produkte gab es bei uns in Hülle und Fülle.) Ich war jetzt wirklich überall in unserer Republik, selbst im Konsum und bei der HO habe ich nachgefragt, und sogar bei seinem Kumpel von der OGS. Doch alles erfolglos. Also bat er jetzt seinen Freund, sich in Moskau nach Rattengift umzuschauen. Und Ossi Nr. 2 versprach es auch sofort. Aber leider war er auch in Moskau zunächst erfolglos. Dann aber entdeckte er einen Laden mit der Aufschrift: Mausoleum. Und das auch noch mitten auf dem roten Platz. Das war ganz praktisch, denn wenn es hier etwas für Mäuse gibt, dann wird es auch etwas für Ratten geben, waren seine Gedanken. Eine lange Menschenschlange stand wartend vor dem Mausoleum. Neugierig geworden, stellte er sich jetzt erst recht an. Doch dann, als er endlich an der Reihe war, war der Verkäufer schon tot.

Daran musste ich denken, als ich die Beschreibung der Rattenfalle las. Der Versuch und der gute Willen von Heinrich selbst, eine zu bauen, hat leider nicht funktioniert.

Irgendwelche Federn haben gefehlt und so ist er noch am selben Tag zum Baumarkt um endlich eine Falle zu kaufen.

Es war irgendwie schon unheimlich, das Ding. So groß sah es aus. Also nochmal das Ganze von vorn. Man zieht Punkt A in Richtung B und klappt dann C auf D. Na, ist doch ganz einfach. Hört sich ja an wie eine Bedienungsanleitung von Ikea. Doch als ich dann versehentlich A auf D klappen wollte, schnappte die Falle in Richtung Bauch, sprang vom Küchenschrank über den Hocker in die Fritteuse. So, da hatten wir den Salat. Denn von der Fritteuse stand nichts in der Bedienungsanleitung. So nahm ich vorsichtshalber einen großen Schaumlöffel und angelte die Falle aus der Fritteuse. Es konnte ja sein, dass sie sich nochmals selbstständig machte. Vorsichtig schmiss ich die Falle, die von Öl tropfte, in hohem Bogen in das Abwaschbecken. Ich klopfte noch mehrmals vorsichtig gegen Punkt C und beschloss dann doch zu warten, bis Heinrich sich der Sache annahm.

Ich schaute nach Oskar und erwischte ihn mal wieder mitten am Tage beim Fernsehen, eingerollt auf seiner Couch, aber mit großen Augen. Es lief schon wieder ein solcher Trickfilm mit den Power Rangers, Gremelos, Attack Packs, Gargoyls. Auf dem Bildschirm war ein kleines Kind zu sehen, das hemmungslos heulte.

Oskar meinte, das sei ein Waisenkind und habe seine Eltern beim letzten intergalaktischen Angriff verloren. Ich sagte Oskar, er solle sofort diesen Mist ausmachen. Diese Sendungen machen ja die Kinder verrückt.

Da sieht man nur kosmische Monster, die sich in Sekundenschnelle in gigantische Kampfmaschinen verwandeln, verloren gegangene Väter, weinende Mütter und die neuzeitlichen Märchenhelden wie Superman. Die Märchen der Gebrüder Grimm fand er nur bis zu seinem dritten Lebensjahr spannend. Dann kam das Kabelfernsehen. Und damit waren diese Bücher erst mal für die Kiste bestimmt. Wenn ich nicht aufpasse, dann knallt es bereits am Vormittag im Fernsehen, den Oskar dann abgöttisch anstarrte, als hinge seine Existenz davon ab. Da Oskar sich wieder einmal weigerte, seine spannende Serie zu beenden, griff ich kurzerhand zur Fernbedienung und schaltete auf den nächsten Sender. Ah, welch wohltuende Klänge. Wer? Wie? Was? Das klang aber schon sehr vertraut. Hier ist sie, die Sendung mit der Maus. Hach, wie schön! Das habe ich mir schon früher mit meinen Geschwistern angesehen. Selbstverständlich heimlich. Aber das taten wahrscheinlich alle Kinder in unserer Klasse. Alle schauten sie heimlich Westfernsehen. Sogar der Schuldirektor. Doch darüber reden, das war uns Kindern streng verboten.

Das war alles sehr, sehr eigenartig. Ich habe als Kind nie verstanden, warum diese Sendungen verboten waren. Komisch dachte ich noch, dabei hat Papa die riesengroße Antenne doch extra so installiert, dass wir alle Sender schauen konnten. Nun wusste ich schon wieder nicht, was richtig oder falsch war. Durfte ich die Filme inzwischen schauen oder nicht? Oder wie, oder was? Die halbe Stadt verschanzte sich doch in ihren Wohnzimmern auf dem Sessel oder auf der Couch. Wir als Kinder saßen auch gern auf dem Fußboden, starrten auf die Flimmerkiste und spielten dabei Fernbedienung.

Damals war das Fernsehen noch nicht so aggressiv, obwohl schon zu der Zeit die Gefahr bestand, vor dem Flimmerding zu verblöden, so gab es noch das gute, alte Testbild, das den größten Teil des Tages lief. Und natürlich auch nach Sendeschluss.

Zu der Zeit war es immer die erste Frage des Tages. „Haste gestern gesehen?" Dass es anfangs nur einen West-Sender gab, konnte es sich hier nur um ein und denselben Film handeln, den das ganze Land gesehen hatte und nun für 24 Stunden zum wichtigen Thema des Tages wurde, bis ein neuer Abend-Krimi oder eine neue Serie am Folge-Abend am Fernsehen Himmel erstrahlte und die Gemüter erregte. Besonders attraktiv waren die Wochenenden. Die Familie plante bereits den Alltag, kombiniert mit dem Wochenendprogramm. Flipper, rauchende Colts, Bonanza, Flipper, Daktari und Tarzan waren aus unserem Leben nicht mehr wegzudenken. Kein Wunder, dass alle kleinen Jungen damals Cowboy werden wollten. Als dann einige Jahre später die ersten Trickfilme am Vormittag im Fernsehen liefen und das jetzt auch in Farbe, konnte es schon vorkommen, dass im gesamten Ort kein Mensch auf den Straßen anzutreffen war. Das, lieber Leser, war zu einer Zeit, da wurden die einzelnen Sendungen, auch die Tagesschau, noch von einer Programmsprecherin angesagt.

Jäh aus den Gedanken gerissen, ertönte jetzt die altbekannte Melodie der Sesamstraße aus dem Fernseher, aus dem kurz zuvor noch kosmische

Computertöne schrillten. Ach, wie angenehm dachte ich bei mir und schaute jetzt auch gespannt zur Röhre.

Oskar war sauer und machte dicke Schmolllippen. Als die Blaubären Einzug hielten, da schaute er schon interessierter. Fast hätte er sich verraten, dass ihm das auch ganz gut gefällt. Es folgten einige lustige Lach- und Sachgeschichten, die Samson mit seinen Freunden sehr anschaulich demonstrierte, sodass ich sogar alles verstehen konnte. Also ich muss schon sagen, bei der Sendung mit der Maus lernte ich auch immer noch etwas hinzu. Nach einem frei erfundenen Kinderlied auf Bio-Instrumenten mit grünem Punkt kam der naturwissenschaftliche Teil der Sendung. Und jetzt kam der Hammer. Nicht die Sendung mit der Maus, sondern ein Beitrag über Ratten. Da muss ich doch mal zwischenfragen, lieber Leser. Wusstet ihr eigentlich, dass aus einem Rattenpärchen bis zu vierhundert Nachkommen im Jahr gezeugt werden können? Nein? Bis soeben wusste ich es ebenfalls noch nicht. Von diesem Moment an interessierte mich die Sendung nicht mehr und ich lief zu Heinrich. Diese kleine Information rief sofort ungeahnte Energiequellen in mir wach und Oskar schaltete schnell zurück zu Spiderman & Co.

Ich lief so schnell wie möglich über den Hof und platzte in Heinrichs kleine Werkstatt. „Heinrich", rief ich, „Heinrich, du hast die Rattenfalle immer noch nicht aufgestellt." Doch Heinrich schweißte gerade ein rostiges Blechteil an ein nicht rostiges Blechteil. Weiß der Fuchs, wozu er das später einmal brauchte? Aber so etwas brauchte er wahrscheinlich immer. Ich hörte nur ein tiefes Brummen hinter der Schweißer Maske.

Kurze Zeit später hing das rostige Blechteil an einem nicht rostigen Blechteil und mir war immer noch schleierhaft, was das mal werden könnte. Heinrich nahm den Schutzschirm zur Seite und fragte, ob ich ihm ein Bier aufmachen könnte? Na, toll! Ich hatte doch ganz andere Sorgen. Von Herbert wusste ich nun seit vierzehn Tagen. Das waren ganze drei Komma acht, vier Prozent des Jahres und wenn diese Maus in der Sendung recht hatte, dann waren bereits fünfzehn Komma drei kleine neugeborene Herberts in meiner Zwischendecke. Und wenn bis morgen nicht die Rattenfalle stünde und Herbert nicht darauf hereinfallen würde, dann wären es schon sechzehn Komma vier kleine Ratten.

Diese Tatsache schien meinen Heinrich nicht zu beeindrucken. Sein ganzes Interesse gehörte zurzeit seinen rostigen Teilen in der Werkstatt. Ich drängelte so lange, bis er aufgab und mir versprach, gleich im Anschluss die Falle aufzustellen. Dabei hantierte er mit seiner Schweißermaske, die auch schon bessere Zeiten gesehen hatte. Ich schaute mich um in seinem kleinen Reich. Das alte Radio schien Tag und Nacht zu dudeln. Dabei war es völlig egal, ob Heinrich in seiner Werkstatt war oder nicht. An den Wänden hingen alte Rama-Dosen mit den unterschiedlichsten Sorten von Nägeln und Schrauben, peinlich geordnet nach Art und Größe. Anschließend folgten einige seiner Lieblingsgeräte, mit denen ich ihn schon tausend Mal gesehen habe. Ich glaube, eines hieß Winkelschleifer und eines war eine Bohrmaschine. Die anderen waren mir unbekannt und sollten es auch immer bleiben.

Anschließend kam ein selbst gezimmertes Brett, an dem in geordneter Reihenfolge die Schraubenschlüssel hingen, gefolgt von einem alten Sanitätskasten. Dort habe ich noch nie hineingeschaut. Dann aber eines Tages, als ich für Heinrich ein Pflaster benötigte, öffnete ich den Sanitätsschrank und musste zu meiner Überraschung eine Flasche Kirschlikör entdecken. Wahrscheinlich war sie, wie immer, ganz zufällig dort hineingeraten. Von Pflaster oder anderen Verbandsmaterialien war breit und weit keine Spur zu sehen. Auf der Werkbank lagen ein alter Hobel, Schleifpapier und Lötzinn sowie die Tageszeitungen der letzten vier Wochen und eine große Menge an Staub.

In einer Ecke standen unsere Fahrräder, Spaten, Schippe, Harke und Hacke sowie ein Gerät, das viel Ähnlichkeit mit einem ausgedienten Moped der Marke Schwalbe hatte. Ich könnte mich aber auch täuschen. Denn es könnte auch eine alte Erntemaschine, Saftpresse oder ein Wagenheber gewesen sein. Doch zu mehr Inspektion bin ich nicht gekommen, denn Heinrich hatte schon seine Maske wieder auf und fragte, wann das Essen fertig wäre. Na super, dachte ich so bei mir. Wie kann man ans Essen denken, wenn wir in Kürze von Ratten belagert sein würden und ganze Invasionen durch das Haus huschen? Heinrich konnte! Achselzuckend ging ich zurück ins Haus. Na wenigstens sind Pension und Abendbar und auch die Wohnung in einem Haus. So kann es mir ja nichts ausmachen, noch schnell ein paar Brote zu schmieren. Ratten hin, Ratten her. Essen müssen wir ja trotzdem. „Na, mach ick doch. "Ist doch klar!"

Meine beiden Hoheiten haben im Moment Wichtigeres zu tun. Aber was mich schon immer gewundert hat: So intensiv auch beide beschäftigt waren, so interessant auch ihre Beschäftigung war, wenn es zu essen gab, vergingen keine dreißig Sekunden und schon saßen sie zu Tisch. Das waren Angewohnheiten, die auch die Marktwirtschaft nicht beeinflussen konnte. Und haste nicht gesehen, so war es auch heute. Kaum war der Tisch gedeckt, saßen alle zu Tisch. Na, dann, guten Appetit! Und was soll ich sagen, liebe Leser, wir konnten an diesem Abend in Ruhe essen. Kein Gast platzte in unser Abendessen, keiner, der uns störte. Während der Hauptsaison ist das wirklich eine Seltenheit. Umso mehr genossen wir den Augenblick. Als ich zum letzten Brot griff, hatten wir sogar die Zeit und den Mut, ein Kartenspiel zu beginnen. Oskar kannte sich voll aus beim schwarzen Peter. Alle Karten waren verteilt und Oskar versuchte tapfer mit seinen kleinen Händen den großen Stapel zu halten. Wir alle gaben uns große Mühe, uns nicht in die Karten schauen zu lassen und gaben uns dabei so richtig scheinheilig. Doch dieses kleine süße Grinsen, wenn dann doch der schwarze Peter gezogen und schweigend in das eigene Kartenblatt eingefügt wird, das macht das Spiel dann aus. Ein schönes Spiel, das leider immer mehr in Vergessenheit gerät. Beherzt griff ich in das Kartenblatt meines kleinen Sohnes und ergriff, na, den schwarzen Peter. Ich mogelte das Blatt unter meine Karten, als die ersten Gäste des Abends den Raum betraten.

„So, das war es dann mit dem Schwarzen Peter", sagte ich und legte meinen Stapel augenzwinkernd in die Mitte.

Lachend stand ich auf, um mich hinter den Tresen zu begeben. Das war ein immer noch ungewohnter, aber wunderbarer Arbeitsplatz, auf den ich sehr stolz war.

Aus goldenen Zapfhähnen kam jetzt das Bier. Und das an meiner eigenen Abendbar. Das war schon der Wahnsinn. Gerrit, unser erster Abendgast, hatte es sich bereits auf einen der Barhocker gemütlich gemacht. Wie die Orgelpfeifen war die Bar mit farblich abgestimmten Barhockern umgeben. Das waren dann auch die beliebtesten Sitzmöbel unserer Gäste in den Abendstunden.

Er und seine Frau kamen schon seitdem unsere kleine Pension eröffnet hatte. Seitdem gehören sie zur Stammkundschaft und waren aus dem sommerlichen Bild nicht mehr wegzudenken. Seine Frau war noch an der Konzertmuschel unterwegs und genoss die Klänge eines der zahlreichen Kurkonzerte in unserem Ort und wollte gleich nachkommen. In der Zwischenzeit wollte Gerrit nur schnell ein Bier bei uns trinken. So ein kleines, ganz schnelles, pflegte er immer zu sagen. Noch mit kurzen Hosen und einem Trägershirt bekleidet und eine große Menge Ostseesand an den Füßen und im Haar saß er an der Bar und strahlte mich mit seiner frischen Ostseebräune an. Im Arm hielt er noch die Badehandtücher vom heutigen Ausflug an den Strand. Wie immer hatte er reichlich zu erzählen. Immerhin hatten wir uns seit einem Jahr nicht gesehen. Das war reichlich Stoff genug, um die nächsten zehn Abende mit Unterhaltung zu bereichern.

Im Übrigen hätte es Gerrit auch nichts ausgemacht, wenn er nur eine Stunde weg gewesen wäre. Gerrit hatte immer eine Story parat. Kaum war diese beendet, folgte die nächste.

Jede Geschichte endete immer mit einem Lacher und fand stets die Sympathie des Zuhörers. Gerade holte er aus, um eine neue Geschichte zu präsentieren, da kamen schon die nächsten Gäste und setzten sich dazu. Es sollte nicht lange dauern, bis auch der letzte Platz an der Bar besetzt war. Es waren fast alles vertraute Gesichter. Auch einige Einheimische kamen gern und mischten sich unter unsere Urlauber. Einige Gesichter waren uns aber auch noch fremd. Es dauerte jedoch nie lange, bis auch sie in den Bann und die Atmosphäre unserer Abendbar mit einbezogen wurden. Ein Gast aus Bayern, eine neue Anreise und zum ersten Mal auf Usedom, schien ein Spaßvogel zu sein, und als wenn es einen Wettbewerb gäbe, zog er aus seiner Tasche ebenso viele lustige Anekdoten hervor. Das war für unseren Gerrit die ideale Herausforderung. Da hatten wir sie, die beiden richtigen Kandidaten, die für eine hervorragende Stimmung sorgten und damit auch für reichlich Getränkenachschub. Gerrits Frau war schon längst zurück und saß ebenfalls, mit einem Glas Wein in der Hand, in der Runde und amüsierte sich prächtig. Eigentlich hatten die beiden noch einen Abendspaziergang geplant. Daraus wurde dann aber doch nichts mehr.

Als ich dann die ersten Biere des Abends ausschenkte, hörte ich von Weitem Oskar lachen. Dieser hat ganz sicher seinen Vater ausgetrickst und ihm den schwarzen Peter untergemogelt. Doch schon kurze Zeit später erschien auch Heinrich und gesellte sich für einige Zeit zur Abendrunde. Doch er hat sich ja noch etwas vorgenommen. Da war doch noch was?

Genau, die Falle sollte heute noch aufgestellt werden. Deshalb verließ er nach einem Bier die lachende Runde und verschwand dann in der Küche und von dort in die unheimliche Speisekammer. Doch es sollte nicht lange dauern, als Heinrich nach mir rief. Dabei rief er so laut, dass auch meine Gäste an der Bar für einen Moment aufhorchen. Mit einer bösen Vorahnung huschte ich in die Küche, gleich um die Ecke. Heinrich zeigte entsetzt auf das Loch im Schornsteinschacht. Es schien sich um das Doppelte gegenüber heute Morgen vergrößert zu haben. Deutlich zeichneten sich die Spuren von Herberts Ausbeute ab. Brotkrümel und sogar eine angeknabberte Kartoffel sowie noch andere undefinierbare Lebensmittel, welche sich in den Anfängen der Verwesung befanden, waren da auszumachen und reckten in halber Größe hinaus. Der süßliche Geruch der Fäulnis schlich sich in meinem Kopf ein, oder war der wirklich schon so deutlich zu riechen? Ich wusste es nicht und wollte schnell nur weg, wieder an die Bar, an der ich so eben noch so schön mit meinen Gästen gelacht habe. Mit einem Nicken zur Tür deutete Heinrich an, dass ich jetzt aus der Küche verschwinden sollte. Das tat ich dann auch liebend gern.

Meine Arbeit am Tresen war eindeutig angenehmer als Heinrichs Aufgabe. Die leeren Getränkekisten lagerten wir schon seit der Eröffnung vor diesem Schacht. Es war klar, dass unsere Speisekammer heute Abend noch um geräumt werden musste. Damit würde Heinrich die nächsten Stunden beschäftigt sein, bis dort endlich die Rattenfalle stehen würde. Beschäftigt mit dem Gedanken, wie wir das alles stapeln sollten und morgen früh schon wieder damit arbeiten können, hörte ich in der Ferne meine Gäste lauthals loslachen. Wahrscheinlich hatte einer der beiden Spaßvögel wieder einen Witz gerissen.

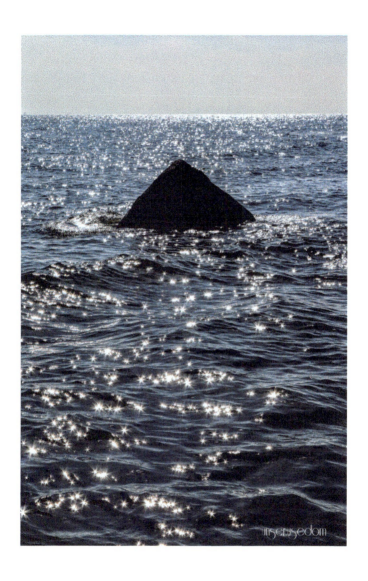

Da war ich aber froh, dass ich Bardienst hatte. Trotz allem beschlich mich ein schlechtes Gewissen, als ich Heinrich mit der unangenehmen Aufgabe allein lassen musste.

An der Bar angekommen, erfüllte geradezu ein herzhaftes Lachen den Raum. Hier schienen sich die beiden richtigen Witzbolde getroffen zu haben. Von vielen Lachen wird man aber auch schnell durstig. Und somit hatte ich den ganzen Abend bis kurz vor Mitternacht voll damit zu tun, meine Gäste an der Bar zu bedienen. Ein Witz jagte den anderen. Die Pointen wurden immer heftiger, gingen mit jedem neuen Getränk auch immer weiter unter die Gürtellinie, wobei sie die Gemüter meiner Gäste so richtig anheizten. Einige krümmten sich bereits vor Lachen und hatten Tränen in den Augen. Als dann Heinrich, etwas mürrisch und immer noch mit Arbeitshandschuhen bekleidet, um die Ecke schaute, um sich ein Bier zu holen, bekam auch er sein Fett weg.

Kontaktanzeige in der ostfriesischen Tageszeitung: Ostfriesischer Landwirt sucht eine fleißige Frau mit Trecker. Bei Antwort bitte ein Foto vom Trecker beifügen! Ja, so oder auch so ähnlich, waren unsere Sommerabende an der Abendbar. Einfach wunderschön und unvergesslich!

Schon am nächsten Morgen zur Frühstückszeit sah man sie alle wieder, mit einem Lächeln im Gesicht, einer Prise Humor im Bauch und einer ansteckenden guten Laune, bei der man einfach schmunzeln musste.

Das alles bei strahlendem Sonnenschein und der Aussicht auf einen traumhaften Tag am Strand von Usedom. Was will man

mehr? Das Leben wäre perfekt, wenn da nicht das kleine Problem mit unseren Haustieren wäre.

14

Anfang mit Hindernissen

Wo liegen nur diese verdammten Autoschlüssel? Ich nahm mir ganz fest vor, heute Abend einen festen Platz für die stets verschwundenen Schlüssel einzurichten. Manchmal konnte man wirklich den Eindruck bekommen, dass diese Dinger sich absichtlich verstecken. Ich war spät dran und hatte nun wirklich keine Zeit für solchen Quatsch. Heute war mein erster Arbeitstag bei Timmy. Da ich jetzt über eine frei gleitende Arbeitszeit verfügte, hielt ich es für angemessen, gegen neun Uhr zu erscheinen. Meine Autoschlüssel waren da anderer Meinung. Denn es war bereits viertel vor neun. Nach langem Suchen fand ich sie dann endlich hinter der Wäschetruhe wieder. Wie zum Teufel kamen die Schlüssel ins Bad? Egal. Endlich konnte es losgehen, dachte ich so bei mir und schlüpfte dabei in meine neuen Schuhe, zog mir gleichzeitig meine neue Jacke an, wobei ich auch noch schnell einen Schluck vom Kaffee schlürfte.

Voller Stolz saß ich nun in meinem neuen Firmenauto und startete den Motor. Was für ein wohliges Geräusch, dachte ich so bei mir und fühlte mich pudelwohl, als ich das leise Schnurren des Motors vernahm. Schmunzelnd gab ich Gas und genoss das Gefühl, ein großes Auto steuern zu dürfen.

Heute war mir das Wort Glück förmlich in die Stirn gebrannt. Die Scheiben habe ich dann absichtlich weit heruntergedreht, damit mich auch jeder in meinem neuen Westauto erkennen konnte. Draußen war es noch eisig und so wurde es recht unangenehm kalt im Auto. Doch zog ich meine Jacke fester zu, drehte das Radio lauter und gab noch mehr Gas. Ich glaubte, so dahin zu rauschen. Was für ein Unterschied zu meinem Trabbi. Ja, das Auto fuhr fast von allein. Es war kinderleicht. Das Rathaus rauschte an mir vorbei, der alte Springbrunnen, die Windmühlen, jetzt der Marktplatz und schon befand ich mich auf der Landstraße. Noch nie vorher war mir bewusst, wie schön unsere Alleestraßen sind. Der kleine Baggersee zu meiner linken, in dem wir schon als Kinder gebadet haben, blitzte und funkelte in der morgendlichen Sonne. Er schien genauso wenig den Sommer abwarten zu können wie ich. Ein Häschen hoppelte über den Acker und in der Ferne. Ganz nah am Waldesrand, war eine ganze Reihe Rehe zu beobachten, welche sich unbeeindruckt von meinem neuen Auto, nun an das frische Grün des frühen Sommers labten. Ich schaute nach vorn, hielt das Lenkrad fest in der Hand und gab noch mehr Gas.

Das Auto gewann an Geschwindigkeit und glitt fast lautlos auf der Straße dahin. Doch irgendetwas stimmte hier nicht. Es war einfach anders. Das sonst so vertraute Straßenbild hat sich in der Kürze der Zeit sehr verändert. Die Straße an sich war noch immer dieselbe. Doch die Autos, welche jetzt hier anzutreffen waren, waren auf keinen Fall mehr dieselben.

Wo einst noch der Trabbi, der Moskwitsch, Wartburg, Saporoshez und Co das Bild bestimmten, so waren jetzt diverse Westautos, in allen Farben und Größen, auf den Straßen anzutreffen. Egal, ob es sich um einen Renault, Opel, einen VW oder ein anderes exotisches Fabrikat handelte, sie alle wurden übereilt für viel Geld, mit utopischen Kilometerständen und altersschwachen Getrieben gehandelt und auch erfolgreich verkauft. In den Monaten nach der Wende herrschte eine Goldgräberstimmung auf dem Automarkt. So rasten unsere Landsleute, im Rausch der Geschwindigkeit, über unsere Landstraßen und viele von Ihnen auch direkt ins Verderben.

Doch ehe ich weiter denken konnte, befand ich mich schon am Firmengelände meines neuen Arbeitgebers. Ich parkte gleich neben der Laterne, welche ich gestern noch beinahe gerammt hätte. Auf dem gesamten Gelände war es sehr still. Irgendwo in der Ferne krähte ein Hahn. Als ich ausstieg, flatterte ein vorwitziger Schmetterling um mich herum und genoss offensichtlich die ersten Sonnenstrahlen des Tages. Die alten Lagerhallen sahen aus wie immer, als hätte es nie eine Wende gegeben. Das gesamte Gelände mit seinen großen Lagerhallen und Baracken benötigte unbedingt neue Farbe. Es lag alles grau in grau unter einer leichten Nebeldecke.

Es hat aber Veränderungen gegeben. Und zwar riesig. Die Mauer war gefallen und ich fuhr ein Westauto. Ha, Ha. Na, wenn das keine Veränderungen waren. Doch außer den grauen Hallen konnte ich nichts Interessantes entdecken. Sämtliche Türen waren verschlossen und mit großen, dicken Schlössern versehen.

Ein einsames Mäuschen huschte über den staubigen Hof. Hier schienen noch alle zu schlafen, als plötzlich ein Klingeln ertönte. Das Mäuschen machte einen Satz und lief verschreckt wieder in die andere Richtung! Es schien aus der gegenüberliegenden Baracke zu kommen. Ich lauschte und fragte mich, ob es sich um eines dieser neumodischen Handys handeln könnte. Die Idee mit den Handys fand ich nicht schlecht. Doch konnte ich mir nicht wirklich vorstellen, mit so klobigen Apparaten den ganzen Tag umher zu rennen. So folgte ich dem aufgeregten Klingeln, bog um die Ecke und sah Peter auf einer Kiste sitzen. Er blickte kurz auf, sah mich, winkte ganz kurz und nahm sein Handy, um ein kurzes Telefonat zu führen.

Ich setzte mich auf eine Bank, die wahrscheinlich so alt wie die Baracken selbst war, und wartete auf die Dinge, die geschehen werden. Peter beendete sein Gespräch und setzte sich sichtlich zufrieden zu mir. Aus einer Thermoskanne bot mir Peter einen Kaffee an. Da die Kaffeebecher nicht in Reichweite waren, gab er mir kurzerhand einen von diesen Plastikbechern, in denen eigentlich ein kaltes Bier gehörte, und verbrannte mir dabei schon beim Einfüllen die Hände zu dem heißen Kaffee. Peter führte mich durch das Gelände und schloss eine dieser großen Lagerhallen auf, wobei ich meinen Kaffeebecher behutsam mit den Fingerspitzen trug.

Die Hallen waren bis zum Rand gefüllt mit einer Vielzahl von Getränken. Die erste Halle konzentrierte sich hauptsächlich auf alkoholfreie Optionen, während die zweite Halle, durch eine riesige Schiebetür abgetrennt, mit einer Fülle von Bierfässern bis zum Anschlag gefüllt war. Ein massives Regal an der Seite bot eine Überfülle von Plastikbechern in allen Formen und Größen, von kleinen Schnapsgläsern bis hin zu eleganten Sektkelchen. Ich hatte zuvor keine Ahnung, dass man sogar Sekt aus einem Plastikbecher trinken konnte, aber es schien möglich zu sein. Die Menge und Vielfalt der Getränke war überragend und machte einen gewaltigen Eindruck auf mich. Daraufhin folgte eine schier gigantische Abteilung, welche Schnapssorten jeglicher Kategorie beherbergte. Liköre waren hier zu finden, gefolgt von einer breiten Palette an Whiskys, Gins, Kräuterlikören, Anisschnäpsen, Obstlern, Rums und weiteren Sorten, deren Namen mir bis dato gänzlich unbekannt waren. Einige wenige Namen waren mir jedoch bekannt, da ich sie aus der täglichen Werbung im Westfernsehen kannte. Dass ich diese Sorten nun tatsächlich in einer solchen Menge vor Augen hatte, konnte ich kaum glauben. Es war ein atemberaubender Anblick und für mich fast unglaublich.

Als Peter meine fragenden Blicke sah, zog er schon eines von den Bechern, aus einer bereits geöffneten Verpackung hervor, wobei er eine dieser Sektflaschen in der Hand hielt. Mit einem Blick auf eine dieser Flaschen schaute er mich fragend an. Ich lehnte dankend ab. Morgens kurz nach neun Alkohol zu trinken, das war nicht meine Zeit. Auch wenn es wahrscheinlich zu meiner neuen Ausbildung gehörte und ich noch viel lernen musste. Mit einem Achselzucken betraten wir die nächste Halle und wurden erneut von einem Meer aus

Kisten empfangen. Doch diesmal waren es keine gewöhnlichen Kisten, nein, es waren Kisten voller edler Weinsorten aus allen Ecken der Welt. Die Regale waren gefüllt mit Sekt- und Champagnerkisten, die allein beim Anblick den Gaumen vor Vorfreude kitzelten. Es war ein wahrer Wahnsinn! Inmitten der Gänge stand ein Gabelstapler, bereits teilweise beladen und wartend auf seinen nächsten Einsatz. Ich war fasziniert von der Fülle an edlen Tropfen und konnten mich kaum sattsehen.

Staunend stand ich da und dachte nur, wer das wohl alles trinken sollte, als ich durch ein tiefes und lautes Hupen in meinen Gedankengang unterbrochen wurde. Erschrocken schaute ich durch das geöffnete Tor. Dabei wurde ich durch ein jähes Aufblitzen gleißendem Licht so geblendet, dass mich stark blendete. Ich hatte immer noch das tiefe Dröhnen in den Ohren und musste dabei unwillkürlich an eine Dampflok denken, welche jeden Moment hier lang donnern könnte. Peter blieb da ganz ruhig, trank seinen Kaffee und sagte nur: Der Nachschub ist endlich da! Neugierig geworden bin ich schnell aus der Halle, welche so eben noch mit Getränken jeder Art gelockt hatte. Was ich jetzt sah, verschlug mir abermals die Sprache. Das Ungetüm, das da auf den Hof rollte, war zwar keine Dampflok, doch das Ausmaß war sehr beeindruckend. Ein schwarzer Truck von gigantischem Ausmaß stand vor dem Tor und es schien, als wolle der Motor jeden Moment aufheulen.

Ich hatte einfach keine Ahnung, dass so etwas Gewaltiges auf unsere Straßen fahren konnte und beobachtete staunend die Szene. Auf den Seiten des Lasters war jeweils ein übergroßes Bild von Timmy mit einem Cowboyhut zu sehen. Auffällig gut ist dort sein Goldzahn gelungen. Er schien das Glitzern des Chromstahls noch übertreffen zu wollen. Ruhig rollte der Laster bis vor den Hallen. Wow! In der Fahrerkabine konnte ich Timmy ausmachen. Er saß hinter dem Lenkrad und machte auf mich einen noch viel cooleren Eindruck, als ich bereits von ihm erfahren hatte. Als er mich sah, schenkte er mir ein strahlendes Lächeln und zog abermals die Hupe, die mit einem lauten und tiefen Dröhnen antwortete.

Dabei wäre ich beinahe vor Schreck über meine eigenen Füße gestolpert. Noch im letzten Moment konnte ich mich fangen und machte dann aber schnell Platz für den Truck, wobei Peter sich ein Grinsen nicht verkneifen konnte. Timmy fuhr auf den Hof. Dieser war groß genug, um das gewaltige Monstrum von Laster einmal wenden zu können. Timmy drehte eine Runde auf dem Hof, kam direkt wieder auf uns zugefahren und stoppte dann kurz vor der größten Halle, wobei reichlich Staub aufgewirbelt wurde. Mit großen Augen staunte ich nicht schlecht, als die Fahrertür aufging und Timmy mit einem gewaltigen Satz aus dem Truck sprang. Gekonnt landete er auf dem staubigen Boden, wobei er sich geschickt mit einem leichten Knicks wieder aufrichtete. Mit einer Hand befreite er sich von einer leichten Staubschicht und mit der anderen Hand strich er sich seine schwarze Strähne zurecht. Ich war schwer beeindruckt.

Timmy begab sich hinter dem Laster und schob dabei die große Plane beiseite. Als wenn es in den Hallen nicht schon genügend Getränke gestapelt waren, befanden sich auf dem Truck weitere abertausende Flaschen mit edlen und hochprozentigen Getränken. Mit einem gekonnten Griff öffnete er einen Karton und genauso schnell und gekonnt auch eine Flasche Sekt. Zischend und sprudelnd ergoss sich das edle Getränk auf den Fußboden der Anlage und hinterließ einen dunklen Fleck. Doch Timmy schien damit gerechnet zu haben und zauberte ruckzuck zwei von diesen Plastikbechern hervor. Eine Sekunde später waren diese mit dem überschäumenden Sekt gefüllt. Meine Augen wurden immer größer und es war auch klar, dass ich jetzt nicht mehr Nein zum Sekt sagen konnte, obwohl ich schon allein von den Ereignissen recht bedusselt worden war. Wie aus der Ferne hörte ich ein Prost und brav trank ich aus meinen Becher, wobei mehr Sprudel auf einmal in meiner Nase war, als im Mund, sodass ich gleichzeitig niesen und auch lachen musste. Timmy musste ebenfalls lachen und schenkte großzügig nach. Dabei kam er mir verdammt nahe, sodass ich seinen Atem spüren konnte. Schnell rückte ich etwas von seiner Seite. Von dem Moment an erfasste mich ein Schauer und ein unangenehmes Gefühl durchfuhr mich. Was war denn das? War das etwa Absicht, oder nur ein Ausrutscher? Timmy schien zu bemerken, dass die Stimmung kippte, stand plötzlich auf und tobte dann, mit schnellen Schritten von dannen. Dabei knurrte er recht mürrisch, was er noch alles zu tun hatte. Völlig verdattert stand ich nun, mit einem halb geleerten Becher Sekt in der Hand.

Ich musste nicht lange überlegen und trank mit einem kräftigen Schluck das edle Getränk bis zum letzten Tropfen leer und bemerkte dann, dass ich ganz allein in der Halle war. Peter war aus einem unbekannten Grund verschwunden. Kopfschüttelnd setzte ich meinen

Rundgang fort und versuchte dabei, die vielen Ereignisse und Eindrücke einzusortieren. Schlendernd zog ich an den Regalen vorbei und versuchte mir die vielen neuen Namen der Getränke einzuprägen. Doch einige Namen waren dabei so utopisch, dass ich nicht mal ansatzweise das Herkunftsland erahnen konnte. Da hatte ich ja noch so einiges zu lernen, dachte ich so bei mir, als plötzlich Peter hinter mir auftauchte. Wieder einmal, wie aus dem Nichts. Doch dieses Mal hatte er es sehr eilig. Mit kurzen und knappen Worten teilte er mir mit, dass ich schon im Büro erwartet wurde und war dann auch schnell wieder weg. Zügig machte ich mich auf den Weg ins Büro, immer noch mit dem Gedanken, wozu man denn so viel Schnaps und Bier benötigt.

Schon von Weitem konnte ich erkennen, dass sich jetzt ein neues Werbeschild über die Eingangstür befand. Goldene Buchstaben auf dunklem Untergrund kündeten vom Neubeginn. Selbstverständlich waren auch diese mit einem Bild von Timmy versehen. Vorsichtig trat ich in den etwas kleinen und dunklen Flur, der eindeutig noch den Geruch einer typischen LPG hatte und dachte mir so. Hier muss aber noch kräftig gelüftet werden, bis der Geruch verschwindet. Die Tür zum Büro stand etwas offen, sodass ich Timmy seine Stimme hören konnte. Er schien sich über jemanden sehr zu ärgern. Seine Stimme war jetzt laut, aggressiv und weit zu hören.

Deutlich konnte ich vernehmen, wie er laut polternd durch das Büro schritt und vermutlich einen Stuhl oder Ähnliches umgeworfen hat.

Ich stand vor der Bürotür, die nur leicht angelehnt war und wusste nun nicht mehr so recht, ob ich noch etwas warten sollte, bis sich der Sturm gelegt hatte oder einfach ins Büro stürmen sollte. Ich entschied mich dann fürs Anklopfen. Sofort wurde die Tür weit aufgerissen und ein Timmy, wie ich ihn noch gar nicht kannte, schaute mich sehr befremdlich an. Als wenn er einem fremden Menschen gegenüber stand, machte er große Augen. Er schien noch nicht mit mir gerechnet zu haben. Doch schon im nächsten Moment, als er mich wahrnahm, verwandelte er sich wieder in den hinreizenden Mann, den ich kannte. Er lächelte mich an und wies mich mit einer gekonnten Geste ins Büro, wobei er mächtig mit den Armen ruderte und den umgekippten Stuhl wieder auf seinen Platz stellte.

Doris saß vor der Tastatur des neuen Computers, der mit der Zeit schon betriebsbereit war, und versuchte verzweifelt, Befehle in die Tastatur einzugeben. Doch so recht wollte das nicht klappen, sodass sie immer wieder bei Timmy nachfragen musste. Timmy hatte sich nach vorn gebeugt und beobachtete kopfschüttelnd das Geschehen. Doris kam schon wieder nicht weiter und schaute sich Hilfe suchend um. Doch Timmy dachte nicht daran, ihr weiterzuhelfen. Immer wieder starrte sie auf den Bildschirm und fluchte dabei leise vor sich hin, wobei sie sich eine kleine Träne der Verzweiflung aus den Augen wischte.

Staunend stand ich meinem ersten Computer gegenüber. Dabei pirschte ich mich vorsichtig an das Teil heran und machte große Augen. Für Timmy war es die Gelegenheit uns zu beeindrucken und versuchte daher, uns das

Wunder der Technik zu erklären. Als er mich sah, fragte er nur, ob ich denn davon Ahnung hätte. Nein, ich hatte keine Ahnung von Computern. Wie sollte ich auch? Kurz nach der Wende waren Computer im heimischen Arbeitszimmer noch ein Traum. Am Arbeitsplatz waren sie bereits fantastisch, aber nur, wenn man wusste, wie man damit umzugehen hatte. Und das konnten wir damals nicht. Selbst Doris, die sonst über alle Büroangelegenheiten Bescheid wusste und niemals aus der Ruhe zu bringen war, stand vor einem mächtigen Problem.

Timmy setzte seinen Vortrag über das schlaue Wunderding unbeirrt fort und demonstrierte einige kleine Kunstwerke auf dem Bildschirm, welche er dann sichtlich stolz präsentierte und irgendwie meinte, dass wir anhand eines animierten Kartenspiels die Funktion eines Computers auch schon verstanden hätten. Das hatten wir aber noch lange nicht. Als er dann aber bemerkte, dass es noch keinen Sinn hatte, einen Brief am PC zu diktieren oder gar eine Tabelle zu erstellen, wechselte Timmy das Thema und seinen Ansprechpartner. Mit Doris schien er vorerst fertig zu sein. Sie schrieb schon wieder ganz eilig einige Notizen auf ihren Notizblock. Wahrscheinlich war das einfacher, als auf einer Computer Tastatur zu tippen.

Ich fand mich vor dem beeindruckenden Schreibtisch von Timmy wieder, welcher uns voneinander trennte. Mit einer Stimme voller Selbstbewusstsein und Überzeugung begann er seine Rede über die Grundlagen einer neuen Gesellschaftsordnung. Seine ersten Worte waren unmissverständlich und ließen keinen Raum für

Zweifel: „Das Recht hat nur derjenige, der auch das Geld hat." Eine Regel, die heutzutage wichtiger denn je ist. Doch das war erst der Anfang. Regel Nummer Zwei lautete: „Es geht nicht darum, nur seinen Lebensunterhalt zu verdienen, sondern um das große Spiel." Wer sich nur auf das Kleine beschränkt, wird niemals die Spitze erreichen. Schließlich verkündete er die dritte Regel klar und deutlich: „Man muss richtig abräumen, um ein Vermögen zu machen und unglaublich reich zu werden." Denn wer nicht das Maximum aus jeder Situation herausholt, wird niemals ein wirklich Großer. Diese Regeln mögen für einige kontrovers oder unmoralisch klingen, doch in der neuen Gesellschaftsordnung sind sie unverzichtbar, um erfolgreich zu sein.

Timmys Ansichten waren also etwas anders als meine eigenen. Ich hatte mir vorgestellt, dass es beim Geldverdienen um mehr als nur um das bloße Anhäufen von Reichtümern geht. Mit Timmy an meiner Seite fühlte ich mich aber sicher, dass wir gemeinsam in die richtige Richtung arbeiten würden. Timmy hatte gewiss ähnliche Vorstellungen wie ich. Doch wie das Leben manchmal so spielt, wurden wir beide eines Besseren belehrt. Wir hatten uns beide mächtig getäuscht.

Um etwas wirklich Großes zu schaffen, bedarf es eines würdigen Auftakts, dröhnte Timmy hinter seinem Schreibtisch hervor. Eines Auftakts, der die Menschen vor Ort begeistert und mitreißt. Denn nur so kann man die Nachbarstädte und das gesamte Land für sich gewinnen. Der Gedanke an Veranstaltungen mit Zehntausenden Gästen und mehr in Hamburg, Berlin,

Köln oder Düsseldorf ließ mein Herz höher schlagen. Von hier aus sollte der Name von Timmy in die Welt hinausgetragen werden. Ich spürte förmlich die Energie, die in der Luft lag und die Vorfreude auf das, was kommen würde. Doch zugleich überkam mich auch eine gewisse Nervosität. Denn ich wusste, dass es jetzt darauf ankam, das Richtige zu tun. Aber ich war bereit. Bereit, die Welt zu erobern, mit Timmy an meiner Seite. Das war ein heroisches Ziel, wobei ich schon wieder optimistisch in die Zukunft schaute.

Die Arbeit, welche bis vor Kurzem noch meine Arbeit war, sollte nun auf dem Weg einer Provision gegenüber der Stadtverwaltung abgerechnet werden. Das war für mich immer noch sehr befremdlich. Provision, hatte ich irgendwann schon gehört und schaute Timmy dabei ungläubig an. Die voraussichtliche Provision ist eine Beteiligung am Gewinn von Aufträgen, versuchte er mir zu erklären. AHA, jetzt verstand ich gar nichts mehr! Mit vielen Worten und zahlreichen Fachausdrücken versuchte er mir nun Sinn und Zweck dieser Angelegenheit zu erklären. Er rechnete hin und her, um mir ein Beispiel anhand von Pfefferminz Bonbons zu erläutern.

Dazu nutzte Timmy dann aber doch einen Taschenrechner und nicht den Computer und ich staunte nicht schlecht über das fundamentale Wissen von Timmy. „Was der alles so weiß", dachte ich bei mir und fühlte mich als den absoluten Glückspilz in der neuen Zeit. Dabei himmelte ich Timmy an, als wenn ein neuer Stern am Himmel schien. Überglücklich verließ ich das Büro, das mir auf einmal gar nicht mehr so klein erschien und freute mich auf die neuen Ereignisse. Der Festplatz, der alte Friedhof würde wieder meiner sein. Genauso wie die HO-Gaststätte mit Fritz dem Kneiper. Nein, der wohl nicht. Timmy wollte doch seine eigenen Getränke verkaufen. Plötzlich war ich nicht mehr Olga von der Wolga, nein, ich war zurück auf Erden und ich wollte gemeinsam mit Timmy den Rest der Welt erobern. Und so fing alles an.

Für den morgigen Tag war bereits ein Termin beim Bürgermeister der Stadt abgemacht. Dort sollten nun die Feinheiten der Geldwege für die kommenden Veranstaltungen abgesprochen werden. Ich freute mich, dabei sein zu können. Doch jetzt nicht mehr als Angestellte der Stadt, sondern als Verhandlungspartner. Das war ja so cool! Bei der Besprechung mit dem Bürgermeister gab es ebenfalls Sekt aus Plastikbechern. Dafür hat Timmy gesorgt. Auch der Bürgermeister und sein Gefolge wollten schon immer gern einen guten Tropfen probieren. Bestens temperiert sorgte Timmy persönlich dafür, dass jeder genügend von dem edlen Getränk erhalten würde.

So wie sie begann, diese Besprechung, so endete sie dann auch. In gemeinsamer Harmonie. Im anschließenden Protokoll wurde dann aber die Sache mit dem Sekt ganz einfach weg protokolliert. Und so waren sich alle schnell einig, dass Timmy ab sofort das Leben der Stadt mit Kultur bereichern würde. Das hörte sich doch prima an. Für mich war das ein Kinderspiel. Habe ich das doch schon jahrelang gemacht und hatte somit auch alle Kontakte, die für solche Veranstaltungen notwendig waren. Die Provision wurde zwar erwähnt, schien jedoch von keiner größeren Bedeutung, da das Thema bei einem weiteren Glas Sekt schnell besprochen war. Das Unterschreiben des aufgesetzten Vertrages war dann nur noch eine kleine Formalität. Feierlich reichte man sich die Hände und freute sich auf beiden Seiten über das Erreichte.

So kam es, dass schon am kommenden Wochenende eine große Eröffnungsfeier, in einem wunderschönen rot, weiß gestreiften Zelt, welches für einige Hundert Personen ausgelegt war, wieder einmal mit Pauken und Trompeten gefeiert wurde. Riesige Grünpflanzen sowie diverse Lichterketten schmückten den Innenraum des Festzeltes und vermittelten den Eindruck eines höchst luxuriösen Ambientes. Für unsere Ehrengäste gab es einen Extra-Tisch, an dem selbstverständlich auch der Bürgermeister saß. Es war gerappelt voll. Die Tische und Stühle würden wohl kaum reichen. Für alle, die innerhalb des Zeltes keinen Platz finden sollten, wurden noch zahlreiche Bänke in den Außenanlagen zur Verfügung gestellt.

Peter war bislang schwer damit beschäftigt, die letzten Seile zu sichern, die Praktikabel richtig zu platzieren und alles niet- und nagelfest abzusichern. Dabei lief ihm der Schweiß von der Stirn. Doch rauchend und kichernd kam er zu mir und meinte: Na Mäcken, dann paass majut uff, uff deene Provision." Dabei schaute ich ihn fragend an.

Die überdachte Bühne befand sich auf einer kleinen Anhöhe. Von dort hatte man die beste Sicht über das Geschehen. Ich erblickte in der Ferne eine Menschentraube, welche sich in Richtung des Festplatzes begab. Dabei waren es noch einige Stunden Zeit bis zum Einlass. Dasselbe war ebenfalls in der anderen Richtung auszumachen. Sie wollten wirklich alle zu unserer Eröffnungsfeier kommen. Das war ja genial. Obwohl nur so wenig Zeit für Werbung war, muss sich doch das Ereignis in Windeseile herumgesprochen haben. „Manche Dinge regeln sich doch ganz von allein", dachte ich so bei mir und sah, wie die Leute aus allen Richtungen zum Festplatz kamen. Ein ganzer Trupp von Bikern hatte es sich jetzt vor dem Einlass bequem gemacht. Sie standen oder saßen auf ihren Maschinen und tranken bereits ihre ersten Bierchen. Dazu gesellten sich bereits viele Neugierige, die ebenfalls in der Kürze der Zeit vom Fest erfahren hatten. Sogar Familien mit Kindern kamen in dieser lauen Juninacht und machten es sich auf Decken und mitgebrachten Campingstühlen bequem. Auch sie wollten dabei sein, wenn die neue Zeit begann, wollten sie nichts verpassen. Schon gar nicht solch ein historisches Fest.

So war es dann auch. Es glich schon fast einem Volksfest, als einer normalen Tanzveranstaltung im Freien. Der Strom der Menschen schien kein Ende zu nehmen und ich musste ernsthaft davon ausgehen, dass der Platz nicht ausreichen würde. So etwas hatte es bis dahin noch nie gegeben. Schnell füllte sich der Platz. Sogar Doris war anwesend. Ich musste erst zweimal schauen, um sie wiederzuerkennen. Sie mischte sich mit knackigen Jeans und Shirts unter die Menge und wirkte dabei nun frisch und jugendlich. Der Mann an ihrer Seite schien einige Jahre jünger zu sein. Vielleicht war es ihr Sohn, vielleicht aber auch ein neuer Freund. Doch das sollte mir egal sein. Ich sollte sie heute Abend nur glücklich lachen sehen.

In der Freude und Aufregung hatte ich Heinrich ganz vergessen. Ich fand ihn dann hinter den provisorisch gebauten Tresen. Schön längst war er dabei, das Bier an die immer durstige Kundschaft auszuschenken. Im Hintergrund hatte er sich ein kleines Lager aufgebaut. Dort standen etliche Bierfässer und Stangenweise von diesen Bechern in verschiedenen Größenordnungen. Auf der gegenüberliegenden Seite heizte sich die neue Fritteuse hoch. Nagelneu und spiegelblank wartete sie auf ihren ersten Einsatz. Der sollte dann auch nicht lange auf sich warten lassen, denn bis zum Feierabend sollten wir noch einige Hunderte Portionen von Pommes, mit und ohne Ketchup oder Mayonnaise verkaufen. Alle wollten sie Pommes. So kurz nach der Wende waren die Pommes der Kassenschlager und von keiner Veranstaltung wegzudenken.

Doch genauso wie Heinrich stand auch ich hinter dem Tresen und half ihm bei seinem unermüdlichen Einsatz. Die Schlange vor dem Tresen schien kein Ende zu nehmen, sodass wir nach stundenlangen ungewohnten Arbeiten ziemlich fertig, aber auch glücklich waren. Es wurde eine wunderschöne Veranstaltung, mit weit aus mehr Gästen als eingeplant, aber ohne ärgerliche Zwischenfälle. Das ließ in uns neue und ungeahnte Kräfte entfachen. Die Begeisterung auf allen Seiten schien kein Ende zu nehmen.

Am folgenden Tag, es war ein Sonntag, trafen wir uns alle zu einer Auswertung und natürlich zum Aufräumen.

Irgendwie sah es jetzt wie ein Schlachtfeld aus. Nur notdürftig haben wir in der Nacht zusammen geräumt und das große Zelt dicht gemacht. Schon wieder hieß es Aufräumen. Die ersten Helfer waren bereits vor Ort. Nur Heinrich, der hatte keine Zeit. Der musste sich noch um seinen Acker und seine Schweine kümmern. Dafür hatte jeder auf dem Lande hier Verständnis.

Ja, auch Timmys Augen strahlten wie bei einem jungen Gott. Mit einem spitzen Lächeln gratulierte er jedem Einzelnen von uns für den Erfolg und klimperte dabei mit seinem Kleingeld in den Taschen. Dann nahm er mich beiseite und sagte, "So und jetzt Gas gegeben". Jetzt habe ich dir gezeigt, wie man das macht. Verwundert schaute ich ihn an, denn ohne meine Hilfe hätte er das nie in so kurzer Zeit geschafft. Nie im Leben. Ein wenig ärgerlich fuhr ich nach Hause. Das nächste Fest war bereits für den heutigen Abend angesetzt. Und wieder standen die Leute Schlange und kamen in Scharen zum Festplatz.

Auch der nächste Abend und noch der übernächste Abend waren ein Erfolg. Doch dann ließ es schlagartig nach. Denn kein Ort konnte jeden Abend feiern. An den Wochenenden war es immer stets gut gefüllt, doch während der Arbeitswoche kamen immer weniger. Was ja auch nicht verwunderlich war. Nur Timmy war der Meinung, dass hier etwas nicht stimmte. Schon bald dachte er über ein Eintrittsgeld nach. Diese Idee hatte er jedoch sehr schnell verworfen und stattdessen die Preise auf alle Getränke erhöht. Damit sank dann die Anzahl der Besucher genauso wie die Stimmung von Timmy. Der anfängliche Erfolg ließ schlagartig nach.

Am folgenden Tag war ich zum Abendessen bei Timmy eingeladen. Es waren außerdem einige wichtige Vertreter aus der Kulturszene eingeladen, die extra aus Stuttgart eingeflogen kamen. Das klang schon sehr interessant. Außerdem sollte es etwas Italienisches zu essen geben. Etwas, von dem ich noch nie gehört hatte. Schon allein der Name klang so verführerisch, dass ich unbedingt das Essen probieren wollte. Obwohl die neue Zeit noch recht jung war, hatte ich mich bereits in die italienische Küche verliebt. Timmy wollte mir die neuen Geschäftspartner vorstellen. Ich hoffte sehr darauf, neue Termine, neue Ideen, neue Inspirationen für meine Veranstaltungen ausmachen zu können. Mit einem Blick auf seine Uhr schaute Heinrich mich etwas fragend an, sagte aber dennoch nichts weiter, als ich ihm davon erzählte und mich für den Abend ankleidete. So nach und nach hatte ich mir bereits einige wenige neue Sachen leisten können, welche ich für meine derzeitige Position für angemessen hielt.

Deshalb entschied ich mich auch für mein dunkelblaues Jackett mit passendem Rock, einem hellen T-Shirt und den hochhackigen schwarzen Pumps. Als Heinrich mich so sah, fragte er nur, was hast du denn vor? Das war doch klar. Ich war zu einem Geschäftsessen eingeladen, zog ihn an mich, gab ihm einen dicken Kuss und verließ gut gelaunt unsere gemeinsame Wohnung. Draußen dämmerte es bereits, als ich dann endlich im Auto saß und am alten Springbrunnen vorbeifuhr. Es waren nur noch wenige Leute unterwegs. Selbst auf dem Marktplatz, auf dem wir uns immer getroffen hatten, war gähnende Leere angesagt. Auf dem Festplatz war heute keiner. Es war einer von wenigen freien Tanzabenden.

Ich dachte daran, wie schön doch am ersten Abend das Zelt geglänzt hatte. Doch jetzt, nach einer Vielzahl von Veranstaltungen, hat alles schon sehr gelitten. Die schönen Palmen waren schon lange nicht mehr schön. Sie hatten mächtig was abbekommen, unter den Launen der angetrunkenen Gäste. Einige waren bereits verschwunden und wurden nie wieder gesehen. Die noch Verbleibenden hatte man abgeknickt oder gar aus ihren Töpfen gerissen. Trotz unserer Versuche, diese Pflanzen zu retten, sahen sie doch recht lädiert aus. Die schönen weißen Plastiktische und -Stühle waren angesengt und angebrochen. Einige waren mit Farbe besprüht worden. Sogar mit spitzen Gegenständen hatte man versucht, diese einzuritzen. Die vielen verschiedenen Kratzer wiesen darauf hin.

Mit der Wende nahm auch die Gewaltbereitschaft unserer Menschen zu. Die sonst üblichen Schlägereien hatten ein ganz anderes Ausmaß angenommen. Schlagringe, Taschenmesser und andere gewalttätige Waffen fanden jetzt immer öfter Einsatz. Es dauerte nicht lange, bis auch meine Ordner mit KO-Gas ausgerüstet werden mussten. Die sonst harmlosen Balgereien und Keilereien zwischen zwei Kontrahenten konnten jetzt sehr schnell zu einer Massenschlägerei mit ernsthaften Verletzungen führen. Nicht selten mussten wir dann ein Krankenauto bestellen und des Öfteren sogar die Kontrahenten in die Notaufnahme befördern.

Daran musste ich denken, als ich mich auf dem Weg zu Timmy befand und wollte gern in den nächsten Tagen zu dem Thema einige Vorschläge einbringen. Bestimmt nicht heute Abend. Heute Abend sollte es ja ein geschäftlicher Abend mit neuen Partnern werden. Da wurden sicherlich völlig andere Dinge diskutiert. Timmy hatte seine Wohnung ebenfalls auf dem Firmengelände. Aus einem der Hallen hatte er sich Teilstücke herausgetrennt und daraus sein Domizil errichtet.

Ich war sehr gespannt, wie es dort wohl aussehen würde. Ich fuhr bis vor die Haustür und ein Bewegungsmelder verriet, dass ich angekommen war. Bei Timmy schien alles hell erleuchtet zu sein. Doch wunderte ich mich, dass kein weiteres Auto vor seiner Tür zu finden war. Das war schon komisch. Das sonst so vertraute Gelände machte jetzt, am Abend, einen gespenstischen Eindruck.

Ich schaute mich um und fragte mich, wo Peter denn jetzt sein könnte. Doch auch von Peter war weit und breit nichts zu sehen. Ich schloss den Wagen ab und klopfte an die provisorische Eingangstür. Timmy hatte mich bereits erwartet und öffnete augenblicklich und zu meinem Erstaunen, mit freiem Oberkörper, seine Haustür. Ich war sehr überrascht, ihn so anzutreffen und geriet dabei ins Stottern, als ich nun gezwungen war, auf seine schwarz behaarte Männerbrust zu schauen. Eine kleine Tätowierung war auf seine muskulösen Oberarme zu erkennen und zierte damit auch seine wohlgeformten Schultern. Deutlich hob sich eine goldene Kette, die ich vorher noch nie bei ihm wahrgenommen hatte, von seinem solar gebräunten Körper ab.

Timmy bemerkte amüsiert meine Verwirrung, entschuldigte sich augenblicklich bei mir und bat mich herein. Als ich an ihm vorbei musste, schlug mir ein schwerer Schwall von einem exotischen Herrenparfüm entgegen, dass es mir fast den Atem nahm. Verwundert schaute ich mich um und entdeckte einen Stuhl, auf den ich mich niederlassen konnte. Am liebsten hätte ich das Fenster weit geöffnet, denn die Luft war zum Schneiden dick. Timmy dachte noch gar nicht daran, sich etwas überzuziehen, sondern stand mir gegenüber, sodass ich weiterhin auf seine Brust starren musste oder an die Decke. Posend baute er sich vor mir auf, wobei seine schwarzen Haare im Abendlicht vor lauter Pomade nur so glänzten und strich sich schwungvoll seine schwarze Strähne aus dem Gesicht. Sein Oberkörper war mit ungewöhnlich viel dunklem Haar versehen, das sich wuschig und auch zottelig über seinen Körper, vom Rücken über die Brust bis in den Intimbereich, zog.

Ich wusste gar nicht, dass man so viele Haare haben konnte und erst recht wusste ich nicht, wo ich hinschauen sollte. Seine plötzlich hohe Stimme irritierte mich zutiefst, als er sofort zu reden begann. Mein Kopf war dumpf und ich konnte kaum verstehen, was er sagte, außer den Worten: "Die Geschäftspartner haben abgesagt, mein Schatz." Doch anstatt sich zu ärgern, reagierte er begeistert: "Das ist großartig!" " Wir haben endlich Zeit füreinander und können in Ruhe plaudern." Mir wurde übel und ich wusste, dass ich so schnell wie möglich hier weg musste. Und wer zur Hölle ist "mein Liebling"? Die spärliche Einrichtung, die er von zu Hause mitgebracht hatte, war kalt und wirkte wie zufällig zusammengeworfen. Nur ein riesiges Ölgemälde von

Timmy hing an der Wand und strahlte seine Selbstverliebtheit aus.

Als ich das sah, wurde mir schon wieder schlecht. Mein Magen fing an, verrückt zu spielen. Ich saß in der Höhle des Löwen und dachte darüber nach, wie ich hier so schnell wie möglich wieder rauskomme. Timmy verschwand in einem Nebenraum. Als er wieder kam, nur kurze Zeit später, hatte er sich jetzt ein sehr durchsichtiges Hemd übergezogen. Deutlich zeichneten sich seine Brustwarzen ab und mir war klar, entweder ich laufe hier raus oder kotze in sein komisches Wohnzimmer.

Zum Laufen fehlte die Kraft. Ich war wie festgeklebt auf diesen Stuhl. Als Timmy immer näher kam und ich ihn schon fast körperlich spürte, raunte er mir zu. „Zieh doch deine Jacke aus, es ist doch viel zu warm. Komm, wir machen es uns gemütlich. "Ich habe extra mit viel Liebe gekocht." Wobei die Betonung auf das Wort Liebe lag. Ein eiskalter Schauer erfasste mich und gab mir dann endlich die Kraft aufzuspringen und zur Tür zu hechten. Ich bemerkte, dass Timmy mir hinterher kam. Er war mir sehr nahe. Viel zu nah. In dem Moment, als er mich berührte, fing ich aus aller Kraft an zu schreien. Erschrocken ließ Timmy mich los. Ich riss die Haustür auf, welche Gott sei Dank nicht abgeschlossen war, und stürzte nach draußen. Überrascht von der frischen Luft und meiner wiedergewonnenen Freiheit lief ich wie eine Irrsinnige zum Auto und startete sofort durch. Mein Fuß erfasste das Gaspedal mit voller Stärke. Das Auto glitt schlingend, schleudernd und quietschend vom Hof. Nur um Haaresbreite entging ich schon wieder der Laterne, konnte jedoch nicht verhindern, dass ich eine Mülltonne umfuhr, die scheppernd und klappernd zu Boden fiel. Mein Herz raste in enormer Geschwindigkeit und schien sich fast zu überschlagen. Angekommen auf der Hauptstraße versuchte ich mich zu beruhigen und drosselte die Geschwindigkeit. Bei der nächsten Gelegenheit fuhr ich an den Straßenrand, öffnete die Tür, stürzte raus an die frische Luft und atmete erstmal tief ein. Erst jetzt fiel mir auf, dass es in Timmys Wohnung überhaupt nicht nach Essen gerochen hatte.

Am anderen Morgen bin ich dann doch wieder zur Arbeit gefahren. Mir ging es überhaupt nicht gut, denn ich habe kaum geschlafen und mit Heinrich noch eine halbe Nacht diskutiert. Bei den vielen Möglichkeiten, die gestern Abend theoretisch denkbar gewesen wären, sind wir dann zu dem Entschluss gekommen, dass ja eigentlich nichts passiert ist. Mein ganzer Körper weigerte sich, das zu glauben. Ich wollte nie wieder einen Schritt auf das Firmengelände setzen. Wenn es nach mir gegangen wäre, dann wäre ich gleich heute früh zur Polizei gelaufen und hätte eine Anzeige aufgegeben.

Heinrich meinte sofort, dass ich das auf keinen Fall machen sollte. „Was willst du denn denen erzählen?" fragte er mich. Gestern Abend sind mir dazu noch Antworten eingefallen. Doch heute früh, als ich wach wurde und mein Gesicht im Spiegel betrachtete, waren alle Antworten weg. Passiert ist ja wirklich nichts. Ich war nur schockiert. Timmy hatte ja nicht versucht Gewalt einzusetzen, mich mit einem Messer bedroht oder mir irgendwelche Pillen in den Wein gemischt. Nein, ich hätte ganz schön blöde vor der Polizei gestanden, wenn ich denen gesagt hätte, dass ich vor seinen Brustwarzen weggerannt bin. Das dachte ich, als ich mit Oskar am Frühstückstisch saß. Oskar schaute mich an und wollte noch mit mir spielen. Ich sah in sein kleines süßes Gesicht und konnte wieder lächeln. Jetzt ging es mir wieder ein wenig besser. Ich räumte das Geschirr beiseite, fing meinen Sohn ein, der jetzt noch unbedingt mit mir Verstecken spielen wollte, brachte ihn zum Kindergarten und begab mich auf den Weg zum Festplatz.

Es war einiges vorzubereiten für den kommenden Abend. Ware musste ran geschafft werden, Wechselgelder vorbereitet werden, das etwas angeschlagene Werbeschild neu beschriftet werden. Auch fehlten mir für den Abend noch ein Ordner und ein Kellner. Der DJ hatte sich gemeldet und sich wegen einer Krankschreibung entschuldigt. Das hat mir gerade noch gefehlt. Ich musste eben noch einiges organisieren für die heutige Tanzveranstaltung. Der sonst stets vorhandene Elan meldete sich heute überhaupt nicht bei mir. Die Aufgaben, welche vor mir lagen, erschienen mir heute gewaltig und fast unmöglich.

Fürchterliche Kopfschmerzen begleiteten mich schon seitdem ich wach war. Mein gepeinigter Körper schrie förmlich nach Ruhe und erholsamen Schlaf. Doch Jammern hatte da keinen Sinn. Kurz entschlossen startete ich durch und fuhr ins Lager. Nachdem ich die Ware im Auto hatte und mit meiner Liste abgeglichen war, fuhr ich über die Landstraße zum Festplatz. Schon von Weitem stockte mir der Atem, denn hier stimmte etwas nicht. Ganz und gar nicht!

Mit einem Bein war ich bereits aus dem Auto. Weiter bin ich nicht gekommen und starrte auf das mir gebotene unglaubliche Bild. Es war alles zerstört. Anfangs konnte ich nur das aufgeschlitzte Zelt erkennen. Lose flatterten die Planen im Wind. Jemand hatte das einst so schöne Festzelt in Hunderte von Streifen geschnitten. Ich befreite mich aus meiner Starre und begab mich fassungslos zum Ort des Geschehens. Eine Windböe erhob sich in der Luft und wirbelte mir einige von diesen Plastikbechern um meine Beine. Erst jetzt sah ich, dass bereits der gesamte Festplatz mit diesen Bechern bestückt war. Es müssen einige hunderte gewesen sein, die den Festplatz zierten. Ich lief zum Zelt, um mir das gesamte Ausmaß der Katastrophe anzuschauen. Durch den offiziellen Haupteingang musste ich nicht durch. Genügend Schlitze in dem Zelt gewährten jetzt Einlass und Einsicht. Vorsichtig schob ich eine der Planen beiseite und trat ein. Was ich jetzt sah, war nicht mit Worten zu beschreiben. Hier hat jemand ganze Arbeit geleistet. Was man kaputt machen konnte, war kaputt. Was man zerstören konnte, war zerstört, was sich weder kaputt noch zerstören ließ, hatte man versucht, auf einen riesigen Haufen zu schmeißen und zu verbrennen, was nur teilweise gelungen war. Tische, Stühle, Becher und Pappen, die Palmen, die letzten Lichterketten und selbst Pommes lagen kreuz und quer durcheinander und boten ein Bild der Verwüstung. Sogar an die letzten Cola Kisten hatte man sich zu schaffen gemacht und versucht diese so klein wie möglich zu schlagen. Überall lagen Scherben umher. Die Speisekarten, welche wir mühevoll am PC erarbeitet hatten, waren zerfetzt und flogen in Einzelteilen mit dem Wind und den Bechern durch die

Luft. Hier und da schwelte noch eine letzte Glut. Die Täter müssen vor Kurzem erst verschwunden sein.

Ich sah nach oben und musste fassungslos auf das angesengte Zeltdach schauen. Mein Gott, wenn das auch noch Feuer gefangen hätte, dann wäre hier alles niedergebrannt. Die Festbühne und auch die jetzt ungenutzten Verkaufsstände, welche immer noch da standen, als wenn jeden Moment der Konsum und die HO Moment wieder einziehen würden. Ich hatte keine andere Wahl, als Timmy persönlich zu informieren. Doch ausgerechnet heute, wo ich diesen Menschen am liebsten gemieden hätte wie die Pest. Ich musste mich auf den Weg machen und wünschte mir inständig ein Handy herbei.

Ein einziger Anruf hätte genügt, um die unangenehme Aufgabe zu erledigen. Mir blieb nichts weiter übrig, als mich ins Auto zu setzen und in die Firma zu fahren. Als ich versuchte auf die Hauptstraße zu gelangen, kam mir Peter schon entgegen. Ich freute mich riesig, ihn zu sehen und war schon fast den Tränen nahe. Froh darüber, wendete ich mein Auto und fuhr hinter Peter zum Festplatz zurück.

Peter hatte die Situation mit einem kurzen Blick erfasst. Er war ebenso entsetzt wie ich und versuchte noch einen der Tische zu retten. Doch es war sinnlos. An irgendeiner Stelle waren diese alle in irgendeiner Form beschädigt. Peter hatte sein Handy im Auto. Das war schon mal sehr erfreulich. Sofort riefen wir Timmy an. Peter berichtete mit knappen Worten von den Ereignissen. Keine zehn Minuten später kam Timmy in seinem Cabriolet angerast, bremste scharf und kam knapp vor unseren Füßen zum Stehen. Mit hochrotem Kopf stieg er aus dem Auto und fing sofort an zu schreien und zu toben. Nicht mit Peter oder mir schrie er umher. Ich hatte das Gefühl, dass er das kaputte Zelt mit seiner zerstörten Einrichtung dafür verantwortlich machen wollte, was passiert ist. Was ihm natürlich nicht gelang. Denn nach einer ganzen Weile muss auch er bemerkt haben, dass keiner der beschädigten Tische oder Stühle in irgendeiner Art und Weise reagierte. Nein, sie blieben alle unbeeindruckt von Timmys Raserei. So langsam wurde auch er ruhiger. Doch bei dem Versuch, die Polizei zu informieren, kehrte seine gesamte Wut wieder zurück. Er schrie förmlich in den Hörer, fuchtelte aufgeregt mit den Armen, stampfte dabei mit großen Schritten hin und her.

Der hiesigen Polizei wird es bestimmt nicht einfach gefallen sein, die Bedeutung dieser Meldung im Großen und Ganzen zu verstehen. Doch da die Polizei und der Festplatz nur einen Katzensprung voneinander entfernt lagen, war unser ABV dann aber doch schnell zur Stelle. Eine halbe Stunde später schon waren wir dann von mehreren Streifenwagen, dem Bürgermeister und einem Staatsanwalt umgeben. Das Ereignis musste sich auch in Windeseile schon im Ort umher gesprochen haben.

Die ersten Schaulustigen waren bereits vor Ort und schauten trotz der ungewöhnlichen Vormittagsstunde fassungslos auf das Geschehen. Bis dahin hatte Timmy kaum mit mir gesprochen und benahm sich auch weiterhin, mir gegenüber, sehr distanziert.

15

Der ganz normale Wahnsinn

Abends top munter und morgens „so" müde. Während der Saison scheint es ein Dauerzustand zu sein. Der tägliche gute Vorsatz, früher ins Bett zu gehen, scheiterte damit auch täglich.

Auch gestern Abend ist es wieder einmal sehr spät geworden. So, wie eigentlich immer. Doch es war ja so eine angenehme und lustige Runde an der Abendbar Einige konnten sich vor Freude kaum halten und lachten dabei herzhaft, während sie vor Lachen sogar Tränen in den Augen hatten.

Keiner von uns wollte solche Abende missen. An Schlaf war da nicht zu denken.

Jeder Versuch, einen dieser Witze nachzuerzählen, scheiterte schon daran, dass man sich nicht an einen einzigen Witz erinnern konnte, obwohl doch so viele die Runde machten. Ich glaube, ihr kennt das alle. Noch verschlafen taumelte ich ins Bad und schaute in den Spiegel. Mein Spiegelbild verriet mir, dass ich auf der Stelle wieder ins Bett sollte. Zu gern wäre ich der Aufforderung nachgekommen. Doch das ging natürlich nicht, schon gar nicht während der Hochsaison. Als ich aus dem Fenster schaute, sah ich schon unseren Gerrit im sportlichen Dress zum Strand laufen. Gerrit schien in bester Kondition zu sein, obwohl er gestern einer der letzten Gäste an der Abendbar war und immer noch mit einem halb gefüllten Glas Bier eine Geschichte nach der anderen erzählte. Wie macht der das nur, dachte ich so bei mir?

Ohne Kaffee ging bei mir gar nichts. Zum Glück hatte Heinrich die Frühschicht übernommen, sodass ich noch duschen und im Anschluss einen starken Kaffee ganz in Ruhe trinken konnte, bevor es losging. Das war auch gut so, denn es sollte noch ein arbeitsreicher Tag werden. Ein Blick in den Reservierungsplan verriet schon so einiges. Acht Abreisen, neun Anreisen. Koffer auf die Zehn und Blumen in Zimmer Nummer elf. Diese musste ich auch noch von der Gärtnerei abholen. Zudem war der Wäscheservice angemeldet und die Bierleitungen sollten heute auch noch gespült werden. Obst für die Zimmer Sechs und Acht sowie ein Taxi für die Drei. Noch nicht erwähnt sind die unzähligen Anfragen, die hier täglich beantwortet werden mussten. Egal, ob per Mail oder per Telefon oder auch persönlich vor Ort, vom frühen Morgen und auch oft bis spät in die Nacht.

Der ganz normale Wahnsinn eigentlich, bis ich den Eintrag für die Eins bemerkte. Hier hatten die Gäste noch zusätzlich ein Babybett gebucht. Zimmer Nummer Eins war ein Familienzimmer mit den Ehebetten, einer Aufbettung und es hatte trotzdem noch Platz genug für ein kleines Bett, das man dort nach Bedarf aufstellen konnte. Doch wir verfügten nur über zwei Babybetten und diese waren bereits in anderen Zimmern untergebracht und das auch noch für einige Tage und Nächte. Jetzt war guter Rat teuer. Für mich war klar. Noch diese Woche wird ein weiteres Bettchen gekauft. Damit war das Problem jedoch nicht geklärt. Wir benötigten heute noch so ein Bettchen. Heinrich war unterwegs, um unsere Gäste vom Bahnhof abzuholen. Den konnte ich nicht fragen. Darum beschloss ich, jetzt eine Freundin anzurufen. Sie hatte ähnliche Sorgen wie ich und stand ebenfalls bis spät in die Nacht hinter einer Abendbar, um ihre Gäste zu bedienen.

Ich konnte nur hoffen, dass sie Zeit für mich hat. Das hatte Heike dann auch. Gleich nach dem ersten Klingeln nahm sie auch ab. Das war schon mal sehr erfreulich. Auf meine Frage nach einem Babybett sagte sie nur: „Da hast du Glück, heute reist eine Großfamilie ab. Damit wird das Babybett wieder frei. "Das Bettchen kannst du dann haben." „Die Gäste sind aber noch nicht abgereist", meinte sie dann noch. „Es wird noch ein wenig dauern. Das war mir aber egal. Glücklich bedankte ich mich und legte auf. Mit einem Blick zur Uhr war mir klar, dass der

Strand abgesagt war. Dafür würde auch heute keine Zeit sein. Ich wollte schon weiter, da kam Heinrich mit den neuen Gästen vorgefahren. Die Türen vom Van öffneten sich und heraus stürmten zwei kleine Kinder. Sofort eroberten sie den Garten und tobten wie wild umher. Bei näherem Betrachten war zu erkennen, dass es sich hier um Zwillinge handeln musste. Allerliebst dachte ich noch so bei mir. Die Mama der beiden Kleinen stieg dann sehr vorsichtig und behutsam mit einem Baby im Arm vom Rücksitz des Autos. Mein Heinrich und der Papa der Familie waren bereits dabei, das Gepäck zu entladen. Davon schien es reichlich zu geben. Denn schon nach kurzer Zeit türmten sich die Koffer und Rucksäcke auf den Rasen vor der Zimmertür. Ich hatte nicht vor, mit meinem Räuber-Look unsere neuen Gäste zu begrüßen. Doch Heinrich schien das anders zu sehen und rief mich schon heran. „Mist noch mal", dachte ich noch so bei mir. „Wäre ich doch schon weg gewesen." Doch ich war noch vor Ort und mir blieb nichts anderes übrig, als auf Sie zuzugehen und unsere Gäste herzlich willkommen zu heißen. Als das dann auch erledigt war, konnte ich endlich zu meiner Freundin fahren, um das Bettchen zu holen. Doch vorher erinnerte ich Heinrich nochmals daran, die Rattenfalle aufzustellen. Denn gestern Abend war er rundum mit dem Umräumen der Kammer beschäftigt.

Das heißt, bis auch er an unsere Bar kam und mit unseren Gästen gemeinsam über jeden Witz herzhaft lachen konnte. Es war ja schwer, sich dem Bann der Gemütlichkeit zu entziehen und viel entspannter nach seiner unangenehmen Arbeit. Da konnte man auch keine Rattenfallen aufstellen. Es war bestimmt viel zu gefährlich nach zwei, drei Bierchen. Mit einem Handzeichen gab er mir zu verstehen, dass alles seinen Gang gehen wird. Mit dem Babybett hat es doch länger gedauert als vermutet. Ich habe meine Freundin seit einigen Wochen nicht mehr gesehen, obwohl wir in demselben kleinen Ort wohnen. Ihr Haus lag dem Strand genauso nah wie meine kleine Pension, jedoch am anderen Ende des Ortes. Wir hatten ähnliche Sorgen und ähnliche Probleme und beide hatten keine Zeit für ein Treffen während der Saison. Als ich dort ankam, hatte sie bereits alle Zimmer gereinigt, die für den heutigen Tag gereinigt werden mussten. Sie wusste auch, dass es heute noch zwei weitere Anreisen geben würde. Da es sich um einen Freitag handelte, konnte man davon ausgehen, dass es wieder einmal sehr spät werden würde, da die Leute oft erst nach Feierabend in Richtung Urlaub fahren können. Da man aber vorher nie weiß, wer noch alles und insbesondere, wie viele Leute ebenfalls ihr Wochenende auf Usedom verbringen wollen, ist ein Stau in der gewünschten Richtung meistens schon vorprogrammiert.

Das leidige Thema Anreisen war stets ein aktuelles Thema und beherrschte bereits seit Jahren unseren Tagesablauf. Obwohl jeder in seinen Reservierungsbestätigungen und Hausprospekten auf geregelte Zeiten für die Anreise hinweist, haben sich viele unserer Gäste kaum daran gehalten. Die meisten kamen schon zur vorgeschriebenen Zeit, doch viele auch irgendwann, wenn die Zimmer noch nicht fertig waren. Das war dann immer sehr anstrengend. Doch, viel nerviger waren die Spätanreisen. Ist eine telefonische Spätanreise vorgesehen und abgesprochen, dann ist das alles kein Problem. Man kennt den Termin und stellt sich darauf ein. Kommt der Gast jedoch unangekündigt viel zu spät, dann ist der ganze Tag im Eimer. Nicht einmal unter die Dusche traut man sich, weil ja in dem Moment die Anreise kommen könnte. Spaziergang abgesagt wegen der Anreise. Genauso die kleine Fahrradtour entfällt wegen der Anreise. Mit Freunden unterwegs, einen Strandspaziergang oder nur zum Einkaufen, abgesagt, weil ja noch eine Anreise fehlt. Gemütlich abends auf die Couch einrollen ist ebenfalls abgesagt, es könnte doch die Anreise erscheinen. Früher ins Bett gehen - unmöglich wegen der Anreise.

Es nervt fürchterlich. Dabei wissen doch unsere Gäste, dass sie in einer Pension gebucht haben. Dass ein Hotel so etwas wie ein Nachtportier beschäftigt, das kann man voraussetzen. Doch ein kleines Gästehaus funktioniert anders. Das ist ein Familienbetrieb und immer mit viel privaten Einsatz verbunden. Doch vielen meiner Gäste war das völlig schnuppe und erschienen daher meistens nach Lust und Laune. Doch auch Anreisen einen Tag zu früh oder zu spät waren keine Seltenheit.

Manchmal lag es aber auch nur daran, dass sie die Wochentage verwechselt hatten. Sie waren einfach im Urlaub. Da waren Wochentage und deren Bedeutung zweitrangig geworden. So plauderten wir über eine Stunde über die vielen großen und kleinen Episoden, die wir täglich erlebten. Ein Thema, das kein Ende findet. Mein Leitspruch lautet deshalb immer: Arbeite mit Menschen und du lachst dich tot.

Sehr lustig wurde es immer, wenn der Gast am Tage seiner Anreise irgendwo im Ort gefeiert hat. Seine Orientierung zu seinem neuen Ferienhaus ist dann meistens noch gleich null. Nicht selten kam ein Taxifahrer dann mit einem Gast vorgefahren, weil der Gast dann einfach vergessen hatte, in welchem Haus er eingecheckt hatte. War es unser Gast, dann haben wir ihn auch da behalten und auf sein Zimmer gebracht. War es nicht unser Gast, dann musste der Taxifahrer so lange weiter suchen, bis er das richtige Gästehaus von seinem Passagier gefunden hatte. Wir hatten uns so richtig vertieft in unser Gespräch und damit auch die Zeit vergessen.

Plötzlich fuhr ich erschrocken hoch. Ich musste doch noch mit dem Bettchen nach Hause. Auch wenn die Häuser nicht weit voneinander entfernt lagen, so musste auch ich die Einbahnstraßen fahren und war der Willkür der autofahrenden Urlauber ausgesetzt. Heinrich wartete bereits ungeduldig auf mein Erscheinen. Ich weiß nicht, wie oft wir uns schon gegenseitig die Schlüssel und hauptsächlich das Telefon in die Hand gegeben haben, um 24 Stunden am Tag für unsere Gäste da zu sein. Um selbst mal das Weite suchen zu können, um selbst mal einige Termine wahrnehmen zu können, auch wenn es sich nur um einen Zahnarzttermin handelte, musste dieser exakt den Bedürfnissen des Hauses angepasst werden. So war es auch heute. Eilig lief er zum Auto, winkte kurz und startete den Motor durch. Da stand ich nun, mit dem Babybett unter dem Arm und mir wieder einfiel, dass ja heute der Termin beim TÜV war. Diesen hatte ich bei dem Geplauder mit meiner Freundin einfach vergessen. Ich wollte ihn noch schnell nach der Rattenfalle fragen. Doch Heinrich war bereits mit dem Auto vom Hof verschwunden. Zimmer eins war Gott sei Dank ohne Gäste. Meine neuen Gäste mit den Zwillingen waren sicherlich schon am Strand unterwegs.

Schnell holte ich den General, schloss das Zimmer auf und stellte das Bettchen auf. Ich stellte mir das überhaupt nicht einfach vor, mit zwei Kleinkindern und einem Baby am Strand. Woran man da alles denken muss. Was da alles mitgenommen werden muss, damit für jeden gesorgt ist und alle zufrieden sind. Dabei schaute ich mich in dem Zimmer um, wo jetzt die vielen Reisetaschen sowie diverses Spielzeug zu finden waren.

Wenn ich das alles einpacken und auch wieder auspacken und vor allen Dingen dann zu Hause wieder angekommen waschen müsste, um es später wieder ordentlich in die Schränke zu legen, damit wäre ich wahrscheinlich völlig überfordert und musste dabei an die Mama der Kinder denken, welche es nicht nur schaffte sich, um die Siebensachen ihrer Familie zu kümmern, sondern obendrein auch noch verdammt gut und gepflegt aussah. Da war ich doch froh, dass Oskar schon ein Schulkind war und völlig unkompliziert in der Angelegenheit Strand.

Heute musste ich auch an die Rezeption. Der Monat ging zu Ende. Daher stand der Monatsabschluss auf meiner Warteliste. Das war immer eine Arbeit, bei der man froh war, wenn sie erledigt war. Außerdem fehlten mir noch, wie konnte es anders sein, einige Anreisen. Die Salate für das kommende Frühstücksbuffet mussten auch noch vorbereitet werden und die Rosen im Garten dringend gegossen werden. Ich setzte mich in mein Büro, welches in eine der schönen Sonnenveranden eingebettet war und startete mein Buchhaltungsprogramm. Unsere Miezekatze wollte sich wieder einmal über die Tastatur ausrollen. Als ich sie vertrieb, blieb sie hartnäckig auf der Fensterbank liegen und schnurrte vor sich hin. Bei den Gedanken an die leckeren Salate verspürte ich einen enormen Appetit und beschloss, mir zuvor etwas zum Knabbern zu holen. Doch das Telefon hinderte mich immer wieder daran. Wegen der schönen Wetterlage wollten unzählige Menschen an den Ostseestrand reisen. Es fühlte sich an, als hätte ich schon mit Tausenden von Menschen gesprochen und ihnen erklärt, dass wir ausgebucht sind - genauso wie die gesamte Insel. Doch die Hartnäckigkeit der Anrufer war bewundernswert. Immer wieder probierten sie ihr Glück, um einen Platz an den Traumstränden von Usedom zu ergattern.

Als ich in der Küche stand, um ein wenig zu naschen, fiel es mir wieder ein. Dafür musste ich in die Speisekammer. Dort waren all die leckeren Sachen gelagert, jetzt natürlich alles unter Schutzhauben, in großen Gläsern oder auch in Frischhaltedosen. „Was sollte es?", dachte ich, "wir können doch nicht vor Herbert weglaufen, nur weil er das nicht tut." Eine blöde Situation war das, doch im Moment leider nicht zu ändern. Wir konnten nur hoffen, dass Herbert weiterhin unsichtbar für unsere Gäste bleibt und nicht versucht, in eines der Gästezimmer oder gar in eine der Gästetoilette aufzutauchen. Ich glaube, dann hätte ich ganz schnell die Damen der Hygiene zu Gast. Einen solchen Besuch wollte ich nun wirklich nicht haben.

Ein Maunzen hinter mir zeigte an, dass sich die Katze auch in der Küche befand. Ich hatte schon die Klinke zur Tür in der Hand, da bemerkte ich ein lautes Fauchen von unserer Katze. Sie schien das Herbert Tier zu wittern. Doch anstatt in Position zu gehen und Herbert mit seinem Gefolge zu vertreiben, verließ sie fluchtartig die Küche und eilte in den Garten hinaus. Also betrat ich allein die Speisekammer, was sich sofort als sehr sinnvoll ergab. Heinrich hat endlich die Rattenfalle aufgebaut. Die war wirklich gewaltig. Die war ja riesig groß. Damit hätte man Kaninchen fangen können oder auch einen Fuchs, dachte ich so bei mir. Können denn Ratten wirklich so groß werden? Ich wusste es nicht, ich wusste nur, wäre ich ein Stück weitergegangen, dann wäre jetzt mein Fuß zu Matsch. Was hatte sich Heinrich nur dabei gedacht? Ohne Vorwarnung. Gern hätte ich die Unfallquelle beseitigt, doch dieses Unding zu berühren, das wollte ich ebenfalls nicht. Ich fasse das nicht an! Nie im Leben. Vorsichtig bemühte ich mich nun, um die Falle herum, meine Sachen aus der Speisekammer zu holen, konnte dabei meinen Blick von diesem monströsen Unding nicht lösen. Als Köder hatte Heinrich reichlich Käse ausgelegt. Dann auch noch den von der teuren Sorte. "Na gut", dachte ich noch so, „wenn das Mittel den Zweck heilt, dann kann es auch der teure Käse sein."

Mein Essen war fertig, da hörte ich die Tür aufgehen und Heinrich betrat den Raum. Wie immer schien er genau zu wissen, wann das Essen fertig sein würde. Ich schüttelte den Kopf und konnte nicht anders, als mich zu fragen, wie er das bloß immer hinbekommt. Doch in diesem Moment war ich einfach nur froh, dass er da war, um mit mir zu speisen und unser kleines Problem ungestört besprechen zu können. Wir ließen es uns gemeinsam schmecken. Oskar war mit seinen Freunden unterwegs und würde wahrscheinlich erst am Abend nach Hause kommen. Es war genügend Zeit, um das Problem Rattenfalle zu besprechen. Wir bastelten anschließend eine Art Schutz um die Falle. Getränkekisten wurden drumherum gestellt. Sodass man nicht unmittelbar in die Falle treten konnte, doch Herbert noch genügend Platz haben würde zum Laufen. Doch inzwischen wurde es ziemlich eng in der Kammer. So viel Platz hatten wir da auch nicht. Schon wieder fingen wir an, alles um zu räumen und staunten nicht schlecht, wie viel Arbeit uns die Ratten bereits gemacht hatten.

Am nächsten Morgen wurden alle Kollegen nochmals auf die Situation aufmerksam gemacht. Es musste unbedingt verhindert werden, dass sich dort unsere Miezekatze verlaufen konnte. Und ich wollte keinen meiner Kollegen mit so einer Riesenfalle am Fuß zum Arzt schicken müssen. Jetzt war jeden Morgen besondere Aufmerksamkeit angesagt. Derjenige, der den Frühdienst hatte, musste prüfen, ob wir Herbert oder seine Verwandtschaft schon in der Falle hatten.

Jeden Morgen dasselbe Schauspiel. Der Käse war weg und die Falle war leer. Auch Herbert musste gelernt haben. Egal, wie wir den Käse legten, er war am nächsten Morgen verschwunden. So langsam wurde er mir richtig teuer. Dann kam die Idee mit dem Speck. Auch hier wieder Speck weg. Falle leer. Jeden Tag stand Heinrich verwundert vor seiner Superfalle und schüttelte den Kopf. Er konnte es nicht fassen, dass eine Ratte allein in der Lage sein sollte, sich den Köder zu schnappen und dann mit heiler Haut davonzukommen. Ich konnte das ebenfalls nicht verstehen, überließ aber gern in der Angelegenheit Heinrich die alleinige Verantwortung. Bis Heinrich eine neue Idee hatte. Der Frühstücksspeck wurde nun angebraten und angenagelt. Einige meiner Kollegen meinte dann, das sei narrensicher. Ich konnte nur hoffen, dass sie Recht behalten würden.

Am folgenden Morgen hatte ich den Frühdienst. Ich öffnete die Kammertür und sah schon von Weitem, die Falle hatte zugeschnappt. Wir hatten ein Brötchen gefangen. Da es ein altes Brötchen war, war es durch die Wucht des Aufschlages in tausend kleinen Krümeln zerfallen.Was soll ich sagen, wir fingen noch fünf weitere Brötchen, zwei Mohrrüben und einen Kohlrabi. Und draußen lachten die Möwen lauter und schriller als je zuvor.

16

Schatzilein

Der Herbst war in diesem Jahr ungewöhnlich schnell eingezogen und zeigte sich von seiner ungemütlichen Seite. Der Nieselregen fiel schon seit Tagen und mischte sich mit den fallenden Blättern, die jetzt zu tausenden den Festplatz und auch die Landstraßen schmückten. Das machte es uns nicht gerade leichter. Wir waren mächtig am Rackern, denn alles sollte doch so schön wie möglich werden. Doch so wie wir die Blätter auf den Lkw luden, fielen sie wieder von den Bäumen nach. Diese Arbeit schien kein Ende zu nehmen und schien uns zu verspotten. Trotzdem ließen wir uns nicht unterkriegen. Wir wussten, dass es sich lohnen würde und dass es ein einmaliges Fest geben wird. Mit vereinten Kräften schafften wir es letztlich doch noch, den Platz weitgehend vom Laub zu befreien.

Timmy saß in seinem neuen Auto und telefonierte, garantiert ganz dringende Sachen. Wenn man ihn sah und hörte, dann könnte man wirklich meinen, dass ohne ihn die Welt nicht existieren könnte. Lautstark schrie er in den Hörer, dass auch wir, trotz des aufkommenden Windes, gezwungen waren, einige Gesprächsfetzen mit anzuhören. Er fuchtelte dabei mit den Armen und schien sich dabei überschlagen zu wollen.

Was habe ich mich getäuscht! Wie konnte ich nur denken, dass er ein Mann von Welt wäre? Ich seufzte und schüttelte den Kopf. Er war nichts weiter als ein

Spinner. Ein Großkotz eben. Das vermeintliche Geld, welches er mitgebracht hatte, war nichts weiter als geborgtes Geld. Der große Truck war geliehen, seine Klamotten reichlich abgetragen. Dabei war mit Sicherheit die Haarsträhne auch nur ein Toupet. Einzig allein der Goldzahn schien echt zu sein. Das war aber schon alles.

Timmy war ein Angeber, das stand fest. Doch trotz all seiner Mängel hatte Timmy eine gewisse Anziehungskraft auf die Menschen um ihn herum. Vielleicht lag es an seinem selbstbewussten Auftreten oder daran, dass er immer für eine Überraschung gut war. So blieb Timmy ein Rätsel für viele, aber dennoch faszinierend in seiner Art. Und wer weiß, vielleicht steckt doch mehr hinter dem Mann mit dem goldenen Zahn.

Timmy war ein Meister der Überzeugungskraft, auch wenn er manchmal etwas zu sehr auftrumpfte. Doch trotz seiner Schwächen hatte er immer einen Weg gefunden, sich durchzusetzen. Ob im Beruf oder im Privatleben-Timmy wusste genau, was er wollte und wie er es erreichen konnte. Und so blieb dieser Mann mit dem goldenen Lächeln für viele ein Mysterium, aber dennoch einer, den man nicht so schnell vergessen würde. Timmy schien das nicht zu stören. Im Gegenteil. Seine Arroganz schien keine Grenzen zu kennen. Genauso wenig wie seine ständige Prahlerei. Doch trotz all dem konnte man nicht leugnen, dass er ein begnadeter Redner war. Seine Worte hatten Macht und seine Argumente waren oft überzeugend. Aber das änderte nichts daran, dass sein Verhalten vielen auf die Nerven ging.

Seit Kurzem hatte er eine angebliche Freundin. Die Dame war spindeldürr, trug ihr Make-up fingerdick auf und schmückte sich mit schrillen Farben und kurzen Röcken. Oh, mein Gott! Dabei waren die Augen mit reichlich dunklen Farben geschminkt, das Wangenrouge war viel zu übertrieben aufgetragen und die Lippen stets knallrot. Als ich die Dame kennenlernte, glaubte ich noch, es handle sich hier um ein Kostüm. Das war es dann aber doch nicht. Ich war erstaunt, wie diese Beziehung zustande gekommen war. Sie sah aus wie ein bunter Vogel, der völlig übertrieben geschmückt war. Ein Blick genügte, da konnte sich jeder denken, welchem Gewerbe sie entsprang. Na ja, vielleicht hatte sie ja ganz besondere Qualitäten. Und welche das waren, das wollte ich gar nicht wissen. Timmy nannte sie Schatzilein. Schatzilein war nie zu überhören, denn sie redete wie ein Wasserfall. Sie schien auch nie zu bemerken, wenn das Gespräch schon längst beendet war. Sie redet einfach stundenlang weiter. Da Timmy sich jedoch selbst gern reden hörte, wurde Schatzilein oft des Platzes verwiesen. Doch Schatzilein kam immer wieder. Sie nervte uns alle. Gleich einem Bumerang vergingen keine zwei Minuten, da tanzte sie bereits wieder mit ihrem kurzen Rock vor Timmys Nase umher.

Heute schien es aber Schatzilein zu übertreiben. Timmy hatte sie schon mehrfach des Platzes verwiesen. Doch je öfter Timmy sie vertrieb, desto hartnäckiger kam sie wieder und wurde jedes Mal ein wenig lauter und schriller. Es schien ihr auch egal zu sein, ob Timmy telefonierte oder nicht. Bis plötzlich die Autotür aufgerissen wurde. Timmy sprang heraus, packte sie zornig und wutentbrannt am Oberarm und zerrte sie zum

Rande des Festplatzes. Was dann geschah, konnten wir leider nicht mitverfolgen, denn beide befanden sich jetzt hinter einer Baumgruppe und damit außerhalb unseres Blickfeldes. Doch hören konnten wir sie ausgezeichnet. Der eine versuchte, den anderen zu übertönen. Sie schrien sich an, dass die Fetzen flogen. Mit hochrotem Kopf erschien dann Timmy nach einiger Zeit wieder auf der Bildfläche. In seiner Hand hatten sich einige von ihren rötlichen Haaren verfangen. Angewidert versuchte er, die Haarfetzen zu beseitigen, wobei er seine Hände immer wieder an seine Hose streifte. Die Dinger wollten seine Hände nicht verlassen, da sie sich wahrscheinlich unter seine Fingernägel verkeilt hatten. Timmy zupfte nervös an seinen Fingern umher und stieg dann schreiend und fluchend in sein Auto. Heulend und völlig zerzaust kam jetzt auch das Schatzilein zum Vorschein.

Timmy musste ihr Shirt eingerissen haben. Denn dieses hing lose von Ihrer Schulter herunter. Ihre Schminke hatte sich jetzt über das gesamte Gesicht verteilt. Mit dem verheulten Gesicht und der zerlaufenen Farbe und dem völlig zerzausten Haar glich sie einer welken Tomate. Jetzt sah sie wirklich aus wie der Horror-Clown aus dem Fernsehen. Heulend und glucksend und völlig verschmiert, setzte sie sich auf eine der Parkbänke und schniefte lautstark vor sich hin.

Ich schaute zu Peter hinüber. Er war gerade dabei, einige Bühnenteile miteinander zu verbinden. Er mühte sich mit einem Hammer ab, der bei jedem Schlag laut ertönte. Doch er erwiderte meinen Blick, schüttelte mit dem Kopf und konnte sich, ebenso wenig wie ich, das Lachen verkneifen. Ich nahm zwei Pappbecher und füllte diesen dann mit heißem Kaffee aus einer Thermosflasche. Lachend und grinsend ging ich damit auf Peter zu und sah, dass ihm vor lauter Feixen schon die Tränen liefen. Er unterbrach seine Arbeit, wobei er theatralisch den Hammer hinter seinen Rücken schmiss. Vor lauter Lachen hätte ich beinahe den Kaffee verschüttet. Wir setzten uns auf eines der Praktikabel und fingen an, unseren Kaffee zu schlürfen.

Ich schaute mich um. Der Festplatz hat sich sehr verändert. Die fest installierten Parkbänke waren bereits abgeschraubt, um diese durch neue und größere Sitzmöglichkeiten zu ersetzen. Selbst einige kleine Buchen hatte man umgepflanzt. Die alten Buden von der HO und dem Konsum waren ebenfalls verschwunden. Das alles, um Platz zu schaffen. Platz für die Mega Party, für den ersten Jahrestag der deutschen Einheit.

17

Eine Ratte kommt selten allein

So langsam reicht es! Herbert wurde zu einer richtigen Plage. In der Küche befand sich nichts mehr an seinem vertrauten Platz. Alles wurde in hermetisch abgeschlossenen Behältnissen aufbewahrt. Keine Tüte Mehl, keine Pasta, kein Reis, keine Kartoffeln, kein Lebensmittel stand mehr frei herum. Das Arbeiten in der Küche wurde zu einer großen Suchaktion in den folgenden Tagen. Jede Aktion im Küchenbereich begann stets mit einem besorgten Blick in Richtung Speisekammer und der erste Anwesende des Tages, machte bereits bei seiner Ankunft einen riesigen Alarm, damit das Rattenvolk schleunigst aus dem Küchenbereich verschwindet, sollte es sich dort in der Nähe befinden. Keiner wollte Herbert und seinem Gefolge über den Weg laufen. Eine Kollegin hatte bereits, vor lauter Angst und Ekel, eine dicke Griebe im Gesicht und wollte nur noch auf Zimmer arbeiten und die Küche am liebsten gar nicht mehr betreten. Bereits die Vorstellung von Mäusen jagte ihr eine panische Angst ein, die sie einfach nicht abschütteln konnte. Und dann war da noch die Geschichte mit Herbert, von der sie nachts Alpträume bekam und tagsüber mächtige Bauchschmerzen. Selbst der Bäcker, der uns seit Jahren jeden Morgen um viertel nach sechs die Brötchen lieferte, musste jetzt warten, bis wir ihm die frischen Brötchen persönlich abnahmen. Denn bis dahin wurden diese auf einen zuvor vereinbarten und vermeintlich sicheren Platz, außerhalb des Hauses abgestellt. Herbert hatte ziemlich schnell begriffen, dass jeden Morgen zur selben Zeit die frischen Brötchen ankamen und hatte schon lange den Bogen raus, wie er dann an diese Leckereien kam.

Wir befanden uns mitten in der Hochsaison. Das Sommerfest an der Seebrücke Heringsdorf war im vollen Gange. Ein Ereignis, zu dem in jedem Jahr viele Gäste aus nah und fern anreisten. In diesem Jahr waren erstmals viele internationale Künstler geladen, die auch wir nicht verpassen wollten. Das Sommerfest war nur eines von vielen jährlichen Highlights, die unser Seebad zu bieten hatte. Wir freuten uns immer darauf. Doch die Möglichkeit, am Tage einen Blick auf die Vielzahl der Künstler und Veranstaltungen zu werfen, war für uns kaum möglich, da immer noch sehr viel Arbeit auf uns wartete.

Umso mehr freuten wir uns auf den Abend mit seinen reichhaltigen Programmen und dem traditionellen Feuerwerk. Dann endlich war das Tagwerk geschafft. Es war alles vorbereitet und organisiert für den nächsten Tag. Alle Gäste waren versorgt und auch untergebracht. Es waren sogar alle Anreisen an Bord. Es konnte endlich losgehen. Heinrich warf noch einen letzten Blick in die Küche, dann gab es einen Knall. Danach wurde es dunkel in der Küche. Entsetzt schauten wir uns an und ahnten bereits Unangenehmes.

Heinrich lief zum Sicherungskasten und stellte plötzlich fest, dass wohl eines unserer Küchengeräte nicht in Ordnung sei. Die Sicherung war raus. Das ausgerechnet jetzt, wo wir los wollten. Doch es nutzte nichts. Also begannen wir zu suchen. Jedes Gerät in der Küche wurde inspiziert und kontrolliert. Die Sicherung sprang immer wieder raus. Wir mussten weiter suchen und hofften, dass die alte Kaffeemaschine ihren Geist aufgegeben hat. Hatte sie aber nicht. Der Toaster war es auch nicht. Und auch nicht die Mikrowelle. Alles schien zu funktionieren und war nicht die Ursache des Stromausfalles. Jetzt blieb uns nur noch der Kühlschrank. Doch um an das Kabel ranzukommen, musste das gewaltige Ding beiseite geschoben werden. Die Kühlkombination war passgenau in eine Ecke eingearbeitet worden. Links die Küchenwand und rechts ein Pfeiler, welcher aus mir unbekannter Weise, schon vor der Renovierung an der Stelle stand. Dazwischen war kein Millimeter Platz. Vom Kippen des Kühlschrankes war ebenfalls abzuraten, da dieser stolze zwei Meter hoch war und damit noch größer als Heinrich.

Wir wünschten uns sehr, dass wir den Fehler doch noch an anderer Stelle finden würden. Ich dachte nur. Bitte, bitte lass es doch die Küchenlampe sein. So einfach war es aber nicht. Nein, es war auch nicht die Küchenlampe. Alles hatten wir überprüft. Es blieb uns wirklich nur noch der Kühlschrank. Heinrich war schon knallrot im Gesicht und schimpfte, was er schimpfen konnte. Doch auch das Schimpfen nutzte nichts. Wir begannen den Kühlschrank auszuräumen und stapelten die Lebensmittel in einige der Bäckerkisten. Schon wieder sah die Küche wie ein Schlachtfeld aus. Wenn das Herbert sein Werk war, dann werde ich ihn morgen persönlich zum Henker schicken, ihn vertreiben, erschießen und anschließend ertränken und erhängen. Das schwor ich mir. Ich war sauer. Ich war stinksauer. Bei dem Versuch, das Ungetüm vom Kühlschrank aus seiner Position zu zotteln, klemmte ich mir dann auch noch fürchterlich die Finger ein. Es hatte keinen Sinn. Wir beide allein würden es nicht schaffen können. Wir benötigten Hilfe. Doch woher sollten wir diese nehmen, dann auch noch mitten in der Nacht? Alle, auch meine lieben Nachbarn, befanden sich zu dieser Stunde auf dem Sommerfest, hatten garantiert einen leckeren Drink in der Hand und warteten dabei auf das große Finale, auf das Höhenfeuerwerk an der Seebrücke von Heringsdorf.

Da blieb wahrscheinlich nur die Möglichkeit, die Polizei oder Feuerwehr zu rufen. Doch da sah ich schon, wie Heinrich mit einer Sackkarre über den Hof gefahren kam. Woher hat er nur diese Ideen, dachte ich noch bei mir. Denn mit der Sackkarre könnte es klappen. Diese unter den Kühlschrank zu klemmen, erwies sich als ziemlich schwierig.

Noch schwieriger war es dann, den Kühlschrank Millimeter für Millimeter heraus zu zotteln. Immer wieder mussten wir Pausen einlegen, bei denen wir gemeinsam stritten, mit welcher Taktik dieses Monstrum leichter herauszubekommen wäre. Unsere Nerven lagen blank. Ich hätte heulen können. Der Schmerz in meinem Finger fing bereits an zu pochen. Heinrich war schon wieder rot angelaufen und schien jeden Moment zu explodieren. Deutlich war zu erkennen, wie sein linkes Auge zu zittern begann. So mochte ich ihn überhaupt nicht sehen. Unter Aufwand unserer gesamten Kräfte schafften wir es dann doch. Der Kühlschrank stand nicht mehr an seinem Platz. Jetzt hatten wir endlich die

Möglichkeit, einen Blick dahinter zu werfen. Was dahinter zum Vorschein kam, trotzte sämtlicher Vorstellungen. Das Licht einer Taschenlampe bestätigte das komplette Chaos. Das Kabel war bereits an mehreren Stellen angenagt. Deutlich zeichneten sich die Zähne von den Nagetieren ab. Dass es da nicht schon vorher zu einem Kurzschluss gekommen war, grenzte praktisch an ein Wunder. Aus dem angrenzenden Frühstücksraum drang etwas Licht in die Küche, ließ aber alles im Halbschatten erscheinen und zauberte dabei geisterhafte Bilder hervor. Die gesamte Fläche, auf dem der Kühlschrank stand, war übersät mit Rattenkot und diversen Lebensmittelresten. Ein kleines Glas Marmelade hatte hier ebenfalls sein Ende gefunden und lag nun in tausend Scherben zersplittert, zwischen Rattendreck und Marmeladenresten.

Bei dem Versuch, diese Dinge einfach wegzuwischen, wurde mir schlecht. Der Gestank war unerträglich und ich musste mich erst einmal an die frische Luft begeben, um nicht zu erbrechen. Mein Magen rebellierte und weigerte sich, das Abendessen für sich zu behalten. Ich stürmte aus der Küche ins Bad. Dort hätte ich mich jetzt am liebsten für immer eingeschlossen. Es hätte jedoch nichts an der Situation verändert. Ich musste wieder raus zu Heinrich und die unangenehme Arbeit zu Ende bringen. Ich atmete tief durch und versuchte, mich zu beruhigen. Ich wusste, dass ich jetzt stark sein muss. Mit einem letzten Blick in den Spiegel nahm ich all meinen Mut zusammen und kehrte zurück in die Küche. Heinrich sah mich besorgt an, als er bemerkte, wie blass ich geworden war. „Alles okay?", fragte er vorsichtig. „Ich bin nur etwas nervös", log ich schnell und setzte ein gezwungenes Lächeln auf.

Dabei war Heinrich bereits damit beschäftigt, das Kabel zu reparieren und fluchte vor sich hin. Nach einiger Zeit war es dann endlich so weit. Das Kabel war repariert und die Fläche unter dem Kühlschrank zumindest besenrein gefegt. Mithilfe einer Verlängerungsschnur wurde der Kühlschrank wieder an den Strom angeschlossen. Die Sicherung wurde betätigt und es wurde wieder Licht in der Küche. Das war erst einmal geschafft und ein deutliches Aufatmen war zu hören. Doch ein Blick genügte, um zu wissen, dass es hier noch einiges zu tun geben würde. Der Kühlschrank wurde nur teilweise auf den für ihn vorgesehenen Platz zurückgeschoben. Nur für den Fall, dass Herbert die Nacht erneut Appetit auf das Elektrokabel haben sollte.

Bis dann endlich alles wieder eingeräumt war und an seinem Platz stand, war die halbe Nacht vorbei. Das Feuerwerk hatten wir deutlich hören können. Das war bereits, als Heinrich die Sackkarre über den Hof zurückbrachte. Wir lagen in unseren Betten, schauten uns an und hörten das Rascheln und Kratzen der Ratten in der Zwischendecke. Es schienen Hunderte geworden zu sein oder auch Tausende und es wurde immer unheimlicher. Mit jedem Tag, insbesondere mit jeder Nacht, wurden die kratzenden Geräusche aus der Zwischendecke lauter und lauter. Heinrich löschte das Licht. Die kratzenden Geräusche aus der Zwischendecke jagten mir einen eiskalten Schauer über den Rücken. So ähnlich stellte ich mir ein Geisterhaus vor. Am liebsten wäre ich brüllend in den Garten gerannt und in einen der

Strandkörbe geflüchtet. Oder einfach nur zu Mama, dachte ich noch so und bemerkte dann, wie unendlich müde und erschöpft ich war. Ich nahm mein Kopfkissen, zog es fest bis über beide Ohren. Der Schlaf schien gerade kommen zu wollen und meine Augen wurden schwer, da spürte ich ein warmes Fell an meinen Beinen. Voller Grausen sprang ich aus dem Bett und stürzte in Richtung Zimmertür. Dabei schrie ich mit ganzer Kraft. Vor lauter Entsetzen schrie ich wahrscheinlich so laut, dass einige meiner Gäste verwundert aus dem Fenster schauten. Erst als Heinrich erschrocken Licht machte, sahen wir, dass es nur unsere Miezekatze war, die versucht hatte, am Fußende unseres Bettes einen warmen Schlafplatz zu finden. Jetzt war sie ebenfalls erschrocken und rannte fauchend und mit gesträubtem Fell im Zimmer umher, um dann im hohen Bogen mit einem Satz aus dem Fenster zu flüchten. Arme Miezekatze hatten wir erschrocken. Doch mein Herz pochte noch wie verrückt. Mein ganzer Körper zitterte und wollte sich überhaupt nicht beruhigen. Ich fiel aufs Bett und fing verzweifelt an zu heulen. Heinrich schien es ähnlich zu gehen und drehte sich wie wild hin und her in seinem Bett. Irgendwie müssen wir dann doch eingeschlafen sein. Denn als am nächsten Morgen der Wecker klingelte, lag ich immer noch so da. Das Kopfkissen fest umklammert. Von unserer Miezekatze war nichts zu sehen. Wahrscheinlich hatte sie voller Panik unser Schlafzimmer verlassen und konnte glücklich in einer sternenklaren Nacht in einem unserer Strandkörbe übernachten.

Der nächsten Morgen begann, wie gewohnt, mit einem ängstlichen Blick zur Decke. Das Rascheln und Kratzen hatte aufgehört. „Jetzt schlafen sie, die Biester", dachte ich so bei mir. „Wer weiß, welchen Schaden sie heute Nacht angestellt haben.?" Meine Kopfschmerzen waren fürchterlich. Ich muss wohl einen entsetzlichen Alptraum gehabt haben. Denn ein Grausen überfiel meinen Körper, der mich immer noch erzittern ließ. Ich konnte mich aber nicht daran erinnern, worum es dabei ging? Doch die Panik in mir war noch deutlich zu spüren. Schon wieder lief mir ein kalter Schauer über meinen Rücken. Ich schüttelte mich angewidert und versuchte, einen klaren Gedanken zu finden. Ich stellte mich ans offene Fenster und wusste, der Kampf begann. So nicht, nicht mit uns! Der Tag eins meiner Rache hat begonnen.

18

Das Festzelt

Das Festzelt stand. Es war majestätisch anzusehen und in den Farben Weiß, Gelb und Rot gehalten. Dabei schmückten riesengroße Palmen und andere tropische Pflanzen die Rückwand des Zeltes. Beim genaueren Hinsehen, musste ich feststellen, dass es sich zum größten Teil um künstliche Pflanzen handelte. Doch das machte natürlich nichts. Wenn diese erst mal verteilt werden, dann bekommt das Zelt mit Sicherheit noch eine angenehmere Atmosphäre. Eine Arbeit, die ich gern gemacht hätte. Es gab genügend Ecken und Möglichkeiten, diese zu platzieren.

Das Festzelt hatte eine stattliche Größe und bot damit Platz für einige tausend Gäste. Die vielen Plätze an den Stehtischen oder auch an der Bar habe ich dabei noch gar nicht berücksichtigt. Die Biergarnituren wurden gerade mithilfe eines der Gabelstapler aus dem Truck geladen und ins Zelt gefahren. Einige davon waren noch nagelneu und mussten zudem aus ihrer Folie befreit werden. Der gewaltige Tresen war fast aufgebaut. Hier war nun Platz für drei Zapfsäulen sowie zwei weitere Imbissstände. Die Bierfässer nahmen einen erheblichen Platz hinter dem Tresen ein. Eine gigantische Kühlkombination zeichnete sich im Hintergrund ab. Diese waren mit mehreren Hundert Kisten Pommes, Bratwurst und Bockwurst und Dönerspießen gefüllt. Die dazugehörigen Zutaten wie diverse Salate, Ketchup und andere Dips sollten heute noch in den späten Abendstunden eintreffen. Da hieß es vorsorglich lagern, um später ungestört damit arbeiten zu können.

Peter quälte sich gerade mit einigen Holzteilen umher, die für die fast fertige Bühne bestimmt waren. Doch diese war jetzt bereits so gigantisch groß, dass dort gut und gern noch weitere hundert Personen Platz gefunden hätten. In allen Bereichen waren auch die Techniker unterwegs, die überall noch Lichterketten und Strahler an allen Ecken und Kanten des Zeltes installierten. Ein riesiger Kronleuchter war ganz am Ende des Zeltes auszumachen und gab dem Ganzen einen feierlichen Glanz. Dort sollte später der Tisch für unsere Ehrengäste stehen und ganz besonders strahlen. Ehrengäste waren reichlich geladen. Darunter waren alle Gemeindevertreter der umliegenden Gemeinden und als ganz besondere Gäste war die Partnerstadt aus Holland geladen. Diese hatten mit der vollen Gästeanzahl auch zugesagt. So konnten wir schon im Vorfeld mehr als dreitausend Gäste zu diesem Spektakel erwarten.

Das war auch für mich eine Größenordnung, die auch für mich völlig neu war. Woran es da alles zu denken war. Also schnappte ich mir meine Checkliste und begann damit, jeden einzelnen Punkt abzuhaken. Es gab viel zu tun-von der Dekoration bis hin zur Verpflegung musste alles stimmen. Die Kellner sollten alle einheitlich gekleidet sein. Der Einlass musste ordnungsgemäß durchgeführt werden. Bei der Größenordnung musste ich ebenfalls viel mehr Ordner bereitstellen, wie gewohnt. Die Presse war informiert und das Radio berichtete schon seit einigen Tagen von dem bevorstehenden Ereignis, sogar das Wetter spielte mit und es wurde uns ein wunderbarer Oktobertag vorausgesagt.

Schatzilein war auch vor Ort, auch wenn ich mir nicht vorstellen konnte, dass sie in irgendeiner Weise behilflich sein konnte. Sie hätte wenigstens Kaffee kochen können, dachte ich noch. Wahrscheinlich konnte Schatzilein auch keinen Kaffee kochen. Daher sprang sie inmitten der vielen Handwerker mit ihrem kurzen Rock hin und her und wirkte dabei völlig deplatziert. Tatsächlich war es ihr das eine oder andere Mal gelungen, einem der Handwerker ein Gespräch auf zu drängeln. Doch sofern Timmy bemerkte, dass jemand quatschte und nicht arbeitete, war er sofort zur Stelle und beendete lautstark das Gespräch. Schatzilein zog dann beleidigt weiter, um sich den nächsten ahnungslosen Mitarbeiter zu schnappen. Timmys Stimme war nicht zu überhören. Wie ein König stolzierte er umher und kontrollierte die Arbeiten. Er hatte fast überall was auszusetzen. Die gesamte Dekoration fand er Scheiße. Er nahm eine Schere und schnitt kurzerhand die gerade befestigte Beschriftung wieder ab. Dabei brüllt er alle an, die sich in seiner Reichweite befanden. Die Mitarbeiter der einheimischen Dekofirma verschlug es die Sprache. Doch auch sie kamen nicht gegen Timmys Machtwort an und begannen fluchend mit Ihrer Arbeit.

Genauso verfuhr er mit den angeheuerten Mitarbeitern, die beim Aufbau des riesigen Zeltes sowie der Inneneinrichtung behilflich waren. Er scheuchte seine Leute, kontrollierte dabei jeden Handgriff und war dabei fest im Glauben, dass ohne ihn das Zelt nie fertig werden würde.

Dabei war es Peter, der professionell und überlegt an die Arbeit ging und genau wusste, wie jeder Handgriff zu sitzen hatte. Ohne Peter würde hier nämlich gar nichts laufen.

Doch auch für Peter fand Timmy nur herablassende Worte. Die Mitarbeiter waren genervt von Timmys Verhalten, aber sie wussten auch, dass er der Boss war und es besser war, sich nicht mit ihm anzulegen. Doch Peter konnte das nicht mehr länger ertragen. Er trat vor Timmy und sagte: „Ich weiß genau, was ich tue und wie ich es mache. "Ich brauche deine ständigen Herablassungen nicht." Timmys Gesicht verzog sich zu einem wütenden Ausdruck. Doch bevor er etwas sagen konnte, unterbrach ihn Peter: „Ich arbeite hier schon lange genug, um zu wissen, was richtig ist. "Wenn du weiter so machst, dann werde ich gehen." Timmys Blick wurde finsterer: „Du denkst also wirklich, du bist unersetzlich?" Peter antwortete ruhig: „Nein, aber ohne mich würde die Arbeit länger dauern und teurer werden für dich." Timmys Augen weiteten sich, als ihm klar wurde, dass Peters Worte stimmen könnten. „Okay", sagte Timmy schließlich widerwillig, „du hast recht." Er drehte sich um und ging davon. Peter wusste genau, wie man mit schwierigen Situationen mit Timmy umgeht, ohne ihn dabei zu verletzen oder in eine Ecke zu drängen. Er hat gelernt, ruhig zu bleiben und Argumente vorzubringen, die den anderen zum Nachdenken bringen können.

Ich stand mit meinem neuen Handy in der Hand und beobachtete die unglaubliche Szene. Dabei wartete ich auf einen Rückruf von der Pyro Firma.

Ein Feuerwerk war bestellt - ein Ereignis, das alle Augen auf sich ziehen würde. Doch es sollte nicht nur irgendein Feuerwerk sein, nein, es sollte etwas ganz Besonderes werden. Wir hatten noch einige Kleinigkeiten zu besprechen, um sicherzugehen, dass alles perfekt ablaufen würde.

Ich war besonders aufgeregt, denn das war eine Sache, die ich noch nie zuvor machen durfte - eine Herausforderung, auf die ich mich sehr freute. Ich war stolz darauf, dass ich diese Aufgabe übernehmen durfte und konnte nur hoffen, dass alles so gelingen würde, wie wir es abgesprochen hatten. Dieses Feuerwerk würde unvergesslich sein - ein Spektakel, das die Menschen dieser Stadt bestimmt begeistern würde. Dabei hatte ich auch noch ganz andere Sorgen.

Timmy ist in der Zwischenzeit eingefallen, dass er doch noch einige Leute zum Bier zapfen benötigen würde. Dabei hatte ich ihn immer wieder darauf hingewiesen, dass zwei Personen nicht drei Zapfsäulen bedienen konnten. Doch Timmy meinte, das wäre nicht das erste Mal, dass er so etwas getan hätte. Das wäre für ihn doch eine Kleinigkeit. Doch jetzt angesichts der Größenordnung wurde es auch Timmy ein wenig unheimlich. Die Karten aus dem Vorverkauf mit einem sündhaften Preis waren fast vollständig ausverkauft. Wie sollte ich in wenigen Stunden Leute finden, die auch etwas vom Handwerk verstehen und sich bereit erklären, an diesem historischen Tag zu arbeiten und nicht zu feiern.

Ich dachte an unsere schönen, unkomplizierten Veranstaltungen zurück und trauerte der Zeit ein wenig nach. Das hatte immer seinen Charme gehabt. Die kleinen Schlägereien und Rempeleien konnten wir stets selbst schlichten und waren ein fester Bestandteil geworden. Es hätte doch etwas gefehlt, wenn es immer nur ruhig abgelaufen wäre. Jetzt und besonders für diese Party würden wir ohne Polizeieinsatz, einem geschulten Ordnerpersonal sowie einen Krankenwagen im Hintergrund nicht mehr klarkommen. Das nicht nur, weil es das Gesetz erforderte, sondern weil es wirklich sein musste.

Plötzlich hatte ich eine Idee und fragte mich gleichzeitig, was wohl aus Fritz geworden ist? Seine Gaststätte wurde geschlossen. Auf dem Parkett hat nie wieder einer getanzt, was für mich immer noch unvorstellbar war. Doch wo war Fritz? Was macht er jetzt? Fritz wäre jetzt die Rettung gewesen. Genau der Mann, den ich brauchte. Der Mann, der das Bier zapfen praktisch erfunden hatte. Freudig entschlossen, beschloss ich, ihn zu finden und ein Treffen für morgen Abend zu vereinbaren. In einem beschaulichen Ort, in dem jeder jeden kennt, war dies eine leichte Aufgabe. Mit Leichtigkeit konnte ich seine neue Adresse ermitteln, die sich nur einige Kilometer von hier entfernt in einem Nachbarort befand. Ein Katzensprung für mein Auto und mich. Ich setzte mich in den Audi, der jetzt schon einige Beulen mehr aufzuweisen hatte und startete durch. Fritz war leider nicht zu Hause. Doch seine Frau erklärte mir, dass das Arbeitsamt Fritz eine Weiterbildung zugewiesen hatte. Fritz sollte Handelsvertreter werden. Das konnte ich mir beim besten Willen nicht vorstellen. Fritz mit Anzug und Aktentasche war für mich undenkbar. Denn Fritz war durch und durch Gastronom und wird auch nie etwas anderes sein. Mit strahlenden Augen und einem Kneiperlächeln, bei der schönsten Arbeit der Welt, wie er selbst immer meinte. In Gedanken sah ich Fritz schon in dem großen Festzelt stehen. Doch ich wusste auch, dass eine Person allein nicht ausreichen würde.

Ich setzte mich an eine der Biergartengarnituren und begann eine Liste zu schreiben. Namen von Freunden, Bekannten und Kollegen, die vielleicht Zeit hätten oder jemanden kennen würden. Ich rief jeden einzelnen an und erklärte meine Lage. Einige waren sofort bereit zu helfen, andere brauchten etwas Überzeugungsarbeit. Aber am Ende hatte ich genug Leute zusammenbekommen.

19
Tag eins meiner Rache

Die Hitze hatte mich fest im Griff. Das Thermometer zeigte gnadenlos 30 Grad im Schatten an, doch gefühlt waren es fünfundvierzig und ein halb. Ich konnte nicht mehr richtig schlafen, das Lachen war mir vergangen und Hunger verspürte ich schon lange nicht mehr. Doch trotz all dieser Qualen waren meine Sinne geschärft wie nie zuvor. War es Einbildung oder hörte ich tatsächlich ein Rascheln in der Speisekammer? Mitten am Tag? Ich wagte es kaum zu glauben, aber die Hitze hatte mich so ausgelaugt, dass ich mir nicht mehr sicher sein konnte. Meine Gäste bekamen unsere Haustiere, zum Glück, nie zu sehen, doch in einigen Zimmern waren sie bereits in den Abendstunden zu hören. Und wenn mich nicht alles trügt, dann auch zu riechen. Ich wurde diesen eigenwilligen Geruch nach Mäusefell einfach nicht mehr los. Selbst im Garten glaubte ich jedes Mal, einen Schatten durch die Hecken und Sträucher huschen zu sehen. Ich beschloss, meinen unfreiwilligen Untermieter das Leben so schwer wie möglich zu machen und installierte einen Kassettenrekorder mit Geräuschen jeder Art im Küchenbereich. Zusätzliche Fallen wurden nun über Nacht aufgestellt und jeden Morgen immer wieder entsichert. Das war eine nervige Arbeit. Einige kleine Windräder und diverse Glockenspiele vor den Fenstern sorgten für ein ununterbrochenes Ling, Long.

Die Fensterbretter hatten wir mit Ungeziefer Spray, sozusagen imprägniert. Diese Prozedur wiederholte ich alle Stunde. Dabei musste ich nur höllisch aufpassen, aus welcher Richtung der Wind kam, um nicht selbst Opfer dieser Falle zu werden. Das Zeug brannte höllisch, wenn man es in die Augen bekam. Doch so hektisch und verspannt, wie wir auch vorgingen, war es doch klar, dass es nur kleine Versuche waren, die diese Tiere nicht aufhalten konnten. Eine echte Ratte schreckt das nicht wirklich ab. Und schon gar nicht eine ganze Rattenkolonie.

Deswegen habe ich schon vor einigen Tagen endlich einen hauptamtlich ausgebildeten Rattenfänger angerufen. Das hätten wir schon viel früher erledigen sollen. Punkt! Die Telefonnummer hatte ich von einem Bekannten erhalten, der vor einigen Jahren ähnliche Probleme hatte. Einen Eintrag zum Thema Rattenfänger gibt es im Telefonbuch leider nicht. Das war mir vorher nicht bekannt. Fündig wird man in so einem Fall unter dem Eintrag „Kammerjäger". Klingt auch logisch.

Schon nach dem zweiten Versuch ertönte eine näselnde Stimme am anderen Ende, die mir erklärte, dass zur Zeit keiner zu sprechen wäre, da man sich im Urlaub befindet. Leider erzählte mir die Stimme nicht, wann der Urlaub beendet wäre. In meiner Verzweiflung erzählte ich aber unbekannterweise mein Anliegen. Ich musste es loswerden und wenn es nur ein Anrufbeantworter war, den ich meine Geschichte anvertraute, bis diese durch einen lang gezogenen Piepton unterbrochen wurde. Schon ging es mir ein wenig besser und ich konnte nur hoffen, dass das Gesprochene dann auch seinen Zweck erfüllen würde. Ich atmete tief durch und versuchte, mich zu beruhigen. Ich wusste, dass ich jetzt stark bleiben musste und nicht aufgeben durfte. Ich hoffte doch sehr, dass der Kammerjäger nur einige Tage weg sein würde. Wenn ich Glück habe, vielleicht auch nur ein verlängertes Wochenende.

So saß ich einige Tage später und etwas genervt im Garten und beobachtete die angeblichen Schatten und das Rascheln in den Sträucher. Oder war es nur der Wind? Ich wusste es nicht und war nur froh, dass bei diesem Wetter alle Gäste unterwegs waren und die

Zimmer zumindest am Tage leer waren. Ich war noch nie so dankbar darüber. Sollte ich meinen Nachbarn ansprechen? Hat er dasselbe Problem, oder wecke ich damit nur schlafende Hunde?

Die Lage spitzte sich zu und ich konnte nicht mehr ignorieren, was um mich herum geschah. Horrorgeschichten von Ratten, die nachts kleine Kinder verschwinden ließen, machten die Runde. Angst vor undefinierbaren Krankheitserregern, auch im Trinkwasser, schwirren in meinem Kopf umher. Jeder Toilettengang wurde zu einem Akt höchster Vorsicht. Der Deckel wurde nur im Zeitlupentempo geöffnet, denn das Schlimmste, was uns passieren konnte, war eine Ratte in einer Gästetoilette. Die Vorstellung von klappernden Zähnen und raschelnden Pfoten, die sich im Dunkeln nähern, lässt einem das Blut in den Adern gefrieren. Und wer weiß, was sich in den dunklen Ecken und Winkeln versteckt, wo man die kleinen Nager nicht sieht?

Die Vorsicht und ich gebe es zu, auch immer mehr Panik hatte uns fest im Griff und ich wusste, dass wir uns jetzt alle zusammenreißen müssen, um diese Situation zu meistern. Das Bild von einem majestätischen, kosmopolitanen Rattenkönig, wie aus einem Trickfilm, war schon lange verschwunden, dafür machte sich ein recht unangenehmes Bild einer fetten, grinsenden Ratte breit. Dass lieber Leser, war zu einem Zeitpunkt, da konnte ich nicht mal mehr Tom & Jerry im Fernsehen schauen, ohne Panik zu bekommen.

Einige Tage später fuhr ein Auto auf unseren Hof. Das sah keineswegs nach einer Gäste-Anreise aus. Das Auto ähnelte stark einem Firmenauto. So genau war das aber nicht zu erkennen, denn anscheinend war es schon seit Monaten in keiner Waschanlage gewesen und schien damit ein Einheitsgrau zu haben. An einigen Stellen war auch eine Schrift auszumachen. Wahrscheinlich ein Firmenlogo, das aber durch den Staub und Dreck leider nicht mehr zu entziffern war. Ein junger Mann stieg aus und kam direkt auf mich zu. Ich blieb verwundert in meinem Strandkorb sitzen und wartete darauf, was wohl jetzt geschehen würde. Ich hatte richtig gedacht. Es war keine Anreise. Der junge Mann war der Sohn des Rattenfängers und hatte einen Anruf von seinem Vater erhalten. Damit war er schon ziemlich gut über unsere missliche Lage informiert.

Als mir klar wurde, wer da vor mir stand, fiel mir ein Stein vom Herzen. Manchmal passieren eben doch noch Wunder. Ich sprang auf und geleitete ihn in unsere Küche. Als er unsere Küche betrat, staunte er nicht schlecht, was wir bereits daraus gemacht hatten, um die Lebensmittel zu schützen. Auch die Falle, die immer noch vor dem Schornsteinschacht in der Kammer stand, fand seine Achtung.

Endlich sollte es ein Ende finden. Herbert stand uns bis zum Hals. Das Gift wurde großzügig verteilt und sollte in einigen Tagen seine Wirkung zeigen. Doch, wie man es sich eigentlich denken kann, gehen die grauen Tiere nicht freiwillig an das gelegte Gift und schon gar nicht alle auf einmal. Nein, es gibt Vorkoster. Glaubt ihr nicht? Das ist aber so. Ist eine neue Nahrungsquelle ausgemacht, dann wird abgewartet, ob es auch der Rattenfamilie bekommt. Sollten sich negative Effekte einstellen, dann meiden sie das vermeintliche Futter. Deswegen wirken die Gifte auch erst nach einigen Tagen. Jetzt hieß es schon wieder. Abwarten und Geduld haben.

20

3. Oktober 1990 am Vormittag

Der Wind hatte nachgelassen und es schien wirklich einer dieser herrlichen Spätsommertage zu werden. Die Oktobersonne erwärmte unsere Gesichter. Alle waren angetreten. Die Kellner hatten ihre neuen Bistro-Schürzen erhalten, die uns noch etwas fremd erschienen, da sie fast bis zur Erde reichten.

Auch meine langjährige Freundin Christiane war dabei. So wie sie versprochen hatte, war sie auf vielen

Veranstaltungen auch anzutreffen und half stets mit. Sie versuchte gerade, mit dem langen Ding von Schürze fertig zu werden. Da sie so klein war, hatte sie Angst, sie könne darüber stolpern und zog sich die Schürze immer höher, sodass sie fast unter den Armen endete. Das ging gar nicht und sah echt zum Schießen aus. Wir sahen uns kurz an und fingen an zu lachen. Deshalb band sie das Teil wieder ab und holte kurzerhand eine eigens mitgebrachte Schürze aus ihrer Tasche. Ich schaute nochmals auf meine Pläne. Ein Kellner für zwölf Tische. An jedem Tisch waren sechzehn bis achtzehn Gäste geplant. Das hieß viel Arbeit für jeden einzelnen Kellner. Ob das zu schaffen war, wusste ich nicht. Doch mehr Leute ließ Timmy nicht zu. Er hatte Sorge, noch mehr Personal bezahlen zu müssen. Ich konnte nur hoffen, dass am Ende jeder noch ein gutes Trinkgeld bekommen würde, denn der von Timmy angesetzte Stundenlohn war mehr als spärlich. Das Wechselgeld haben alle von zu Hause mitbringen müssen. Das ist eine Selbstverständlichkeit, meinte Timmy. Einige meiner Freunde, die schon jahrelang dabei waren, wollten bereits widersprechen und schauten dabei überrascht drein. Doch angesichts Timmys dominanter Ausstrahlung wagte dann doch keiner einen Widerspruch. Daher senkten sie nur den Blick und fluchten leise vor sich hin. Er wird uns schon beibringen, wie der Hase läuft, war einer seiner Lieblingssprüche, den wir in den letzten Tagen immer wieder hören mussten.

Die Band hatte bereits aufgebaut und probte ihren Sound. Kreischend kamen die ersten Töne herüber und ließen uns immer wieder aufhorchen. Ein kleiner fremder Hund lief bellend zwischen all den Leuten umher. Er schien ganz aufgeregt zu sein. Die vielen großen Apparaturen, die hier standen, brachten ihn wahrscheinlich so durcheinander. Wütend bellte er nun schon eine viertel Stunde lang einen großen schwarzen Lautsprecher an, aus dem die Bässe dröhnten. Ich musste lachen. Je lauter die Band drehte, desto verbissener bellte er zurück und schien sich dabei überschlagen zu wollen. Erst als der Techniker den Ton runter nahm und alles ruhig wurde, stand er mit schiefem Kopf da und schaute neugierig, was jetzt wohl passieren würde. Auch der Techniker schien sich zu amüsieren und zog ruckartig den Regler auf volle Lautstärke. Der arme kleine Hund wusste nicht, was ihm geschah, flog rückwärts einen Purzelbaum und lief dann so schnell wie möglich mit eingeklemmtem Schwanz davon.

Ich konnte nicht anders als herzhaft zu lachen, obwohl mir der kleine, fremde Hund im nächsten Moment auch schon wieder leid tat. Doch nicht nur der Hund bekam einen Schreck. Wir alle zuckten zusammen. Christiane fiel die gerade fertig gerollte Schürze aus der Hand und erschrak dabei ganz fürchterlich. Hinter einem der Tresen, an dem Fritz seinen Arbeitsplatz gerade vorbereitete, gab es einen lauten Knall. Bei der plötzlichen Lautstärke ist ihm eines der schönen Weißbiergläser aus der Hand gerutscht, das er gerade auf seinen Platz stellen wollte. Es knallte auf den harten Steinfußboden, sprang noch einmal in die Höhe und kam dann endlich klirrend und scheppernd und in tausend Scherben zum Stillstand. Ich war stolz und erleichtert, dass Fritz doch noch gekommen war, um zu helfen. Man sah ihn richtig an, wie er in seinem Element steckte.

Wahrscheinlich konnte er es kaum erwarten, dass die Gäste eintrafen und er mit dem Zapfen endlich beginnen konnte.

Hinter einem der zahlreichen Vorhänge, die dazu dienten, die Lagerbestände zu verstecken, kam Timmy stolpernd und schreiend hervor und machte dabei wieder einmal einen riesigen Alarm. War das etwa wegen der lauten Musik? Oder wegen des Weißbierglases? Doch es schien wirklich, um das kaputte Glas zu gehen. Timmy marschierte dabei mit riesigen Schritten auf Fritz zu und hielt ihm eine Standpauke über den Umgang mit fremdem Inventar und seinen rechtlichen Folgen. Das ganze Fiasko endete damit, dass er Fritz androhte, den Preis für das kaputte Glas, von seinem heutigen Gehalt abzuziehen. Selbstverständlich, auch für jedes weitere kaputte Glas. Das glaube ich alles nicht, dachte ich noch so und wusste nicht so recht, wie ich mich verhalten sollte. Erst jetzt sah ich im Hintergrund das Schatzilein, ebenfalls hinter den Vorhängen hervorkommen. Ihr Haar war zerzaust, der Lippenstift verwischt und der Rock war merkwürdig nach oben gezogen. In der Strumpfhose bemerkte ich eine riesengroße Laufmasche, die sich gerade selbstständig machte.

Ich staunte nicht schlecht, als ich ihren Blick sah, mit dem sie Timmy anstarrte. Sollte die etwa...? Ich bemerkte den Lippenstift an Timmys T-Shirt. Sein Hosenstall war nicht wirklich verschlossen. Dort schien sich sein T-Shirt verklemmt zu haben. Alle anderen Anwesenden schienen es ebenfalls zu bemerken. Augenblicklich war es ruhig, mucksmäuschenstill, ja fast, als wären alle in eine Art Starre verfallen. Timmy schaute verdutzt, als er bemerkte, dass alle in seine Richtung starrten. Dann drehte er sich um und entdeckte das Schatzilein sowie sein eigenes Missgeschick.

Schatzilein zeigte sich halb nackend vor seinen Mitarbeitern, wobei sie posierend und auch schon reichlich angetrunken versuchte Timmy wieder für sich zu gewinnen. Zwar tat sie sehr erschrocken, kicherte aber lautstark und verschwand dann hinter dem Vorhang. Ein leises Grinsen ging durch die Reihen, was Timmy überhaupt nicht gefiel. Stampfend ging er durch die Reihen, wobei er versuchte, seine Hose möglichst unauffällig wieder zu verschließen. Mit hochrotem Kopf und dröhnender Stimme versuchte er jetzt erst recht, alle zur Arbeit anzutreiben.

Meine Kellner waren vollzählig. Dank guter Freunde und einiger Überredungskünste war es mir dann doch noch gelungen, ausreichend Personal zu bekommen. Ich war stolz und auch erleichtert. Jetzt kam Timmy mit einer Geschwindigkeit auf uns zu, dass einige von Ihnen einen Schritt beiseite gehen mussten, um nicht mit ihm zusammen zu prallen. Obwohl ich einige Meter abseits stand, glaubte ich, einen Windzug verspürt zu haben. Eine gewisse Kälte, wie sie nur von wenigen Menschen ausgeht. Timmy dachte nicht daran, die neu angekommenen Helfer zu begrüßen. Es gab kein Hallo und schon gar kein herzliches Willkommen von ihm zu hören. Er gab nur kurze und knappe Anweisungen, wobei er sich immer wieder mit seinem Imponiergehabe wichtig tat. Stattdessen schaute er sich eine etwas mollige Dame genauer an und meinte dann, dass sie viel zu dick für den Job wäre. „Von so einer dicken Kellnerin will sich doch keiner bedienen lassen", meinte Timmy. „Hau ab nach Hause. "So etwas brauchen wir hier nicht." Die Angesprochene schaute mich an und machte ebenso große und erstaunte Augen wie alle anderen um sie herum ebenfalls.

Das war wohl das Mieseste, was ich je erlebt hatte und wäre am liebsten davongelaufen. Doch auch das nutzte nichts. Bis zu den Feierlichkeiten waren es nur noch einige Stunden. Die Dame war eine langjährige Kellnerin. Gerade auf sie habe ich gebaut und gekämpft, sie überhaupt ins Team zu bekommen. Wir waren fassungslos. Die angesprochene Dame kämpfte mit den Tränen, riss sich dann aber die Schürze vom Leib und ging festen Schrittes davon. Timmy baute sich jetzt vor uns wie ein Pascha auf. Er stolzierte weiter um meine Leute und schien kritisch jeden Einzelnen unter die Lupe nehmen zu wollen. Ich kam mir schon vor wie beim Militär. Und wirklich hatte er gelegentlich einiges zu bemängeln. Keiner schien den Ansprüchen von Timmy gerecht zu werden. Alle mussten irgendwelche Maßnahmen ergreifen und waren sie auch noch so albern, um als Kellner bei Timmy antreten zu dürfen. Einer der Anwesenden sollte sich den Kragen richten, ein guter Bekannter sein T-Shirt in die Hose stecken, der nächste sogar seine Zähne putzen und Christiane sollte die Schürze wechseln. Und zwar zackig!

Ich konnte nicht glauben, was ich da sah und hörte. Timmy war wirklich ein Tyrann und schien Freude daran zu haben, seine Macht auszuspielen. Ich fragte mich, ob er überhaupt wusste, wie man mit Menschen umgeht oder ob ihm das völlig fremd war. Als er schließlich bei mir ankam und meine Kleidung inspizierte, spürte ich eine Wut in mir aufsteigen. Was dachte dieser Kerl eigentlich, wer er ist? Doch bevor ich etwas sagen konnte, unterbrach Timmy mich: „Du bist okay", sagte er knapp und wandte sich dann wieder den anderen zu. Anschließend folgte eine kurze aber intensive Einweisung, bei der Timmy sehr viel Wert darauf legte, den Umsatz heute Abend zu sichern.

Ebenfalls war es Timmy wichtig, dass alle ihre Einnahmen regelmäßig bei ihm abliefern und erinnerte gleichzeitig daran, dass jeder jederzeit kontrollierbar wäre. Nachdem er dann allen Anwesenden eine Moralpredigt gehalten hatte, wobei er stets versuchte, eine gewisse Unsicherheit zu schüren, wies er noch darauf hin, dass sich alle Preise verändert hätten. Bis zur Eröffnung, also in exakt anderthalb Stunden, galt es, diese einzuprägen. „Was für neue Preise?", dachte ich. Doch dann konnte ich es selbst sehen. Timmy hatte in seiner Willkür sämtliche Preise um fast das Doppelte erhöht, als angekündigt. Mir wurde schlecht. Die armen Jungens von der Werbefirma mussten schon wieder die Schilder, welche sie gerade mühevoll angebracht hatten, abmontieren, neu gestalten und dann wieder genauso beschwerlich anbringen.

Unsere Aufgabe hingegen war, sämtliche Speisekarten von den Tischen zu entfernen und durch handgemalte Zettel zu ersetzen. Eine solche Aufgabe hatte ich in meinem Leben noch nicht, ging es mir durch den Kopf und machte mich schon auf den Weg, als Timmy nach mir rief. „Pass auf, ich will nicht, dass dieser Typ die ganze Kohle zu sehen bekommt!" Er deutete dabei auf

Fritz. „Das ist mein Kies, meiner ganz allein", herrschte er mich an. „Den soll keiner weiter anfassen, denn Kohle wird es heute reichlich geben. Sieh zu, dass du ihn los wirst. "Aber ganz schnell."

Plötzlich war mir klar, worum es hier eigentlich ging. Die Arbeit stand dabei gar nicht im Vordergrund, sondern das viele Geld, das heute Abend über den Tresen fließen würde. Timmy wollte nicht, dass andere Menschen, in dem Falle meine Kellner, eine Vorstellung davon bekommen sollten, welche Größenordnung das annehmen könnte. Noch weniger interessierte ihn der Arbeitsaufwand eines einzelnen Kellners, als der Gedanke an die zu erwartende Kohle. Ich war entsetzt. Wie konnte er nur so denken? Als ob das Geld alles im Leben wäre! Doch jetzt wurde mir erst recht klar, dass ich mich in ihn gewaltig getäuscht hatte. Als ich gerade gehen wollte, trat Timmy vor mich hin und sagte: „Hey Mann! Wo willst du hin? „Wir haben noch eine Menge Arbeit vor uns." Ich schaute ihn wütend an und antwortete: „Tut mir leid, Timmy, aber das ist nichts für mich. „So gehen wir nicht miteinander um." Timmy lachte nur spöttisch zurück: „Na, dann viel Glück heute Abend! Aber vergiss nicht - wer schnell reich werden will, muss auch mal Risiken eingehen!"

„Angesichts dieser Größenordnung sollte man sich wirklich Gedanken über die Sicherheit der zu erwartenden Einnahmen machen", dachte ich noch bei mir. Das war aber eindeutig nicht meine Aufgabe und ich konnte nur hoffen, dass zumindest ein kleiner Panzerschrank zur Verfügung stehen würde. Timmy drehte sich um und ging schnurstracks in Richtung

Tresen, von wo aus ich sein dröhnendes Lachen vernehmen konnte.

21
3. Oktober 1990 später Nachmittag

Bonbon statt Bomben

Auf den Straßen trafen sich die Armeefahrzeuge der NVA sowie die Laster der Bundeswehr. Riesige Kolonnen auf beiden Seiten zogen auf unseren Hauptstraßen entlang. Ein Bild von historischer Bedeutung. Die Menschen links und rechts des Weges jubelten und klatschten vor lauter Begeisterung. Einige hatten Blumen mitgebracht und versuchten, diese den Soldaten, egal von welcher Seite, zu übergeben. Viele von Ihnen versuchten mit bunten Bändern, Fahnen und Wimpeln in Schwarz-Rot-Gold oder auch mit Musik auf sich aufmerksam zu machen und wieder andere standen staunend am Wegesrand und hatten Freudentränen in den Augen. Die Straßen waren voller Leben. Die Stimmung war ausgelassen und fröhlich.

Das waren die bewegendsten historischen Momente, nur einige Wochen kurz nach der Wende. Wer hätte gedacht, dass so etwas einmal möglich sein würde. Es gab Bonbon statt Bomben! Wer so eben noch Feind war, war jetzt Freund. Hupend und winkend fuhren die Kolonnen aneinander vorbei und begrüßten sich freudig schon von Weitem. Die Freude und Euphorie, die in diesen Tagen herrschte, war unbeschreiblich. Es schien, als hätte sich eine Last von den Schultern der Menschen gelöst. Endlich waren wir wieder eins -vereint als ein Volk. Es gab keine Grenzen mehr zwischen Ost- und Westdeutschland - nur noch offene Straßen für alle Bürgerinnen und Bürger. Die Menschen konnten sich endlich frei bewegen, ohne dass sie von Stacheldraht oder Mauern aufgehalten wurden.

Ich wurde jäh aus meinen Gedanken gerissen, als Christiane mich antippte. Erschrocken blickte ich auf. Der Einlass hatte begonnen und die ersten Gäste strömten bereits ins Zelt. Die Party konnte beginnen. Die soeben empfundene Freude brach jäh ab und meine Sorgen machten sich wieder breit. „Hoffentlich klappt alles", sagte ich zu ihr. Mit einem Blick zu Timmy meinte sie nur: „Na klar, du hast doch den Super Gastronom hier. Was soll da schon schiefgehen?"

Die besten Leute hatte Timmy nach Hause geschickt. Jeder Laie hätte erkannt, dass wir hoffnungslos unterbesetzt waren. Peter hatte bis vor Kurzem noch an der Bühne gebaut, sollte aber in fünf Minuten schon hinter dem Tresen stehen und den Imbiss übernehmen. Fluchend verschwand er in seinem Auto und versuchte dort, die bereits verschwitzten Klamotten durch neue zu wechseln.

Timmy stand an den Bierhähnen und hatte schon reichlich vor gezapft. An die dreißig Becher an jeder Zapfsäule waren jetzt schon mit dem Bier gefüllt, obwohl noch keine Bestellung vorlag.

An seiner Seite das Schatzilein, welches hin und her wirbelte und sich für die Feier des Tages einen extra kurzen Rock angezogen hatte.

Die Strumpfhose hatte sie aber nicht gewechselt und so war die Laufmasche um einiges länger geworden. Schatzilein hielt wahrscheinlich auch nicht so viel vom Bierzapfen und tanzte lieber, wie ein bunter Vogel vor sich hin. Doch auch dabei konnte sie ihren Mund nicht halten und plapperte andauernd vor sich hin. Ihre schrille Stimme nervte uns alle umso mehr. Doch Schatzilein durfte auch nicht an die Kasse. Weil das mit dem Rechnen, das war auch nicht ihr Ding. Das mit dem Wechselgeld ist ja eine verdammt schwierige Sache. Schatzilein sollte einfach nur für frische Becher oder andere notwendige Kleinigkeiten sorgen und den Mund halten. Meiner Meinung nach war sie nur ein störender Faktor und hätte zu Hause bleiben sollen. Doch da hatten wir uns alle mächtig getäuscht, denn es sollte noch ganz anders kommen.

Mein Blick galt jetzt den Kellnern. Ausgestattet mit ihrem neuen Outfit sah ich sie loseilen. Hastig notierten sie sich die aufgegebenen Bestellungen, um damit bei Timmy so schnell wie möglich die gewünschte Ware abholen zu können. Leider klappte das nicht ganz so wie vorgenommen, denn bei Timmy standen jetzt bereits die ersten ungeduldigen und Bier durstigen Kunden. Timmy hatte sich das anders gedacht. Er wollte keinen, außer den Kellnern, an der Bar sehen. Unseren Gästen war das einerlei. Schon bildete sich eine Schlange am Biertresen, die ganz schnell immer länger wurde.

Die vielen Bier durstigen Gäste konnten jetzt auf keinen Fall mehr aufgehalten werden und verlangten ohne Unterlass nach immer mehr Getränken. Es war nicht damit zu rechnen, dass sich die Situation in den nächsten Stunden ändern würde.

Anfangs begeistert, doch zunehmend immer wütender bediente er seine Kundschaft. Timmy zapfte und zapfte. Timmy kassierte und kassierte. Timmy schwitzte und fluchte. Timmy musste aber auch gleichzeitig die Kellner bedienen, die mit den Bestellungen bei ihm eintrafen. Das war jetzt eine Kunst, die allein nicht mehr zu bewältigen war. Timmy schrie umher und verlangte nach Hilfe. Die hatte er auch dringend nötig. Doch da er die meisten der freiwilligen Mitarbeiter hinausgeschmissen hatte, kam auch niemand, um zu helfen. Eigentlich sollte das Schatzilein hier unterstützen, doch leider war sie seit dem Einlass nicht mehr fähig, auch nur ansatzweise zu helfen. In der Eile hatte Timmy bereits die ersten Becher Bier verschüttet, sodass sich auf dem Tresen eine riesige Bierlache gebildet hatte.

Das Festzelt war randvoll und immer noch drängten sich Hunderte von Menschen an der Kasse, um mitzufeiern, beim ersten Jahrestag der Wiedervereinigung. Alle wollten sie dabei sein, keiner wollte es verpassen, die Feier zum ersten Jahrestag der deutschen Einheit. In Kürze sollte der Bürgermeister eine Festansprache geben. Das sollte der Auftakt werden für unsere Feierlichkeiten. Ich konnte sehen, wie er dabei war, auf die Bühne zu gehen und sich seine Jacke noch zurechtzog.

Der Techniker sprach das obligatorische Eins, Zwei, Drei durch das Mikrofon, bis er davon überzeugt war, dass alles seine Ordnung hatte. Nun durfte unser Bürgermeister vor das Mikrofon, welches etwas zu tief für seine Größe angebracht war. Daher musste er sich bei dem Versuch die ersten Worte zu sagen auch etwas bücken. Schon wieder ertönte das obligatorische Eins, Zwei, Drei. Dann war es endlich so weit. Der Bürgermeister hatte sich lange auf diese Rede vorbereitet. Denn schließlich war es nicht einfach, die Menschen in unserem Ort zu so einem einmaligen Fest zu begrüßen, wenn man ursprünglich von einer anderen Regierung gewählt worden ist.

Der Bürgermeister dachte sicherlich: „Ach, wir sind ja anpassungsfähig und können auch in andere Richtungen denken." Doch da der Bürgermeister noch nie zuvor in andere Richtung gedacht hatte oder damit sogar öffentlich aufgetreten ist, machte sich auch keiner der Anwesenden wirklich die Mühe, seinen Worten zu lauschen. Das Ganze hatte schon etwas Subtiles an sich. Ein Bürgermeister, der sich jetzt vor alle bücken musste und dem trotzdem keiner zuhörte. Alle gaben sich die größte Mühe, so schnell wie möglich mit der Feier zu beginnen und riefen sich lautstark Trinksprüche zu. Die Rede war dann auch schnell vorbei. Beifall kam nur aus den Reihen der Gäste aus der Partnerstadt.

Plötzlich entdeckte ich den kleinen Hund vom Vortag. Er stand schon wieder angriffslustig vor der riesengroßen Box und bellte diese verbissen an. Unser Bürgermeister war noch etwas durcheinander.

Auch er bemerkte, dass das Interesse unserer Gäste nicht seiner Rede galt. So beendete er kurzfristig sein Referat, wobei er einige seiner Notizen überschlug und wollte soeben die Bühne verlassen. Dabei trat er den kleinen Hund, den er in seiner Eile völlig übersehen hatte, auf die Pfote. Der Hund quiekte auf und verbiss sich sofort in die Hosen unseres Bürgermeisters, was abermals Gelächter auslöste. Trotz größter Mühe und viel Tam Tam sollte es noch eine ganze Weile dauern, bis der Hund von der Hose abließ. Bis dahin hatte er aber das Hosenbein der Bürgermeisterhose völlig zerfetzt. Die Hose war hin und sein Amt sowieso. Doch das ahnte er noch nicht einmal.

Christiane kam mit einem großen Tablett voller Getränke an mir vorbei. Auch die anderen Kellner konnte ich laufen sehen. Es war erstaunlich, welche Lasten an Getränken sie doch zu tragen hatten und ich konnte nur hoffen, dass keiner von ihnen schlapp machen würde. Es war jetzt schon deutlich zu erkennen, welche Anstrengungen sie auf sich nahmen. Den Bon Block sowie das Kellner-Portemonnaie hatten sich die meisten von Ihnen, mithilfe eines Gürtels, um den Bauch geschnallt. Ein Kuli schaute hinter ihrem Ohr hervor. Dabei lief ihnen schon jetzt Schweiß übers Gesicht.

Ich konnte nicht anders, als meinen Hut vor ihnen zu ziehen. Diese Kellnerinnen und Kellner waren wahre Helden auf der heutigen Veranstaltung. Sie kämpften sich durch die Menschenmassen, balancierten Getränke auf ihrem Tablett und jonglierten mit Bestellungen - alles ohne bemerkenswerten Zwischenfälle.

Ich fragte mich, wie sie das schafften. Wie behielten sie den Überblick inmitten all dem Chaos?

Dann endlich war es so weit und die Band spielte auf. Die Begrüßungsworte der Musiker waren zwar kurz, wurden jedoch mit einem herzlichen Beifall belohnt. Wie erwartet erhob sich die Mehrzahl der Gäste und begaben sich auf die Tanzfläche. Schon kurze Zeit später war diese gut gefüllt und einige Hundert Gäste tanzten ausgelassen den Tanz der Wiedervereinigung von Deutschland.

Mit Spannung schaute ich zu Timmy hinüber. Auch er schien bemerkt zu haben, dass er sich etwas übernommen hatte. Die Bierlache, welche sich gerade über den Tresen ergoss, floss bereits über den Tisch an seinen Hosen herunter und hinterließen, auf dem Boden angekommen, kleine Pfützen mit Bier, welche bis Mitternacht zum Feuerwerk, noch eine beachtliche Größe einnehmen sollten. Verbissen und verbohrt zapfte Timmy ein Bier nach dem anderen, wobei die Haarsträhne in seinem Gesicht merkwürdig schief auf seiner Stirn aussah. Ich beobachtete Timmy eine Weile und konnte förmlich spüren, wie seine Überheblichkeit langsam aber sicher von ihm abbröckelte. Seine Starrheit und Arroganz schienen plötzlich wie weggeblasen.

Schatzilein hingegen schien immer noch in ihrer eigenen Welt zu leben. Ich fragte mich manchmal, ob sie überhaupt realisierte, was um sie herum passierte oder ob alles nur ein Spiel für sie war. Neben Timmy konnte ich einen Schuhkarton ausmachen, den er wahrscheinlich zum Kassieren nutzte. Schon von Weitem konnte ich erkennen, dass dieser bereits gut gefüllt war.

Doch wie er damit auch noch Wechselgeld herausgeben konnte, blieb mir ein Rätsel. Schatzilein schien das Chaos gar nicht zu bemerken. Sie tänzelte weiter da hinten umher, schmiss dem einen oder anderen eine Kusshand zu, öffnete dann die nächste Flasche Wein und schrie nun schon an die hundert Male: „Ich liebe euch doch alle! Habt ihr gehört? "Ich liebe euch alle!"

22

Tag fünf meiner Rache

Merkwürdig ausgeruht stand ich an diesem Morgen auf. Ich hatte gut geschlafen, wie schon lange nicht mehr. Was für ein ungewohntes und großartiges Gefühl. Lag es an dem Rotwein, den ich gestern noch mit Heinrich getrunken hatte? Oder daran, dass es jetzt nicht mehr ganz so heiß war? Endlich sollte es ein Gewitter und damit auch eine Abkühlung geben, verkündete der Wetterbericht schon vor einigen Tagen.

Meine Miezekatze lag ruhig am Fußende und ließ sich auch nicht durch die von mir verursachten Geräusche stören. Ihr kleiner Körper hob und senkte sich in aller Ruhe. Dabei war ein leises Schnarchen zu hören. Völlig entspannt lag sie da und ich wurde ein klein wenig neidisch, weil sie jetzt den größten Teil des Tages verschlafen konnte. Ich schaute sie an und dann wusste ich es wieder. Es war die erste Nacht ohne das schon vertraute Rascheln und Kratzen in der Zwischendecke. Wie zur Antwort streckte sie sich im Schlaf und gähnte dabei herzhaft.

Vor fünf Tagen wurde das Gift gelegt und schien seine erste Wirkung zu zeigen. Wir wussten zwar nicht, wie tot die Ratten in der Zwischendecke waren, doch auf jeden Fall war Ruhe eingekehrt. Das ließ uns schon mal vorsichtig aufatmen. Sollten wir es wirklich geschafft und das Rattenvolk vernichtet haben?

Herbert war zwar ein cleveres Kerlchen. Doch nicht clever genug, um noch zu wissen, wen er von seinen Leuten vor fünf Tagen hingeschickt hatte. Dafür reichte sein kleines Rattenhirn doch nicht aus. Eindeutig lag der Vorteil auf unserer Seite. Es war genauso, wie uns der Experte von der Schädlingsbekämpfung erklärt hatte. Nach fünf Tagen kehrt Ruhe ein. Es funktionierte.

Da war sie nun, die ersehnte Ruhe. Fast unheimlich kam es mir vor, als vor meinem Fenster eine Möwe kreischte. Da hatte er mich wieder, der Alltag. Ich schaute hinaus und begrüßte freudig die schreienden Möwen mit einem "Schönen guten Morgen Usedom!" In der Küche angekommen, überlegten wir, ob es wirklich schon Sinn macht, alles an seinen vertrauten Platz zu legen. Gemeinsam beschlossen wir, noch ein wenig zu warten. Sicher ist sicher. Wir hatten uns jetzt schon an die etwas umständliche Arbeitsweise gewöhnt. Ich schaute aus dem Fenster und beschloss abzuwarten, was denn die nächsten Tage so bringen würde. Am Himmel waren einige kleine Wolken zu sehen. Das waren eindeutig Schönwetter Wolken. Wir hatten Bilderbuchwetter auf Usedom. Es schien ein wunderschöner Sommertag zu werden.

23

Tag Sieben meiner Rache

Uns ging es wieder richtig gut. Wir hatten wieder eine ganz normale Alltagssituation und glaubten jetzt schon allen Herausforderungen gewachsen zu sein. Was sollte uns jetzt noch passieren? Selbst Heinrich, der nicht immer so leicht zufriedenzustellen war, sprühte vor Übermut und versuchte mich mit kleinen Tricks und Neckereien zu kleinen Zärtlichkeiten zu überreden. Dabei konnte ich immer noch richtig rot werden. Das Kind war in der Schule. Oskar schien es nie schlecht gegangen zu sein. Immer erwachte er mit einem Lächeln und guter Laune im Bauch. Die Geschichte mit Herbert fand er höchst interessant und aufregend. Als ich ihn sagte, dass Herbert jetzt ein anderes Zuhause gefunden hat, wurde er merkwürdig ruhig. Zu gern hätte er Herbert kennengelernt und dann mit ihm im Garten oder in seinem Zimmer gespielt. Enttäuscht über den Ausgang der Situation, wandte er sich seinem kleinen Fahrrad zu und fuhr Richtung Promenade, bis zum Sportplatz an der Seebrücke, um sich mit seinen Freunden zu treffen. In den Büschen der Dünen hatten sich die Kids ein Domizil aufgebaut und genossen von hier aus, mit der Ostsee im Rücken und dem Rauschen der Wellen im Ohr, eine wunderbare Kindheit.

Das heutige Frühstück im Haus hat sich ungewöhnlich in die Länge gezogen. Mit einer Tasse Kaffee in der Hand saßen einige unserer Gäste im Garten und genossen offensichtlich das schöne Wetter und die Ruhe auf dem Innenhof. Die meisten meiner Gäste machten sich für einen Tag am Strand bereit, währenddessen die Kinder im großen Garten tobten. Kinderlachen erfüllte diesen Sommertag. Auf dem heutigen Frühstücksbüfett herrschte ganz schön Kahlschlag. Mein lieber Herr Gesangsverein. Dabei haben wir heute noch einige Extraportionen Rührei, Bratwürstchen und andere diverse Salate bereitgestellt. Blitzeblank war alles geleert. Nur ein einsames Salatblatt war noch in der großen Schüssel zu finden. Auf der einst sorgfältig angerichteten Käseplatte war nur noch die Garnitur vorhanden und ein kleines Radieschen schmückte den Tellerrand. Die Anlegegabeln und -löffel waren jetzt kreuz und quer verteilt auf dem Büfett wiederzufinden.

Die Müsli Etagere war, bis auf den Behälter mit dem Früchtemüsli, nahezu leer gefegt und auf dem großen Obstteller war nur noch eine einzelne, wahrscheinlich heruntergefallene, blaue Weintraube zu finden. In Gedanken war ich dabei, die Brötchen zusammenzuzählen, die heute Morgen die Küche verlassen haben. Ich kam zu dem Entschluss, dass es sich um fast das Doppelte vom Vortag handeln musste. Gewiss, das Haus war knüppeldick voll. Alle Betten und alle Aufbettungen, die wir bereitstellen konnten, waren raus. Jede ausziehbare Couch war ausgezogen und selbst zwei von unseren Camping-Liegen, die eigentlich nur für unseren privaten Bereich gedacht waren, waren schon seit Tagen im Einsatz.

Trotz allem waren für den heutigen Tag weit mehr Brötchen verdrückt worden als normal gedacht. Sicher wurden sie wieder einmal für den Einsatz am Strand mitgenommen. Na toll !!! Das war ein immer wieder ein ärgerlicher Faktor in der Frühstückskalkulation, wiederholte sich jedoch jedes Jahr aufs Neue. Meistens dann, wenn bestes Strandwetter angesagt war. Das Angebot für ein Lunchpaket wurde nur ganz selten von unseren Gästen genutzt. Alle anderen hielten doch mehr von der Selbstbedienung. Das war auch viel einfacher und insbesondere preiswerter. So konnte man dann auch ungeniert noch ein Brötchen für unsere frechen Möwen mitnehmen.

Für meine Kollegen und Mitarbeiter war jetzt ein zweites Frühstück und vor allen Dingen eine Pause angesagt. Dazu wurde dann frischer Kaffee gekocht und die Reste vom Frühstücksbüfett genutzt. Doch das würde heute wohl nicht ausreichen.

Helga, eine langjährige Mitarbeiterin, die treue Seele des Hauses hatte, das schon kommen sehen und vorsorglich einige Brötchen aus dem Tiefkühler entnommen, um diese dann für uns aufzubacken. Aus den wenigen Tomaten, die noch verblieben sind, schnitzte sie noch schnell einen kleinen Tomatensalat, garniert mit reichlich Frühlingszwiebeln und einer Handvoll Schnittlauch. In der Hand schwang Helga die schwere Eisenpfanne, in der sie uns noch ein Rührei brutzeln wollte. Auf Helga war immer Verlass. Vorsorglich hatte sie eine Palette mit Eiern beiseite gestellt, die jetzt in der großen Pfanne schmorten. Aus der Küche roch es schon verführerisch gut. Somit stand unserem zweiten Frühstück nun nichts mehr im Wege. Gemeinsam setzten sich alle an den großen Stammtisch, um das zusammengeschusterte Mahl zu genießen, den Arbeitstag zu besprechen und es uns dabei schmecken ließen.

Der aktuelle Belegungsplan, der den Alltag von uns allen bestimmte, war heute sehr gnädig für uns. Für heute waren keine weiteren An- oder Abreisen geplant. Kein Kofferservice, auf den wir stundenlang warten mussten und keine Extrawünsche unserer Gäste mussten erledigt werden. Das war ja einer von den seltenen Tagen, die man übers Jahr an der Hand abzählen konnte.

Für uns war es die Gelegenheit eine kleine Inseltour zu machen, bei der wir im Anschluss noch den bestellten Fisch in der Forellenzuchtanlage in Rankwitz, im Lieper Winkel, im sogenannten Hinterland am Achterwasser, abholen wollten. Der Lieper Winkel ist eine zur Insel Usedom gehörende Halbinsel. Sie befindet sich zwischen Achterwasser und Peenestrom.

Für das kommende Wochenende war ein Grillabend angesetzt, bei dem die gute Rankwitzer Forelle nicht fehlen durfte. Diese wurde schon seit Langem von uns, gefüllt mit Schinkenspeck, gewürzt mit Meerrettich, Zitrone und Salz in einer Grillgabel angeboten. Bei unseren Grillpartys war dieses Gericht stets der absolute Favorit und sorgte für ein wahres Geschmackserlebnis und viel Begeisterung bei unseren Gästen. Außerdem hatte Helga auch schon einen großen Wunschzettel für das kommende Frühstück vorbereitet. An dem Einkauf führte nun kein Weg mehr vorbei, wenn wir morgen wieder ein großartiges Frühstücksbuffet anbieten wollten. Und das wollten wir. Wir hätten uns den Fisch einfach nach Hause liefern lassen können, doch die Aussicht, das Gelände selbst verlassen zu können, war auch eine tolle Sache und sorgte somit für etwas sommerliche Abwechslung.

Die große Pfanne mit Rührei, welche jetzt in der Mitte des Stammtisches stand, war restlos geleert. Heinrich war gerade dabei, mit Hilfe einer Brötchenhälfte das noch vorhandene Fett einzufangen, als ganz plötzlich ein kleines Etwas in der Pfanne krabbelte.

Heinrich ließ vor Schreck den großen Löffel fallen. Als er bemerkte, dass es sich um eine kleine weiße Made handelte, schmiss er entsetzt das angebissene Brötchen weg. Neugierig geworden kamen meine Mitarbeiter, vorneweg natürlich Helga, um die Herkunft dieser kleinen weißen Made zu bestaunen. Ein allgemeines Raunen setzte ein, wobei wir uns alle einig waren, dass dieses kleine, sich windende Tier, sicherlich der Obstschale entsprang. Woher auch sonst? Damit war das

Thema erledigt und alle gingen wieder ihren gewohnten Tätigkeiten nach.

Heinrich saß schon ungeduldig im Auto und wollte endlich starten. Auch wenn es nicht an den Strand ging, so war ich doch sehr froh, eine kleine Ausfahrt und eine kleine Auszeit vom Alltag gemeinsam mit Heinrich genießen zu können. Endlich ging es los! Kaum auf der Hauptstraße angekommen, standen wir schon im Stau. Wir hatten mit nichts anderem gerechnet und sollte für uns kein Problem sein. Kannten wir doch reichlich Schleichwege, die uns auch ans Ziel brachten. Doch nicht nur wir kennen diese Schleichwege. Unsere Einheimischen nutzten diese das ganze Jahr über. Für unsere Feriengäste waren es beliebte Fahrradwege, die auch gern für lange Spaziergänge genutzt wurden. Deshalb herrschte auch hier auch ein reges Treiben. Somit waren wir hier in guter Gesellschaft, auch wenn wir nur zögerlich vorankamen.

Unseren ersten Halt machten wir am Sieben Seen Blick in Bansin. Von dort konnte man nicht nur die Aussicht auf den großen und kleinen Krebssee genießen, sondern auch den Gothensee, den Kachliner See, den Schloonsee, den Schmollensee und das Achterwasser. Wir nahmen uns sogar die Zeit einen Abstecher an der Mühle in Benz zu machen, an der selbst gemachter Kuchen und Schmalzstullen angeboten wurde. Auch wenn wir gerade gefrühstückt hatten, nutzten wir das Angebot und ließen es uns schmecken. Bis nach Neppermin war es jetzt nicht mehr weit. Von hier aus hat man einen wahrhaftig zauberhaften Blick auf den Nepperminer See und das angrenzende Achterwasser, eine Lagune des in die Ostsee mündenden Peenestroms.

Schon von Weitem glitzerte es uns in seiner ganzen Schönheit entgegen. Durch die aufziehenden dunklen Wolken, die jetzt am Himmel auszumachen waren, waren die Schaumkronen besonders deutlich zu sehen. Dutzende Boote, egal ob Paddelboote, Schlauchboote, Segler oder kleine Jachten, tummelten sich hier in der sommerlichen Frische. Einige Wagemutige waren auch mit ihren Tretbooten unterwegs und andere wiederum schienen mit ihren Surfbrettern viel Spaß zu haben. Ein bunter Reigen an Wasserfahrzeugen und Badelustigen konnten wir ausmachen. Zu gern hätte ich jetzt mit einem der Insassen getauscht und die nächsten Stunden auf dem Wasser verbracht. Ich schaute zu Heinrich und war doch froh, neben ihm zu sitzen. Wir ließen uns Zeit und beschlossen auf der Rücktour an einer der Badestellen halt zu machen.

Weiter ging unsere Fahrt durch das Usedomer Hinterland an Felder und Wälder, kleinen verträumten Dörfern mit viel Kopfsteinpflaster, an Reiterhöfen, Töpfereien, Hofläden, einem Wasserschloss, an Schafkoppeln und an einer riesigen Eiche vorbei, die irgendwann mal von einem Blitz getroffen wurde und nun mit ihren gewaltigen Stämmen auf einem nahen Acker zu bewundern war. In der Forellenzuchtanlage hatte man uns schon erwartet. Der Fisch lag ausgenommen, gewaschen, in Isolierbehältern verpackt und war für den Transport bereit. Frischer kann man Fisch nicht anbieten, denn die Lachsforellen wurden direkt in der Anlage gezüchtet und frisch verarbeitet. Der Fisch aus Rankwitz ist stets ein Leckerbissen und jeder gute Gastronom von Usedom weiß das zu schätzen. Und somit war der Rankwitzer Fisch in jeder Speisekarte unserer Häuser ein ganz besonderes Aushängeschild.

Auf dem gesamten Gelände wimmelte es nur so von Touristen. Direkt an einem Jachthafen gelegen, wirkte die ganze Anlage wie aus dem Bilderbuch. Durch das Ambiente und die idyllische Lage und natürlich seinen Fischspezialitäten der besonderen Art wurde der Hafen von Rankwitz zu einem Anziehungspunkt, der weit über die Insel Usedom hinaus bekannt wurde. Obwohl in diesem Jahr mehr als das Doppelte an Plätzen zur Verfügung stand, schienen alle Plätze belegt zu sein. Ich staunte nicht schlecht, wie sich hier schon wieder alles vergrößert hatte. Die gesamte Restauration war erweitert worden und jetzt noch großzügiger nach außen verlegt. Die neuen Terrassen boten einen atemberaubenden Blick auf den Hafen und das Wasser. Die Gäste saßen entspannt bei einem Glas Wein oder Bier und genossen die frische Seeluft sowie die kulinarischen Köstlichkeiten aus der Region. Es war einfach herrlich, sich auszumalen, wie wunderbar es an diesem Ort sein musste, wenn die Temperaturen an einem lauen Sommerabend angenehm warm waren und die Sonne langsam hinter dem Horizont verschwand. Das klare Wasser schimmerte dann in einem goldenen Licht und verbreitete eine zauberhafte Atmosphäre.

Auch Reisebusse aus allen möglichen Regionen Deutschlands, sowie Transporter und Kleinwagen waren zahlreich auf dem dazugehörigen Parkplatz zu finden. Die Anzahl der Fahrräder war nur schwer zu schätzen, denn der Fahrradständer ähnelte einer gut florierenden Fahrradverleihstation und schien bald zu bersten. Selbst eine prächtige Kutsche mit ihren vielen Fahrgästen hatte an diesem Ort Rast gemacht. Der Kutscher war gerade dabei, seine Pferde zu striegeln. Einige Fliegen schwirrten um den Kopf des Tieres und ließen es sich auf dem warmen Fell gut gehen. Auf der Wasserseite herrschte ebenfalls reger Schiffsverkehr. Ein Fahrgastschiff legte soeben an und spuckte weitere zahlreiche Gäste aus, wobei das nächste schon in der Ferne auszumachen war. Zwischen den Gästen liefen einige Katzen in allen möglichen Farben und Größen hin und her. Mit bettelndem Blick und viel Gemauze saßen sie vor den Tischen in der Hoffnung, ein wenig von den Fischresten abzubekommen, was ihnen auch gelegentlich gelang.

Wir selbst wollten lieber eines von den leckeren Fischbrötchen, das wir auch im Stehen essen konnten und bewunderten dabei das Kommen und Gehen der vielen Menschen. Der Fisch auf unseren Brötchen war noch warm und schien frisch aus dem Rauch zu kommen. Eine wahre Köstlichkeit, bei dem einem nur der Gedanke daran, das Wasser im Munde zusammenlaufen ließ. Nur allein dafür loszufahren, hätte sich schon gelohnt.

Frisch gestärkt und rundum zufrieden machten wir uns auf den Heimweg, immer noch in der Hoffnung, unseren kleinen Ausflug in die Länge ziehen zu können. Doch dunkle Wolken zeigten sich am Horizont und ein Grollen am Himmel kündigte von einem heftigen Unwetter, das uns der Wetterbericht schon vor einigen Tagen angekündigt hatte. An einen Halt an einer der

Badestellen war jetzt nicht mehr zu denken. Die ersten Blitze zuckten bereits in der Ferne.

Auf der Rückfahrt, die wir jetzt etwas eiliger antreten mussten, konnten wir beobachten, wie all die Segler und sonstige Ausflugsboote sich bemühten, das Ufer zu erreichen. Gleich einer Regatta hatten alle nur das eine Ziel. So schnell wie möglich an den Strand zu kommen. In den geschützten Hafen. Dabei war es für mich schwer vorstellbar, dass dort wirklich alle einen Ankerplatz finden würden. Es schienen hunderte zu sein. Eine kräftige Windböe hatte bereits eingesetzt und schleuderte mit all seiner Kraft einige kleine Kieselsteine gegen unsere Windschutzscheibe. Heinrich gab Gas und der kleine Käfer, den wir nun schon einige Jahre fuhren, gab sein Bestes und brachte uns quer über Feldwege, über die Hauptstraße, über die Kreuzung und dann endlich über unsere kleine Zufahrt wieder heil nach Hause zurück.

Wir hatten wieder einmal Glück. Zwar war uns das Gewitter während der Heimfahrt immer dicht auf den Fersen, doch noch bevor die ersten Hagelkörner eintrafen, waren wir samt Fisch im Haus verschwunden. Helga hatte bereits auf uns gewartet und beim Eintreffen auf dem Hof die Haustür weit geöffnet. Mit großen Augen standen wir nun da und staunten nicht schlecht als Hagelkörner, groß wie Schneebälle vom Himmel krachten. Kurz darauf setzte ein heftiger und sehr kräftiger Donner ein, wobei eine Windböe ein Fenster weit aufriss und die Gardinen im Raum weit wehen ließ. Augenblicklich wurde es kalt im Raum, wobei Heinrich unter Aufwand seiner gesamten Kräfte versuchte, das

Fenster wieder zu schließen. Ein kräftiges Miauen war zu hören und ich konnte erkennen, wie unsere Miezekatze pitschnass, mit einem Satz durch die Tür geschossen kam und unter einem der Tische verschwand, als es augenblicklich dunkel im Raum wurde. Große, schwere Gewitterwolken zogen über Usedom und ließen alles in einem unheimlichen Licht erscheinen. Wir schauten aus dem Fenster und sahen, wie der Regen in einem wahren Wolkenbruch auf die Erde prasselte. Der Wind tobte und peitschte die Bäume im Garten wild hin und her, so dass Äste krachend abbrachen. Plötzlich zuckte ein greller Blitz am Horizont auf und wurde von einem ohrenbetäubenden Donnerschlag begleitet. Die Natur zeigte ihre geballte Kraft, als plötzlich ein greller Schrei zu vernehmen war.

Ganz eindeutig kam der Schrei von Helga, die wirklich in der Lage war, Donner und Blitz zu übertönen. Das war ein eindeutiges Warnzeichen. Es musste etwas sehr Ernsthaftes passiert sein. Immer wieder zeigte sie in Richtung Stammtisch und schrie weiter, dass es einem Angst und Bange werden konnte. Das war der Tisch, an dem wir auch gemeinsam unser Frühstück einnahmen und auf dem vor Kurzem noch die große Pfanne mit Rühreiern stand. Dabei hatte sich der Raum bereits so verfinstert, dass wir kaum etwas erkennen konnten. Doch kurz darauf erhellte der nächste Blitz den Raum und zeigte uns die ungeschminkte Wahrheit. Der Tisch war übersät mit kleinen weißen Maden. Sie waren klein, sie waren weiß und überaus eklig anzusehen. Es waren Tausende, die über den Tisch zuckten.

Doch bevor wir weiter staunen konnten, ertönte wie zur Antwort ein weiterer heftiger Donnerschlag, bei dem ich mich zusammenreißen musste, nicht selbst loszuschreien. Die Maden wanden sich bereits über die gesamte Tischfläche und versuchten vorwärts zu kommen. Doch da der Tisch einmal zu Ende ist, fielen sie zu Boden. Platsch, Platsch und noch eine und noch eine. Erst jetzt bemerkten wir, dass die ersten Maden bereits auf dem Fußboden angekommen waren und versuchten vorwärts zu robben. Wir standen mittendrin. Einige versuchten bereits an meinen Schuhen und denen von Heinrich empor zu klettern. Oh mein Gott! Es war abscheulich anzusehen. Augenblicklich bekam ich einen Würgereiz, den ich aber dann doch unterdrücken konnte, da der nächste Donnerschlag so unangekündigt und doch so laut und kraftvoll war, dass wir alle zusammen zuckten und lauthals los schrien, als gäbe es einen Weltuntergang. Die Wucht des Schlags schien uns alle zu durchdringen und für einen Augenblick vergaßen wir alles um uns herum. Das Grollen schien für einige Sekunden anzuhalten und ein erneuter Blitzschlag am Himmel kündigte schon den nächsten Donner an, der sich dann auch sofort zuckend und krachend über unsere Köpfe auszutoben schien. Der blanke Wahnsinn! Durch die plötzliche Helligkeit fiel mein Blick auf die Deckenlampe.

Was ich dort für eine klitzekleine Sekunde, nicht länger als einen Blitzschlag anhielt, zu sehen bekam, ließ mich mit offenem Mund dastehen. Ich glaubte, meinen Augen nicht zu trauen. War das jetzt wahr, was ich da sah oder hatte ich mir nur alles eingebildet? Unsere Deckenlampe war über und über mit Maden bestückt. Von dort kamen die Maden und tropften auf unseren Tisch. Heinrich muss es im selben Moment wie ich entdeckt haben, denn er stand ebenfalls mit großen Augen und offenem Mund da und starrte auf die Lampe. Ein nächster Blitzschlag, eine gleißende Helligkeit zeigte uns, kurze Zeit später, die unverfrorene Wahrheit. Die Maden kamen über die Lampenhalterung aus der Zwischendecke. Dort schienen sich tausende von diesen kleinen, ekligen Tieren zu befinden, die als gäbe es einen Preis zu gewinnen und sich nach draußen drängten. Jetzt war alles klar. Das Rattengift hat gewirkt. Egal, wie viele Ratten in unserer Zwischendecke waren.

Sie waren jetzt tot. Sie waren so mausetot, dass bereits die Verwesung eingesetzt und die Tiere sich in abertausenden Maden verwandelt hatten. Ich konnte nicht anders, als mich zu übergeben. Der Gestank wurde unerträglich und die Vorstellung von all diesen Maden machte mir Angst. Wie konnten wir nur so naiv sein und den Schädlingsbekämpfer einfach machen lassen? Hatten wir uns keine Gedanken darüber gemacht, was mit den toten Ratten passieren würde? Warum hat er uns denn nicht gewarnt? Bei den Gedanken wurde mir Speiübel und ich stürzte schon wieder einmal ins Bad. Heinrich war kreideweiß und versuchte angeekelt, mit einem Lappen die Biester zu beseitigen.

Auch ihm war schlecht und das Zittern in seinem Auge nicht zu übersehen. Am liebsten hätten wir jetzt umgedreht und unsere schöne Fahrt ans Achterwasser fortgesetzt, doch stattdessen mussten wir uns Gedanken machen, wie wir abertausend kleine Maden loswerden können.

Ich griff zur Tageszeitung und breitete diese erstmal auf dem Tisch aus, sodass die Maden dort darauf tropfen konnten und wir später die Zeitung nur wegräumen mussten. Das war eine kleine Hilfe, jedoch keine Lösung. So viel war schon mal klar, denn als ich das nächste Mal aus dem Fenster schaute, kam der nächste Donnerschlag. Jetzt schon aus der Ferne und die ersten Wolken machten bereits Platz für ein kleines Licht. Es wurde wieder etwas heller. Als ich aus dem Fenster schaute, konnte ich Oskar erkennen, wie er versucht, mit seinem kleinen Fahrrad nach Hause zu kommen. Schnell öffnete ich die Eingangstür. Auch er war klatschnass und war wahrscheinlich, in der Hoffnung weitgehend trocken anzukommen, mit seinem Fahrrad wie der Sausewind nach Hause gerast. Gemeinsam mit seinen Freunden konnten sie das Gewitter direkt am Strand erleben und fanden dabei Schutz direkt unter dem Steg der Seebrücke. Von hier aus konnten sie mit großen Augen die Kraft der Natur miterleben. Das ist schon ein großartiges Ereignis, wie man es nur selten im Leben zu sehen bekommt. Doch angesichts der Schwere des Gewitters hielten sie es dann doch für angebracht, das Feld zu räumen und sich in Sicherheit nach Hause zu begeben. Wie ein Held strahlte Oskar jetzt über das gesamte Gesicht, während ihm das Regenwasser vom Kopf tropfte.

Doch das schien ihn nicht zu stören. Stattdessen präsentierte er stolz einen großen Stock, den er wieder irgendwo gefunden hatte. Völlig aufgeregt kam er damit an und versuchte uns die Ereignisse zu erzählen, bis er ebenfalls das Chaos auf dem Tisch und auf dem Fußboden vernahm. Ruckartig blieb er stehen und starrte ebenfalls fassungslos auf die sich wimmelnde Flut von kleinen weißen Maden. Zu gern hätte ich ihm diesen Anblick erspart. Doch dazu war es jetzt zu spät, denn er war bereits dabei, mit dem Stock in der Hand einige dieser Biester zu vertreiben. Das hatte zwar keinen Sinn, doch etwas Besseres fiel ihm nicht ein. Mir leider auch nicht.

Unsere Miezekatze hatte sich bereits wieder vom Schreck erholt und ist jetzt neugierig geworden, unter den Tischen hervorgekrochen. Schnuppernd näherte sie sich dem Ort des Grauens. Sie drehte den Kopf zur Seite und berührte vorsichtig, ganz vorsichtig eine kleine Made mit einer Pfote. Als diese sich dann kringelte, machte sie einen seitlichen Satz in die Höhe und sprang fauchend auf einen unserer Barhocker. Und so dauerte es nur einen kleinen Moment und unser Team, bestehend aus Oskar und der Miezekatze, saßen beide, wie gewohnt, auf einen der Barhocker und betrachteten aus geschützter Entfernung die ungewohnten Ereignisse. Immer wieder fielen Maden von der Deckenlampe herab und hinterließen eine Spur des Ekels. Tropf, Tropf, Tropf - wie ein unablässiger Regen, der kein Ende nehmen wollte. Die Maden schienen sich zu vermehren und aus der Zwischendecke herauszuströmen, als gäbe es kein Halten mehr. Wie eine Welle drängten alle, aus der Zwischendecke nach draußen an unsere Deckenlampe und von da aus auf den Tisch. Wir waren gefangen in einem Albtraum, aus dem es kein Entkommen zu geben schien.

24

Die Party steigt

Das Fest befand sich jetzt auf dem Höhepunkt. Wir hatten wirklich Glück mit dem Wetter. Obwohl es mitunter Anfang Oktober schon sehr kühl werden konnte, schien auch der Wettergott gute Laune zu haben und schickte uns einen von diesen perfekten Herbstabenden mit seinen rot-goldenen Sonnenuntergängen.

Kein Lüftchen regte sich. Nur einige kleine Wolken waren am Horizont zu erkennen. Es gab nicht nur einen traumhaften Sonnenuntergang, sondern auch spät am Abend einen sternklaren Himmel. An dem Tag passte alles. Wir hatten perfekte Voraussetzungen für das bevorstehende Feuerwerk und für diese einmalige Feier zur Wiedervereinigung Deutschlands.

Die Band war großartig und spielte einen Hit nach dem anderen. Sie hatten genau das richtige Feingefühl, um unsere Gäste in Partystimmung zu versetzen und haben sich dann auch richtig was einfallen lassen. Ein Hit löste den nächsten Hit ab. Auf unsere Gäste war wie immer Verlass. Sie tanzten und feierten bereits, kaum dass die Musik begann. Eine Stadt war in Partylaune. Auch unsere Gäste aus der Partnerstadt ließen sich von der Freude und Ausgelassenheit der Menge anstecken. Überall wurde gelacht, getanzt und geschunkelt.

Das ganze Festzelt machte gerade jetzt in der Dunkelheit einen prachtvollen Eindruck. Die vielen Lichterketten sorgten für eine wunderschöne Illumination und ließen alles im festlichen Glanz erscheinen. Der Kronleuchter, am Ende des Zeltes, setzte dem Ganzen noch die Krone auf. Es war vollbracht. Wir hatten ein wunderschönes und feierliches Ambiente geschaffen.

Doch als ich meine Bedienung sah, bekam ich ein schlechtes Gewissen. Seit Stunden liefen sie in Eiltempo, um alle Gäste so gut wie möglich bedienen zu können. Das Gewicht der Gläser bei gefüllten Tabletts war enorm. Die Tabletts waren immer randvoll gefüllt. So liefen sie schon seit Stunden. An eine Pause war nicht zu denken. Christiane hatte sich zudem ihren Fuß verletzt und versuchte nun humpelnd ihre Aufgabe zu meistern, was ihr dann auch teilweise unter Schmerzen gelang. Zudem war ihr Fuß schon reichlich angeschwollen. Immer wenn ich sie sah, warf sie einen grimmigen Blick auf Timmy. Sie war richtig sauer. Ich kannte sie lange genug, um zu wissen, dass ihr gerade der Kragen platzte. Ich dachte nur: „Wenn Blicke töten können, dann wäre Timmy bereits mausetot." Doch Timmy war quicklebendig und zapfte weiterhin an drei Zapfsäulen gleichzeitig das Bier. Er sprang dabei von einer Zapfsäule zur anderen, um immer die bereits vorgefüllten Becher weiterhin zu befüllen. Bei der dritten Füllung sollten sie eigentlich ihre Schaumkrone erhalten. Das jedoch klappte nur in den seltensten Fällen. Bei der Masse und dem Tempo, das Timmy vorlegte, war es nicht verwunderlich, dass alles in Bier schwamm. Bei dem Versuch, den Tresen zu reinigen, sind schon wieder Dutzende von Bierbechern umgekippt.

Das kühle Nass hatte sich großzügig über seine Hosen verteilt und sorgte damit für einen recht eigenartigen Anblick. Der Stoff seiner Hosen und des Oberhemdes klebte fest an seinen Körper. Er selbst stand in einer riesigen Bierlache. Seine Schuhe waren von Bier durchtränkt und gaben bereits quiekende Geräusche beim Laufen und Auftreten wieder.

Timmy hatte aber noch ganz andere Sorgen. Es musste nicht nur gezapft werden. Es musste auch kassiert werden. Eigentlich war das sein Lieblingsjob und machte in der ersten Stunde keine Probleme. Das Geld kam wie gewohnt in einen Schuhkarton. Der Karton war schneller gefüllt als gedacht, was Timmy anfangs noch erfreute. Doch so schnell wie das Bier raus ging, genauso schnell füllte sich die Kasse. Ruck Zuck und die Kasse quoll über vor Geld, sodass die Gefahr bestand, dass die vielen Scheine einfach herunterfallen könnten. Und ich dachte noch, wenn jetzt eine kleine Windböe durch das Zelt pusten würde, dann hätten wir einen kleinen Geldregen oder auch einen kleinen Geldsegen. Je nachdem, wie man es nimmt. Doch die Windböe blieb aus und ich musste meinen Tagtraum beenden. So zapfte Timmy immer weiter und konnte dabei den Ansturm kaum bewältigen. Das liebe Geld wanderte nun blitzschnell über den Tresen, um es dann in reichlich Pommes, Schnaps und Bier umzusetzen.

Timmy hatte nicht bedacht, dass fünf Mark in kleinen Scheinen ein solches Volumen ausmachen könnten. Daher nahm Timmy einen dieser großen Müllsäcke und füllte dort das viele Geld hinein.

Nach einigen Stunden hatte er schon richtig Kohle einnehmen können und war bereits damit beschäftigt, den dritten Müllsack zu füllen. Alle Achtung! Das schien wirklich jede Menge zu sein.

Das Schatzilein hingegen konnte leider keine neuen Plastikbecher herausgeben. Denn Schatzilein hatte bei dem letzten Versuch die gesamte Ladung von den Regalen gerissen. Alles lag auf der Erde umher und vermischte sich mit dem Schlamm und dem Bier. Sie versuchte mühsam, alles wieder in Ordnung zu bringen. Als ihr das nicht gelingen wollte, nahm sie kurzerhand eine Flasche Rotwein und setzte sich auf eines der Bierfässer. Timmy bemerkte schnell, dass Schatzilein auch mit dieser Aufgabe überfordert war. Ziemlich sauer schrie er sie an. Schatzilein machte einen Schmollmund und Timmy übergab ihr die bereits gefüllten Geldsäcke, um darauf aufzupassen. Das fand Schatzilein prima. Die Aufgabe gefiel ihr sehr gut. Sie setzte sich auf einen der Säcke und musste feststellen, dass sich die Säcke hervorragend für ein Nickerchen eigneten. Timmy hatte keine Zeit, sich um Schatzilein zu kümmern, denn Timmy musste weiter zapfen. Und nur noch dreißig Minuten bis zum Feuerwerk. Der Countdown lief.

Endlich war es soweit. Ein Knall signalisierte, dass das Feuerwerk soeben begonnen hatte. Unsere Gäste waren außer sich vor Freude und ließen alles stehen und liegen, um dieses Spektakel hautnah miterleben zu können. Die Augen leuchteten vor Begeisterung und die Gesichter strahlten in hellem Glanz. Es war ein Moment voller Magie und Freude, der uns alle in seinen Bann zog.

Selbst Timmy legte die Bierbecher beiseite und kam hinaus, um das Feuerwerk zu bestaunen. Neben mir stand Christiane. Sie hatte Tränen im Gesicht. Ich wusste nicht, ob das vor lauter Freude, angesichts des feierlichen Moments war, oder weil ihr der Fuß so stark schmerzte.

Die ersten Raketen versprühten ihre Kreationen am Zenit. Ein ohrenbetäubender Knall durchbrach die Stille und verkündete den Beginn des langersehnten Feuerwerks. Die Luft war voller Vorfreude und Spannung. Die bunten Lichter tanzten am Himmel und malten ein Bild voller Schönheit und Harmonie. Wir waren alle vereint in diesem Augenblick und spürten eine tiefe Verbundenheit zueinander. Das Feuerwerk war nicht nur ein Spektakel für die Augen, sondern auch für die Seele. Es erfüllte uns mit Freude, Hoffnung und Dankbarkeit. Wir wussten, dass dieser Moment unvergesslich bleiben würde und wir ihn für immer in unseren Herzen tragen würden. Ich konnte nicht anders als zu lächeln, als ich die Freude in den Gesichtern unserer Gäste sah. Es war ein langer Abend gewesen und jeder hatte sich auf diesen Moment gefreut.

Ich selbst hatte mich tagelang mit der Organisation beschäftigt und nun zahlte es sich aus. Wo soeben noch der Sternenhimmel war, gab es wunderschöne Impressionen zu sehen. In allen Farben zogen sie am Himmel dahin, mit viel Licht und immer wieder wechselnden Farben- und Formenspiel. Es raunten die Ohhhs und Ahhhs durch die staunende Menge. Die blinkenden Effekte lösten sich abwechselnd voneinander ab und malten dabei einzigartige Formen in den Himmel.

So schnell und plötzlich, wie das Feuerwerk begann, endete es in einem großen Finale. Es war wunderschön und ein unvergesslicher Moment für einen unvergesslichen Tag. Zum Abschluss gab es noch viel Jubel sowie einen riesigen Applaus für einen wunderschönen und farbenprächtigen Abendhimmel. So etwas hatte die Stadt noch nicht gesehen. Und so ein Fest würde es auch kein zweites Mal geben. Wir mussten weitermachen. Einige Gäste waren schon wieder an ihren Tischen zurück. Die Bier-Durstigen bildeten augenblicklich eine Schlange vor Timmys Zapfsäule. Die Band fing an zu spielen und die ersten Gäste waren schon wieder auf der Tanzfläche zu finden.

Das Fest ging weiter und sollte sich auch noch bis in den frühen Morgenstunden hinziehen. Auch Timmy verzog sich hinter seinem Tresen, um weiter Bier zu zapfen. Selbst er war erfüllt von der Erhabenheit des Augenblicks und seine Augen leuchteten für einen kurzen Moment. Er schaute sich kurz um in dem Chaos, das er angerichtet hatte. Becher in allen Größen lagen kreuz und quer hinter seinem Arbeitsplatz und auf dem Tresen. Auch ihm sind bei den raschen und ruckartigen Bewegungen einige Gläser aus der Hand gefallen. Die Scherben mischten sich jetzt unter dem Tresen mit einer riesigen Bierlache sowie reichlich Modder und Dreck. Timmy wischte kurzerhand den Tisch mit seinen Armen sauber und rief dann lautstark nach seinem Schatzilein. Doch es erschien kein Schatzilein. Jetzt wurde Timmy richtig wütend und drehte sich um, damit er Schatzilein lautstark seine Meinung sagen zu können. Er war mitten im Satz, als er schon wieder verstummte. Es war kein Schatzilein mehr da.

Schatzilein war weg. Da, wo sie so eben noch halb schlafend zu sehen war, stand nur noch eine Getränkekiste mit der halb geleerten Flasche Rotwein drauf. Timmy schrie auf und kam, wie von der Tarantel gestochen, mit großen Schritten auf mich zu. Was war geschehen?

Timmy war voller Aufregung und schrie mich fast an, als er mich fragte, ob ich das Schatzilein gesehen hätte, oder sie mit mir gesprochen hätte? Leider musste ich verneinen – zumindest nach dem Feuerwerk. Zuvor hatte ich sie jedoch noch halb schlafend auf den Müllsäcken sitzen sehen. Aber genau hier lag das Problem: Nicht nur sein Schatzilein war verschwunden, sondern auch die gut gefüllten Säcke voller Geld.

Timmy war außer sich vor Wut. Er schickte Peter hinter den Tresen und rannte mit schnellen Schritten durch die feiernde Menge. Timmy konnte nur hoffen, dass sie das Geld zum Truck gebracht hat. Mit schnellen Schritten lief er zu den Autos. Doch das Schatzilein war nicht im Truck und auch nicht in einem der anderen Autos zu finden. Es folgte eine große Suchaktion, bei der auch die wachhabenden Ordner und sogar die vor Ort befindliche Polizei mit dabei waren und eifrig mithalfen. Sogar die Band hielt einen Augenblick inne und ließ das Schatzilein ausrufen.

Timmy tobte wie ein Löwe, als wollte er die Band übertönen und riss dabei, vor lauter Wut, schon wieder an der Dekoration von den Zeltwänden. Doch trotz aller Suchaktionen und sonstigen Anstrengungen blieb das Schatzilein und auch das Geld verschwunden. Timmy jedoch gab nicht so schnell auf. Er durchsuchte jede Ecke des Geländes, fragte jeden einzelnen Besucher nach Hinweisen und suchte sogar in der Umgebung nach Spuren. Seine Entschlossenheit und sein Eifer waren schon bewundernswert. Doch je länger er suchte, desto mehr schwand seine Hoffnung, dass Schatzilein wiederzufinden. Als die ersten Strahlen der Morgensonne über den Platz auszumachen waren und die Party schon lange vorbei war, war Timmy am Boden zerstört. Er stürmte wild und weinend, wie ein einsamer Wolf über das Gelände, seine Haltung von Verzweiflung geprägt. Die schwarze Strähne, die sein Gesicht noch vor Kurzem zierte, war verschwunden und verlieh ihm nun ein seltsames Aussehen. In seiner Nähe stand der kleine, fremde Hund, der ihn mit schiefem Kopf anschaute und schließlich mit ihm zusammen in den Himmel heulte, der bereits den neuen Tag ankündigte.

Zu dem Zeitpunkt waren alle unsere Gäste schon zu Hause. Als das Schatzilein dann immer noch nicht, auch auf keine der Damentoiletten ausfindig gemacht werden konnte, bestätigte sich die unglaubliche Gewissheit. Schatzilein war mit dem gesamten Geld auf und davon und wurde nie wieder gesehen.

25

Herberts Rache

Die letzte Nacht haben Heinrich und ich irgendwie überstanden. Wir waren noch bis Mitternacht beschäftigt und versuchten das Chaos an Maden zu entfernen. Es war zum Verzweifeln. Immer wenn wir dachten, es sind alle Maden entfernt, drängte der nächste Schwall von Maden über die Lampenhalterung nach draußen und fielen dann zuckend auf unseren Stammtisch. Ein gar fürchterlicher Geruch hatte bereits eingesetzt und machte es unmöglich, diesen Raum für unsere Gäste und damit für einen Barbetrieb zu öffnen.

Mir graulte es bereits vor dem kommenden Frühstück. Sollten wir bis dahin unsere ungebetenen Gäste beseitigt haben, oder würde es dann immer noch so entsetzlich riechen? Die Abendbar, die immer für unsere Gäste geöffnet war, blieb an diesen und den folgenden Abenden geschlossen. Verwundert versuchten sie noch ein Getränk zu ergattern. Doch unter dem Vorwand einer Magenverstimmung, welche uns beide erfasst hatte, mussten wir unsere verdutzten Gäste wieder fortschicken. Enttäuscht zogen sie weiter. Der Strom der Maden hatte etwas nachgelassen.

Doch es kamen immer noch reichlich Tiere aus der Zwischendecke hervor, um dann mit einem Plumps von der Lampe auf den Tisch zu fallen. Wir konnten nicht die Zwischendecke öffnen und dann alle Maden raus sammeln. Ich wollte auch gar nicht wissen, was es dort zu sehen gab. Meine Fantasie genügte, um mir das Horrorbild vorstellen zu können. Halb angenagte tote Ratten, an denen die Maden sich labten. Sie krochen aus den Augen und Ohren der verwesten Tiere. Ja, ich gebe es zu. Ein großer Schluck Schnaps war unser Helfer. Anders war die Situation nicht auszuhalten.

Irgendwann stand der Tisch dann voll mit alten Gläsern oder anderen Behältnissen, damit dort die Maden ihr Ziel finden würden. Doch das haben sie nicht immer getan. Viele sind einfach daneben geplumpst und mussten dann von Hand entfernt werden. Am nächsten Morgen hätte ich sofort wieder einen Schnaps trinken können. Mir war so schlecht. Es war noch sehr früh am Morgen. Schon In zwei Stunden würden meine Gäste zum Frühstück erscheinen.

Ich konnte nur hoffen, dass das Ausmaß der Katastrophe nicht so groß sein würde. Mir graulte es schon vor der bevorstehenden Aufgabe. Ausgestattet mit Arbeitsbekleidung, Gummihandschuhen und einer Flasche Desinfektion betrat ich den Saal. Am liebsten hätte ich auch einen Mundschutz getragen. Doch über solche Sachen verfügte mein Haushalt nicht. Das Erste, was mir auffiel, war ein penetranter Geruch, der mir sofort die Luft nahm und noch viel schrecklicher zu ertragen war als gestern Abend.

Ich riss die Türen vom Saal, sowie die gegenüberliegende Tür der Küche, welche direkt nach draußen führte, weit auf, damit es zum Durchzug kommen würde. Ein Blick zum Tisch zeigte an, dass es nur noch vereinzelte Maden tropfte. An der Kette der Lampe konnte ich noch einige wenige von diesen Tieren ausmachen. Ich nahm die Gläser und die Zeitungen vom Tisch, um sie dann sofort in der Mülltonne zu entsorgen. Einige der Tiere konnte ich auch auf dem Fußboden ausfindig machen. Angeekelt entfernte ich auch diese, um anschließend alles mit reichlich Desinfektion zu reinigen.

Heinrich betrat den Saal mit schnellen Schritten und sein Gesichtsausdruck verriet bereits, dass etwas nicht stimmte und fing sofort an zu schreien. Wörter wie „Ach, die Scheiße" oder ähnliche Kraftausdrücke, benutze er wirklich sehr selten. Doch wenn, dann hatte es einen triftigen Grund. Und den hatte es auch. Heinrich erkannte sofort den Geruch. Es war der Verwesungsgeruch der Ratten, der jetzt auch durch die Zwischendecke gedrungen war und den Frühstücksraum, die Speisekammer und die Küche überflutete.

Schon wieder ein Problem. Ein gewaltiges Problem. Es war zum Verzweifeln. Die Möglichkeit, dass in einer Stunde alles vorbei sei und wieder sauber duften würde, war damit hinüber. Es war ein Albtraum, der sich in meinem eigenen Haus abspielte.

Doch das war noch nicht alles. Immer wieder tropften Maden von der Decke auf den Tisch und wir konnten nichts dagegen tun. Es schien, als würde der Albtraum niemals enden. Wir wussten, es würde noch Tage dauern, bis der Gestank verschwinden würde. Ein widerlicher Geruch breitete sich aus und durchdrang jeden Winkel des Hauses. Es war der Verwesungsgeruch der Ratten, der sich nun auch durch die Zwischendecke seinen Weg bahnte und den Frühstücksraum, die Speisekammer und die Küche überflutete. Ein Problem, das sich nicht einfach so lösen lässt. Es war zum Verzweifeln. Die Hoffnung, dass in kürzester Zeit alles wieder sauber und frisch duftend sein würde, schwand dahin. Die Fenster öffnen und lüften allein würde hier nicht ausreichen.

Ich musste handeln und rannte ins Bad, um alle möglichen Sprühflaschen zu holen. Nur so konnte ich diesem unangenehmen Geruch den Kampf ansagen und wieder für eine angenehme Atmosphäre in meinem Zuhause sorgen. Dabei musste ich feststellen, dass alles so gut wie leer war. Einzig allein die Flasche mit dem Fußspray war noch gut gefüllt. Oskar, mein kleiner Sausewind, hatte in Windeseile begriffen, in welcher unangenehmen Situation wir uns befanden.

Ohne zu zögern, schwang er sich auf sein Fahrrad und eilte zum nächsten Laden um die Ecke, um mit einigen Flaschen Deo Spray zurückzukehren. Ich war erleichtert, dass er so schnell gehandelt hatte und hoffte inständig, dass das Spray Wirkung zeigen würde. Doch je mehr ich sprühte, desto schlimmer wurde die Lage. Der Gestank war kaum noch auszuhalten und ich konnte nur noch hoffen, dass wir bald eine Lösung finden würden. Die Situation war nun mehr als ernst und ich fragte mich, wie wir da wieder rauskommen sollten.

Was soll ich sagen, liebe Leser. Der Gestank machte uns noch viele Tage sehr zu schaffen. Ich konnte und wollte doch keinen meiner Gäste erzählen, dass es nach toten, verwesenden, mit Maden durchsetzten Ratten riecht. Ich glaube, dann wären sie alle sehr schnell weg gewesen und hätten sicherlich eine saftige Kritik ins Netz gestellt. Wer will das schon? Zunächst erklärten wir unseren Gästen, dass es ein Problem mit einem unserer Abwasserrohre gab, das der Klempner noch nicht gefunden hatte. Doch das war nur die halbe Wahrheit. Wir wussten, dass wir etwas tun mussten, um unsere Gäste nicht zu vergraulen.

Also verlegten wir kurzerhand das Frühstücks Geschäft nach draußen. Der Hof war groß genug und das Wetter spielte uns in die Karten. Es war zwar mit einiger Arbeit verbunden, aber es hat sich gelohnt. Unsere Gäste waren begeistert und genossen das Frühstück in der frischen Luft. Der beliebte Frühstückstisch, sozusagen unser Stammtisch, blieb für einige Wochen für meine Gäste gesperrt. Wir ließen einfach das benutzte Geschirr dort stehen, damit sich dort keiner hinsetzen sollte.

Es tropfte auch noch einige Wochen später immer wieder Maden von der Decke auf den Tisch. Immer wenn wir dachten, dass es sich erledigt hätte, fanden wir am nächsten Tag doch noch einige Tiere. Ein Gästezimmer war durch den Verwesungsgeruch so stark betroffen, dass es für die Vermietung nicht mehr infrage kam. Mit Hilfe von Freunden aus benachbarten Hotels konnten wir die jeweiligen Buchungen so umdisponieren, dass keiner meiner Gäste Schaden nahm. Wenn ich abends in meinem Bett liege und meine Gedanken in die Freiheit entlassen werden, dann passiert es oft, dass ich auf die Zwischendecke schaue. Dort sehe ich Herbert und sein Gefolge im Rattenhimmel sitzen, schön brav aufgereiht und mit einem Grinsen im Gesicht.

Heinrich pustet vor sich hin, Oskar träumt von Superman und unsere Madam kuschelt sich am Fußende ein. Ich kann nicht anders, als zu lächeln, auch über diese sonderbare Geschichte. Denn trotz aller Widrigkeiten und Herausforderungen bin ich stolz auf das, was wir hier geschaffen haben. Ein kleines Hotel mit Charakter und Geschichte - inklusive einiger tierischer Bewohner.

So liege ich also da in meinem Bett, umgeben von meinen Lieben und fühle mich glücklich. Glücklich darüber, dass wir gemeinsam diese Hürden gemeistert haben und unser kleines Paradies erhalten konnten.

26

Liebe kennt keine Grenzen

In diesem Kapitel möchte ich eine Geschichte erzählen. Als ich sie erfuhr, war ich beeindruckt und entschied diese einzigartige Liebesgeschichte zwischen zwei Menschen aus Ost und West, die mit einer Romanze begann und in einer heute noch bestehenden Ehe endete, in dieses Buch aufzunehmen.

Es war im Jahr 1990. Der damals 43-jährige Wolfgang musste zwischen Weihnachten und Neujahr noch einmal, die mehr als sechsstündige Fahrt mit seinem Mercedes 230, 600 Kilometer aus geschäftlichen Gründen, nach Cottbus. Von bisherigen Fahrten kannte er die vielen Schlaglöcher auf der Autobahn, insbesondere zwischen Berlin und Cottbus. Er dachte schon während der Fahrt an, die ihn bald wieder erwartende Geruchsbelästigung, hervorgerufen durch die Kraftwerke. Er spürte den Rauchgeruch, den die Einheimischen in Cottbus, Senftenberg, Schwarzheide und Umgebung aus Gewohnheit sicherlich nicht mehr wahrnahmen. Er fuhr gefühlt für ihn, in eine andere Welt. Sein Mercedes ein Exot, umgeben im Verkehr von Trabis, einigen Ladas und Wartburg-Varianten.

Die vielen Wohnblöcke in Cottbus in Grau, das Zimmer in dem gebuchten Hotel mit WC auf dem Flur. Nach erfolgreich abgeschlossenem Arbeitstag waren bei der Rückfahrt seine Gedanken bei seiner Familie in Bremen.

Wolfgang empfand die Signale des immer größer gewordenen Auseinanderleben mit seiner Frau. Mit der Zeit verging immer mehr die Aufmerksamkeit, Kleinigkeiten wurden zu Problemen, die Gefühle zueinander wurden weniger, die Kerze auf dem Frühstückstisch fehlte seit Längerem, der Alltagsstress beherrschte die Beziehung. Die Zuneigung verblasste, so wie eine Rose verwelkte.

Wolfgang hatte mittlerweile ganz andere Gefühle. Er hatte die hübsche 25 –jährige alleinerziehende Petra aus Cottbus vor einigen Wochen kennengelernt, als sie in einem gegebenen Seminar vor ihm saß, fünf Meter entfernt in der ersten Reihe. Nah genug, damit es „knistern" konnte. Als dann bei der Verabschiedung eine Freundin den kleinen Sohn im Kinder-Sportwagen brachte und Wolfgang nun die junge Familie komplett sah, war es um ihn völlig geschehen. Ihm blieb aber nur ein lange währender Blick. Die Heimfahrt war angesagt und er nahm noch einen jungen Mann in seinem Wagen mit. Der sagte plötzlich: „Übrigens, da vorn wohnt die Blonde!"

Es gibt Momente im Leben, da kommst du an einer Kreuzung an und musst die Richtung bestimmen. Es war der 29. Dezember gegen 17 Uhr. Wolfgang hatte noch die Tankstelle aufgesucht, eine oft erlebte, mehrstündige Angelegenheit. Die Schlange an Autos war sehr lang und sein Mercedes 230 benötigte das gewohnte Benzin. In Cottbus ein knappes Gut.

Wolfgang vertrieb sich die Zeit mit dem Hören von Musik aus dem Autoradio. Versuchte, mit dem im Wagen eingebauten Telefon zu telefonieren, was an dem Standort aber nicht funktionierte. Netzüberlastung oder streckenweise gar kein Netz. Wolfgang, der Vorzeigekaufmann, blieb gelassen. In seinen Gedanken spielen nun Petra und ihr kleiner, zweijähriger Sohn Mark die Hauptrolle.

Mittlerweile fuhr Wolfgang auf der Straße, die zur Autobahn führte. Er hörte im Autoradio ein geführtes Interview mit dem Raumfahrtingenieur der NASA, Freiherr Jesco von Puttkamer. Wolfgang hörte ihn sagen: „Tun sie im Leben das, was sie wirklich wollen. Sie bekommen das, was sie wollen!"

Wolfgang musste sich sekundenschnell entscheiden. Für die Autobahnauffahrt nach Leipzig, also Richtung nach Hause, nach Bremen oder zurück nach Cottbus. Es war nicht nur eine Entscheidung über die Fahrroute, es war eine Entscheidung für seine Ehe oder ein neues Leben. Er riss buchstäblich im letzten Moment noch das Lenkrad um und fuhr nach Cottbus zurück. Aber wohin in Cottbus? Wolfgang kannte zwar den Namen, hatte aber keine Anschrift. Sein Herzschlag begann zu poltern. War die Entscheidung richtig? Was wird auf ihn zukommen? Kein Hotel gebucht. Bald stand der Jahreswechsel an. Es gab neue Geschäftstermine in Bremen. Er erinnerte sich an den Hinweis, „wo die Blonde wohnen sollte".

Wolfgang fuhr die Hauptstraße in Cottbus rauf und runter. Die Straße der Jugend. Er stellte den Mercedes an einem Parkstreifen ab. Überquerte die Straße und ging von Eingang zu Eingang der mehrstöckigen grauen Häuser. Plötzlich kam ein Trabant-Kombi herangefahren. Eine Frau stieg aus, setzte ihren Sohn in den ausgeklappten Sportwagen und schob ihn über die Straße der Jugend. Wolfgang erfasste die Situation. Es war Petra! Er ging schnell über die Straße und erreichte die junge Frau vor ihrer Haustür.

Völlig überrascht hörte er sie sagen: „Was machen sie denn hier?" Seine Antwort platzte ehrlich aus ihm heraus:„Ich will zu Ihnen!" Die Antwort der jungen Frau ebenso: „Wie, was?" Wolfgang fasste sich ein Herz, schaute Petra tief in die Augen. „Ich habe mich verliebt!" Die Antwort hatte er nicht erwartet: „Aber, so geht das nicht!" Wolfgang startete durch: „Doch!"

Wolfgang glaubte fest an die Aussage von Jesco von Puttkamer. Und tatsächlich, er hörte den Satz: „Na, dann kommen sie erst einmal mit rein."

Gibt es sie also doch, die Glücksschmiede? Ja, sie befindet sich im Herzen eines jedes Menschen. Was dann alles so passierte, hat mir Wolfgang nicht mehr erzählt. Ich hätte bestimmt eine spannende Geschichte erfahren, von Liebe auf den ersten Blick bis zu einem fantastischen jahrelangen Zusammenleben. Späterer Heirat. Der tollen Beziehung mit Sohn Mark.

Hat Ihnen die Geschichte gefallen? Alles hat einen Ursprung im Leben. Die Gedanken daran bleiben. So werden Wolfgang und Petra immer an den 2012 verstorbenen Freiherrn von Puttkamer denken und dankbar sein.

Epilog

Dieses Buch soll hauptsächlich erinnern. Erinnern an Zeiten, die so anders waren und trotzdem immer noch so nah sind. An Momente, die uns geprägt haben und die wir nie vergessen werden.

Das Buch ist ein Rückblick auf unsere Vergangenheit, auf unsere Geschichte. Es soll uns daran erinnern, wie es damals war. Es ist kein politisches Statement, soll nicht anklagen oder gar verurteilen. Die Geschichte ist eine Hommage an all die Menschen, die uns auf unserem Weg begleitet haben und gleichzeitig eine Liebeserklärung an die Insel Usedom, deren Traumstrände und malerische Landschaften uns alle wieder verzaubern.

Es ist witzig und humorvoll geschrieben und sorgt immer wieder für ein Schmunzeln. Dabei sind die Charaktere so lebendig und authentisch beschrieben, dass man das Gefühl hat, sie persönlich zu kennen.

Die Geschichte ist spannend und unterhaltsam zugleich und man kann nicht genug davon bekommen. Ein wahrer Genuss in das Inselleben einzutauchen und dabei nicht eine Seite zu verpassen.

Ende

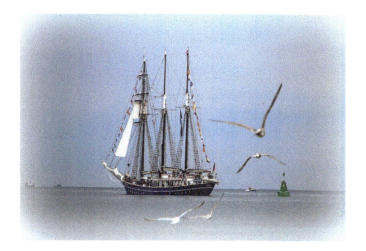

Danksagung

Persönliche Danksagung an die Zeit, die es immer gut mit mir meinte.

Ich möchte mich von ganzem Herzen bei der Zeit bedanken, die es stets gut mit mir gemeint hat. Ob zu DDR-Zeiten, in denen ich meine Kindheits- und Jugendjahre verbringen durfte oder auch nach der Wende, hier auf der schönen Insel Usedom.

Ich habe immer das Gefühl gehabt, dass die Zeit auf meiner Seite war. Sie hat mir unzählige Möglichkeiten geboten, mich weiterzuentwickeln und meine Träume zu verwirklichen.

Dabei habe ich viele wunderbare Menschen getroffen, die mich oft ein Stück des Weges begleitet haben. All denen möchte ich Dank sagen, für eine wunderbare Zeit. Doch nicht nur die Menschen haben meinen Weg geprägt, sondern auch die Orte, an denen ich war. Die großartige Natur der Feldberger Seenlandschaften, die Mühlen der Stadt Woldegk, oder die atemberaubende Natur auf der Insel Usedom hat mich tief berührt und Inspiration zum Schreiben gegeben.

Ich möchte meine tiefe Dankbarkeit zum Ausdruck bringen und mich bei einem ganz besonderen Menschen bedanken. Werner R.C. Heinecke, ein erfolgreicher Romanautor und Botschafter des Erfolgs von der Insel Mallorca, hat mich auf meinem Weg unterstützt und mir stets Mut gemacht, weiterzuschreiben. Seine Worte und seine Inspiration haben mich immer wieder angetrieben und motiviert, dieses Buch endlich zu veröffentlichen. Ich bin unendlich dankbar für die Zusammenarbeit und für alles, was ich von ihm lernen durfte. Danke für alles!

Buchempfehlung

Die Angst geht um auf der Ostseeinsel Usedom. Der Polizeiposten von Koserow hat alle Hände voll zu tun.
Die Ereignisse in dem 1500 Seelen-Dorf fordern Tore Althusen heraus.
Hauptkommissar Ole Hansen hat den, kurz vor seiner Pensionierung stehenden urigen Polizisten, in das Team der gebildeten Soko geholt. Das Urgestein kennt die Verbrecherszene. Auch einige der vielen kriminellen Situationen zu DDR Zeiten auf der beliebten Urlaubsinsel.
Gibt es eine Verbindung von der jetzigen Mordserie zu einem früheren Verbrechen?
Führt ein Todesengel einen Rachefeldzug?

ISBN: 9783756818617

Die Insel Usedom ist ein wahrhaftiges Paradies für alle, die sich nach endlosen Sandstränden und einer malerischen Landschaft sehnen. Mit einer Fläche von insgesamt 445 km², von denen der deutsche Anteil 373 km² und der polnische Anteil 72 km² beträgt, bietet die Insel genügend Platz, um sich zu entspannen und die Seele baumeln zu lassen. Doch nicht nur die atemberaubende Natur zieht Besucher aus aller Welt an, auch die Einwohnerzahl von insgesamt 76.500, davon 31.500 auf deutscher und 45.000 auf polnischer Seite, spricht für sich. Mit einer Dichte von 160 Einwohnern pro km² ist die Insel ein Ort der Begegnung und des Austauschs, an dem man sich schnell heimisch fühlt. Die Insel Usedom ist ein wahrhaftiges Juwel an der Ostsee, das nicht nur durch seine malerischen Strände und die frische Seeluft begeistert, sondern auch durch eine beeindruckende Anzahl an Sonnenstunden.